KB050841

菩薩十地思想研究

菩薩十地思想研究

보살십지사상연구

性機
(金相建)
著

學古房

발 간 사

톨스토이는 이렇게 말했습니다.

"최상의 행복이란 1년의 맨 마지막에 당도한 자신이, 1년의 맨 처음에 비해 한결 훌륭해졌다고 느낄 때이다."라고 말입니다.

저는 지금 행복합니다. 왜냐하면 1년 전에 비해 우리 전국비구니회가 훨씬 더 발전했다고 생각되기 때문입니다. 그것은 바로 전국비구니회가 상생과 소통 그리고 도약의 3대 핵심 목표를 세우고 '한국비구니승가연구소'를 개원하게 된 점에 기인하고 있습니다.

'한국비구니승가연구소'를 기반으로 전국비구니회의 위상이 점진적으로 발전하게 될 것을 약속드린 바 있습니다만, 이번에 비로소 그 결과물로서 학술총서 2권을 출간하게 되었습니다.

먼저 학술총서 제1권은 성기스님의 『보살십지사상연구(菩薩十地思想研究)』이고, 제2권 『연꽃 피는 시간』은 운성스님의 「운문사 학인승의 수행(修行)」과 혜교스님의 「묘공대행(妙空大行)의 주인공(主人空)사상과 관법(觀法)」을 한 권으로 엮었습니다.

'한국비구니승가연구소'는 전국비구니회 최초의 비구니 정책연구소로 비구니 승가의 실질적인 권익 증진은 물론이고 불교계 발전에 핵심적 역할을 하며 연구와 더불어 세부실행 방안도 도출할 예정입니다.

그동안 연구소가 개원하기까지 성원과 원력을 아끼지 않으신 전국에 계신 비구니스님들과 운영위원스님들께 이 뜻 깊고 고마운 쾌거를 전하면서, 앞으로 비구니승가의 역할 증대에 부합할 수 있는 연구와 실행이 활발하게 이루어져 불교의 사회적 책임에 능동적으로 대처하게 되기를 기대하는 바입니다.

불기 2559(2015)년 8월 17일

전국비구니회 한국비구니승가연구소 초대소장
명우　합장

책을 내면서

천일기도 중 비구니승가연구소 학술총서 출판으로 학위취득 후 6년만에 처음으로 「보살십지사상 연구」 박사논문을 다시 보게 되었다. 학위취득 후 필자는 포교일선에서 부처님 법을 전하기 위해 열심히 노력하고 있다. 그러나 일생을 책과 책상에서 보내온 필자에서 중생의 바다는 실로 험난하고 다양하다. 고상하고 환희롭고 이상적인 피안[열반]의 세계를, 바로 지금 이 순간 이 자리에 실현하는 것은 또 다른 세계이고 또 다른 수행이다.

필자는 항상 행복을 갈구했다. 행복과 불행이 교차하고 뜨거움과 시원함이 교차하는 복잡다단한 사람들의 세상에, 그 사람들을 구원할 그 무엇을, 논리적으로도 현실적으로도 딱 맞아 떨어지는 최고의 최선의 것을 찾기 위해 필자는 참 많이도 방황했었다. 그러다가 우연히 필자는 일면식도 없었던 불법을 만나 부처님의 인연법을 접하면서, 세상의 그 복잡다단한 문제의 원인과 중생들의 고통의 원인을 알게 되었고, 필자는 긴 방황에서 구제될 수 있었다.

그래서 필자는 부처님의 경전에서 수행의 길을 시작하였고, 그 길에서 『화엄경』 「십지품」의 '십지'에서 수행의 완성을 짓고자 했다. 十地는 대승불교에서 보살이 성불에 이르기까지의 수행 과정을 10단계로 정리하여 조직한 실천수행도이다. 그래서 十地說은 대승보살의 대표적인 수행도이다. 菩薩十地說은 크게 기원·성립·완성·변천의 4단계로 구분할 수 있는데, 특히 화엄십지는 보살십지의 완성으로써 그 의미가 크다. 화엄십지는 대소승의 모든 教義를 대승정신 아래 종합통일 시키고 있다. 화엄십지설이 기존의 십지설과 방향을 달리하는 가장 중요한 점은 보살의 광대무변한 보살행이다. 즉 보살이 성불을 위해 대소승의 모든 敎義을 거치고 있지만, 중생들을 향한 끝없는 보살만행은 화엄십지만의 가장 큰 특징이다.

부처님께서 설법은 처음도 좋고 중간도 좋고 끝도 좋아야 된다고 말씀하셨다. 이 말씀은 항상 필자의 수행의 기준점이 되어 필자를 인도하고 있다. 그런데 지금 필자는 중생구제의 중간에서 몹시 흔들리고 있다. 험난하고 다양한 중생의 바다가 너무나 힘들고 고통스럽다. 하지만 필자는 중생의 바다가 왜 험난하고 고통스러운지, 필자가 왜 흔들리고 쓰러지려 하는지 그 원인을 잘 알고 있다. 중생의 근기는 다양하고 중생구제의 치료법 또한 다양함을 이제는 필자도 절실히 느끼고 있다. 그런데도 불안하다. 과연 이 자세로 이 방법으로 이 신념으로 밀고 나가면 반드시 그 끝이 있을지. 지금 필자는 이 불안함을 떨쳐버릴 수는 없다. 그러나 필자는 「보살십지사상 연구」 논문을 6년만에 다시 보면서, 화엄십지에서 보살의 중생들을 향한 끝없는 보살만행을 눈물겹게 바라보면서, 필자는 다시 한 번 힘을 내어 중생구제의 그 끝을 향해 달려 나가고자 한다. 간절히 불보살님의 보호를 기원한다.

편협하고 사회성 부족한 어리석은 제자를 끝까지 포기하지 않으시고 보살펴 주시는 스승님 계환스님께 항상 머리 숙여 감사드립니다. 그리고 언제나 변함없이 못난 도반을 지켜주는 도반스님과 지금까지 저를 보호해 주신 모든 분들께도 감사의 인사를 올립니다.

불기 2559년(2015) 7월 21일
불광동 관음사에서
성기 합장

目　次

I

序 論

대승보살의 대표적인 修行道 체계라 할 수 있는 菩薩十地說은 自利·利他의 利他行을 강조하는 대승불교의 한 특색을 나타내면서, 대승의 수행체계를 일목요연하게 담고 있다. 그래서 대승불교 思想史의 주류가 되어 있는 것이 十地思想史이다.

十地는 대승불교에서 보살이 成佛에 이르기까지의 수행 과정을 10단계로 정리하여 조직한 實踐修行道로서, 十地說은 인도 대승불교 사상사의 최초의 발생 단계에서 완성 단계까지 그 중심에 있는 사상이다. 그래서 菩薩十地思想에 대한 연구는 대승불교의 핵심을 이해하는 데 꼭 필요한 과제이다.

특히 진리의 깨달음이자 지혜의 학문인 불교의 특수성은 동시에 실천의 行道이기 때문에, 보살의 깨달음의 수행 계위인 菩薩道는 불교의 종교적 실천성을 더욱 선명하게 드러내고 있다고 볼 수 있다.

菩薩十地는 보살사상의 한 축으로 보살사상은 크게 두 부분으로 이루어져 있다. 첫째는 육바라밀 계통과 둘째는 十地思想이다. 그러나 엄밀하게 보면 十地思想 안에는 육바라밀도 포함되어 있다. 왜냐하면 보살이 成佛을 향해 실천하는 수많은 보살행들이 十地의 각 地에 모두 포함되어 있기 때문이다. 그래서 보살의 實踐道이며 修行階位인 十地를 검토하는 것은 보살사상 전체를 연구하게 되는 것이라고도 할 수 있다.

본 논문은 보살사상에 나타나 있는 내용적인 부분과 구조적인 부분을 고찰하면서, 菩薩十地說이 시대와 경전에 따라 어떻게 변화 발달되어 갔는가를 중점적으로 살펴보고자 한다. 그리하여 대승불교 교리의 가장 핵심적인 특징 중의 하나인 菩薩道의 實踐行을 고찰함으로써, 대승불교 교리의 시대적 흐름과 변화를 읽을 수 있고, 그리고 그 변화 속에서 그 시대 불교도들의 간절한 신앙체계를 배울 수 있다. 또한 그

신앙체계에서 대승불교 修行道의 체계적인 연구와 보살사상의 변화 및 思想史的 의미를 도출할 수 있을 것이다.

菩薩十地에 대한 국내의 선행연구로는 이봉순의 「菩薩思想 成立史의 研究」와 안명희의 「瑜伽唯識의 修行體系 研究」의 박사학위논문이 있다. 이봉순의 「菩薩思想 成立史의 研究」에서는 초기불교에서부터 부파·대승에 이르기까지의 菩薩思想의 기원과 전개에 대해서 자세히 밝히고 있다. 또한 『般若經』, 『維摩經』, 『法華經』, 『華嚴經』, 『無量壽經』의 각 대승경전에 나타난 보살의 의미와 보살의 다양한 실천행법들을 체계적으로 정리하여 보살사상과 그 淵源을 상세히 고찰하고 있다. 보살사상에 대한 국내의 연구로서는 가장 광범위하고 다각적인 논문이라고 할 수 있다. 그러나 이 논문은 보살사상 전반에 대해서 고찰하고 있기 때문에 十地는 보살사상의 한 부분으로 연구되고 있다.

그리고 안명희의 「瑜伽唯識의 修行體系 研究」에서도 瑜伽唯識以前과 瑜伽唯識의 修行體系에서 十地에 대한 연구가 나타나 있다. 특히 이 논문에서는 般若十地와 『十地經』의 十地, 그리고 『解深密經』과 『瑜伽師地論』의 十地에 대해서 자세히 고찰하고 있다. 그러나 이 논문도 瑜伽唯識의 修行體系가 본 주제이기 때문에 十地는 瑜伽唯識의 修行體系 중 한 일부로서 연구되고 있다. 그래서 菩薩十地에 대한 본격적인 고찰은 나타나 있지 않다.

菩薩十地에 대한 소논문으로는 장계환의 「菩薩十地說의 전개」, 전해주의 「華嚴經의 菩薩道에 대한 考察」, 이도업의 「華嚴經에 나타난 菩薩思想」, 권탄준의 「華嚴과 解深密經의 十地說 比較」, 박상수의 「般若經의 十地 菩薩道」, 최봉수의 「般若部 경전의 菩薩四位에 대한 일고찰」, 이봉순의 「解深密經의 보살사상」, 장원규의 「菩薩十地說의 展開에 對한 考察」, 오형근의 「唯識學上의 十地菩薩과 十波羅蜜」 등이 있다. 이러한 논문들에서는 十地의 성립에 대해서 간략히 검토하면서 般若·華嚴·唯識의 특정 菩薩道에 대해서 중점적으로 다루고 있다. 그래서 특정 菩薩道에 대한 구체적인 검토는 나타나 있지만 菩薩十地에 대한 심층적인 연구로서는 지면의 한계가 보이고 있다.

菩薩十地에 대한 국내의 선행연구에서 불교학계의 현실은 많은 부족한 감이 있다. 다만 장원규의 「菩薩十地說의 展開에 對한 考察」과 장계환의 「菩薩十地說의 전개」는 十地에 대한 본격적인 논문으로, 『大事』의 十地에서부터 華嚴十地에 이르기까지의 十地에 대해서 세밀하게 고찰하고 있다. 그러나 이 논문들은 華嚴十地까지만 연구하고 있어 이후의 十地의 변천과정을 알기에는 아쉬운 면이 있다. 그리고 권탄준의 「華嚴과 解深密經의 十地說 比較」는 일차적인 十地의 성립과 전개에서 한 발 더 나아가, 華嚴十地와 『解深密經』의 十地를 비교하여 각 十地의 특징을 잘 도출하고 있다.

반면 菩薩十地에 대한 국외의 선행연구는 많은 발전을 보이고 있다. 神林隆淨의 『菩薩思想의 研究』, 西義雄의 『菩薩思想』·『大乘菩薩道의 研究』, 山田龍城의 『大乘佛教成立論序說』, 伊藤瑞叡의 『華嚴菩薩道의 基礎的研究』, 中村元의 『華嚴思想論』, 平川彰의 『初期大乘佛教의 研究』·『大乘佛教의 教理와 教團』·『印度佛教의 歷史』·『大乘佛教概說』 등 많은 연구들이 있다. 이 중에서 神林隆淨의 『菩薩思想의 研究』가 보살사상을 가장 폭 넓게 고찰하고 있다고 할 수 있다. 南傳의 4니카야에서부터 說一切有部·大衆部의 보살사상을 서술한 후, 『大事』·『般若經』·『華嚴經』·『菩薩地經』·『梵網經』·『仁王經』·『菩薩瓔珞本業經』의 보살사상을 세밀히 다루고 있다. 그러면서 十地·十三住 등 十地에 대해서 상세히 연구하고 있다. 그리고 山田龍城의 『大乘佛教成立論序說』에서는 十地의 史的인 변천과정이 잘 드러나 있으며,

伊藤瑞叡의 『華嚴菩薩道の基礎的研究』는 華嚴十地에 대한 광범위한 연구가 특징이다. 그리고 나머지 연구들은 대체로 菩薩十地의 實踐道에 관한 것보다는 보살의 의미·관념·종류·願·육바라밀 등의 보살사상 전반에 대한 概論書로서의 성격이 강하다고 볼 수 있다.

　菩薩十地에 대한 국외의 소논문으로는 久野芳隆의 「菩薩十地思想の起源·展開及び內容」, 石川海淨의 「菩薩思想の原流に就いて」, 荒牧典俊의 「十地思想の成立と展開」, 水野弘元의 「梵文大事について」·「菩薩十地說の發展について」, 小林實玄의 「菩薩本業經の意圖」, 平川彰의 「地の思想の發達と三乘共通の十地」, 小澤憲珠의 「般若經における菩薩地と菩薩位」, 川田態太郎의 「菩薩十地の二節性に就いて」등 다수가 있다.

　菩薩十地說이 대승불교 思想史의 주류가 되어 있는 것에 비해 菩薩十地에 대한 국내의 연구는 많이 부족한 실정이다. 지금까지의 선행연구는 대체로 十地의 성립과 전개과정, 그리고 거의 華嚴十地까지만 연구되고 있다.

　그래서 본 논문의 연구범위는 十地說의 起源에 해당하는 『大事』의 十地에서 般若十地·本業十地·華嚴十地, 그리고 華嚴十地 이후의 十地說의 변천과정까지로 한다. 그리고 연구방법은 다음과 같은 관점에서 진행된다.

　제 II 장에서는 菩薩十地에 대해서 고찰하기 전에 먼저 초기·부파불교의 修行道를 살펴서, 초기·부파불교의 修行道와 階位는 어떻게 전개되고 있는지를 밝히고자 한다. 十地는 대승보살의 實踐修行道이기 때문에 대승보살의 修行階位를 나타내고 있다. 물론 十地說에는 소승부파의 교리도 포함되어 있지만 전체적으로는 大乘菩薩道를 표방하고 있다. 따라서 소승의 수행체계는 나타나 있지 않다. 그래서 『四阿含』

과 『俱舍論』을 바탕으로 하여 초기·부파불교의 修行道를 살펴보고자
한다.

제III장에서는 大乘菩薩과 十地의 起源을 고찰하고자 한다. 菩薩十
地를 논하려면 먼저 대승불교의 근간은 무엇이고 菩薩 관념은 언제 어
떻게 출현하게 되었는지가 규명되어야 한다. 그리하여 보살의 대표적
인 수행인 육바라밀의 유래와 그 의미를 정리해야 한다. 이것은 『中本
起經』,『修行本起經』,『太子瑞應本起經』,『普曜經』,『方廣大莊嚴經』
등의 佛傳文學과 『大毘婆沙論』,『道行般若經』,『大寶積經』 등에서
그 용례를 찾아볼 것이다.

그리고 十地說의 起源인 『大事』의 十地는,『大事』의 제작을 우선
검토하고자 한다. 왜냐하면 『大事』는 說出世部의 律藏이면서 佛傳文
學의 특성을 지니고 있기 때문이다. 그러면 『大事』에 나타난 보살과
十地의 성격은 자연히 드러날 것이다. 그리하여 『大事』의 十地와 般
若·華嚴經類 등의 十地와의 근본적인 차이를 밝혀내고자 한다. 十地
說의 起源은 『佛本行集經』 등의 佛傳文學과 J. J. Jones의 *The Mahā
vastu*, E. Senart의 *Le Mahāvastu*를 참고하겠다.

제IV장에서는 본격적으로 菩薩十地가 般若十地·本業十地로 성립
되어 가는 과정을 다루고자 한다. 『大事』의 十地가 석존의 전생을 그
린 本生菩薩의 계위라면, 般若十地는 大乘心을 일으킨 大乘菩薩의 수
행계위이다. 그래서 十地說은 般若十地에서 진정한 대승보살의 十地
로 출발하게 된다. 그러나 般若十地에는 無名十地와 有名十地, 보살
과 二乘이 함께 수행하는 共地,『般若經』에 華嚴十地가 나타나는 등
다양한 논제가 산재되어 있다. 주로 이러한 논제들을 『小品般若經』,
『大品般若經』,『大般若經』,『大智度論』에 의거하여 般若十地의 성격
을 파악해보고자 한다.

本業十地는, 그 성립에 있어서 般若十地와의 선후 문제를 면밀히 검토해 볼 필요가 있다. 本業十地는 각 단계마다 공통적으로 十事와 十學을 설하여 명확히 대승보살의 수행단계를 의도하고는 있지만, 本業十地의 보살은 아직 보살의 근본行業을 배우고 익히는 단계에 머물러 있다. 즉, 일체 중생을 구제하는 대승보살행으로까지는 이어지지 못하고 있기 때문이다. 그리고 十住와 十地의 관계에서 또는 經典上에서 本業十地와 華嚴十地와의 상관관계도 규명해보아야 한다. 그래서『菩薩本業經』에 의거하여 本業十地의 특색을 제시해 보고자 한다.

제Ⅴ장에서는 菩薩十地가 華嚴十地에서 그 완성을 이루는 측면에서 華嚴十地에 대한 종합적인 검토가 있어야 한다. 이것은『華嚴經』에 나타나고 있는 十住·十行·十廻向·十地의, 중층적인 구조에서 그 실마리를 찾을 수 있다. 그리고 이러한 중층적인 구조는 華嚴十地 이후 十地說의 독특한 구조이면서 한 전형이기도 하다. 그래서 十住·十行·十廻向·十地의 각 계위의 관련성을 중점적으로 파악하고 또한 修行行位로서의 華嚴十地에 대한 필자의 견해를 밝혀 보려 한다. 이것은『兜沙經』,『漸備一切智德經』,『十住斷結經』,『60華嚴經』,『80華嚴經』등에 근거하여 살펴볼 것이다.

그리고『搜玄記』,『探玄記』,『華嚴經疏』의 각「十地品」에 나타난 華嚴祖師들의 견해를 살펴서 華嚴宗의 修行階位를 파악하고자 한다. 이 작업은 인도에서 발생한 十地說이 중국에서 어떻게 수용 변용되는지를 알 수 있게 하고, 또한 三乘과 一乘·차별과 圓融의 중국의 교판 사상을 밝히는 것이기도 하다. 그래서『四敎義』,『法華玄義』,『法華文句』,『孔目章』,『華嚴五敎章』,『華嚴經略策』,『新華嚴經論』등을 통해서 다양한 修行階位를 살펴본 후, 華嚴宗의 菩薩道를 고찰하고자 한다.

제Ⅵ장에서는 華嚴十地 이후의 十地를 조사하여 十地說이 어떻게 變遷·改造되는가를 연구하고자 한다. 十地說이『解深密經』의 十地를 기점으로 새로운 형태로 변하여 가는 것에 초점을 맞추어, 대승초기와 대승중기의 十地說을 비교 검토하고 각각의 특징을 제시하고자 한다. 또한 唯識觀에 근거한 십바라밀에 대한 독특한 해석도 검토해보고자 한다. 이것은『解深密經』,『解深密經疏』, 眞諦 譯의『攝大乘論』,『瑜伽師地論』,『成唯識論述記』등에서 살펴볼 것이다.

그리고『菩薩瓔珞本業經』과『華嚴經』등에서 중층적인 구조를 보였던 十地說은『仁王般若經』과『梵網經』등에서 단순화의 방향으로 나아가는데, 이 변화의 과정을 면밀히 검토하고자 한다. 왜냐하면 대승보살의 修行道인 十地說에, 見道·修道의 聲聞道가 나타나기 때문이다. 이것은 또한 대승중기 十地說의 변천에서 가장 큰 특징 중의 하나이기도 하다.

이상의 방법과 관점에서 대승보살의 대표적인 수행체계인 菩薩十地에서, 보살이 어떤 근본이념과 사상구조 그리고 실천체계로 成佛을 향해 나아가는가 하는, 階位와 구조적인 면을 중점적으로 고찰하고자 한다. 그리고 十地說이 어떤 思想史的 의미 속에서 변화·발전되어 갔는가를 살피면서 각 十地의 특징을 도출할 것이다. 그리하여 대승초기와 대승중기의 十地의 차이점을 부각함으로써 十地說의 思想的인 변화를 밝혀내고자 한다.

II

初期·部派佛敎의 修行道

四門遊觀에 나타난 석존의 出家 동기에서 보듯이, 현실세계의 苦에 대한 철저한 인식은 離苦得樂으로 집결되어 불교의 종교성을 강하게 드러내고 있다. 인간은 항상 현실과 이상의 상대적인 二元的 對立 속에서 괴로워하고 번민하면서도, 숭고한 세계를 要望하는 존재이다.[1] 佛陀가 당시의 상대적인 世間的 가치의 일체를 버리고 天涯의 한 孤獨한 沙門이 되었던 이유도, 또한 고통스러운 인생으로부터의 해탈에 있었던 것이다. 그래서 苦를 떠나 涅槃을 성취하는 것은 초기불교에서 최고의 목표라고 할 수 있다.

1 初期佛敎의 修行道

1) 八正道

(1) 四聖諦와 八正道의 관계성

석존은 初轉法輪에서 五比丘에게 苦·樂의 치우친 行을 버리고 中道를 수행할 것을 설하시면서, 中道를 취하면 밝음과 지혜를 성취하고 自在를 얻어 깨달음과 涅槃으로 나아가게 된다고 하셨다. 그리고 中道가 바로 八正道[2]라고 말씀하셨다. 뒤이어 四聖諦가 설명되고 있다. 여기서 검토해 보아야 할 것은 四聖諦와 八正道의 관계성이다. 석존이 初轉法輪에서 최초로 설한 것이 中道라는 데에는 별다른 이의가 없다. 그런데 八正道는 中道 이후의 설법에서 독립적으로 표현되었다는 설과 四聖諦 중의 道諦의 내용으로 八正道를 설했다는 설의 두 가지 八

---

1) 增永靈鳳,「原始佛敎に於けろ禪定の硏究」『日本佛敎學協會年報』7年(日本佛敎學協會, 1935, 2), p.15.
2)『中阿含經』(『大正藏』1, pp.777下~778上).

正道說이 있다.

이에 대해서 학자들의 견해를 소개하면, 宇井伯壽는[3] 佛陀의 가르침의 대부분은 모두 實踐上에 나타난 것에서 그 참된 의미를 발휘한다고 한다. 그리고 그 실천의 道로서는 여러 가지가 있겠지만 그 중에서 가장 중요하고 기초적인 것으로 말할 수 있는 것은 바로 八正道이다. 佛陀가 녹야원에서 처음으로 五人을 만나서 비로소 설했던 것은 오직 八正道뿐이다. 그 후 혹은 그 기간을 넘어 四諦八正道를 설해야했던 것은 그 때의 사정과 初轉法輪의 記述 속에서 八正道가 중복되어 있는 것에서 추정될 수 있다고 서술하여, 八正道는 四諦로부터 독립된 의미를 지닌 것이었다고 한다.

여기서 말하는 그때의 사정이란 당시의 一般思潮로서 고행주의를 유일절대라고 확신하는 자가 많았다는 것이고, 이것에 대해 석존이 中道〔八正道〕를 설하여 불교의 기본자세를 명확하게 한다는 것은 그것만으로도 불교의 이해와 중대한 관계를 지녀, 충분히 독립적인 의미가 있었던 것이다. 또한 初轉法輪의 記述 속에서 八正道가 중복되어 있는 것이란, 八正道에 잇달아서 설해진 四諦의 三輪十二行相 중의 道諦 아래에, 재차 八正道가 道諦의 내용으로서[4] 설해지는 것을 지적해서 무리가 있다는 것이다.

이렇게 宇井伯壽는 석존의 녹야원에서의 최초 설법은 오직 八正道뿐이며, 八正道를 四諦로부터 독립된 의미를 지닌 것으로 四諦說과 분리해서 생각해야 한다는 의견이다. 반면에 中村元은 佛陀가 初轉法輪에서 八正道를 설했다는 것에 의문을 제기하면서, 적어도 佛陀의 활동

---

3) 宇井伯壽,「八正道の原意及び其變遷」『印度哲學硏究』3(東京, 甲子社書房, 1926), pp.5~6.
4) 田中敎照,『初期佛敎の修行道論』(東京, 山喜房佛書林, 1993), p.114.

시기에는 八正道를 설하지 않았고 가장 오래된 詩句나 짧은 句에는 八正道 가운데 일부만을 서술하고 있다고 하여, 초기불교의 초기에는 八正道의 일부분은 보이고 있지만 八正道 전체에 대한 언급은 없다5)고 하였다.

이와 같은 학자들의 견해에서 필자는 四聖諦 중의 道諦의 내용으로 八正道를 설했다는 입장에 더 많은 무게를 두고 싶다. 왜냐하면 초기경전 상에는 四聖諦 중의 道諦의 내용으로 설해진 八正道가 가장 많이 보이고 있고,6) 초기불교의 궁극적 목적은 현실의 고통에서 벗어난 離苦得樂에 있다고 할 수 있는데, 四聖諦는 離苦得樂에 이르는 과정을 가장 잘 표현하고 있기 때문이다. 즉, 苦諦와 集諦는 生死流轉하는 중생의 고통과 그 원인을 밝힌 迷界의 因果的 진리이며, 滅諦와 道諦는 苦에서 벗어나는 방법과 내용을 제시한 悟界의 因果的 진리이다. 석존은 苦諦와 集諦에서 苦와 苦의 원인을 밝혀서 滅諦에 이르는 수행 방법으로, 道諦에서 매우 구체적으로 八正道를 제시하고 있는 것이다.

(2) 八正道

八正道에서 수행상으로 가장 중요한 비중을 갖고 있는 것은 正見과 正定이라고 말할 수가 있다. 불교 수행법의 주축이 되는 止(samatha)와 觀(vipasyanā)의 竝修라든지, 定(samādhi)과 慧(prajñā)의 雙修와 같은 것도 이 正見·正定의 원리에 입각한 것이라고 볼 수가 있다.7)

중생이 離苦得樂을 성취하려면 현실적 괴로움을 滅해야 한다. 그러려면 무엇보다도 먼저 진리를 똑바로 응시하고〔正見〕, 그에 입각해서

---

5) 中村元, 『原始佛教の生活倫理』(東京, 春秋社, 1972), pp.21~24.
6) 김동화, 『원시불교사상』(서울, 뇌허불교학술원, 2001), p.111.
7) 고익진, 『불교의 체계적 이해』(서울, 새터, 1994), p.65.

새로운 종교적 생활을 영위하면서 [正思惟~正念], 마음을 진리에 契
合하게끔 집중 [正定]하지 않으면 안 될 것이다. 이러한 正見과 正定
의 유기적인 관계는 正定에서 좀 더 구체적으로 검토하기로 하고 먼저
正見의 의미부터 살펴보겠다.

> 어떤 것이 正見인가. 보시가 있고 의견이 있고 齋가 있고 善行이 있고 惡行
> 이 있고 善行과 惡行의 과보가 있다. 이 세상이 있고 저 세상이 있고 부모가
> 있고 중생의 태어남이 있다.8)
> 성스러운 제자는 괴로움을 괴로움이라 생각하고, 集滅道를 集滅道라 생각
> 한다. 번뇌가 없는 생각이 相應하여 法을 선택·분별·推求·覺知·點
> 慧·開覺·觀察한다.9)

선택함에 두루 선택하고 결택하여 法을 선택한다. 봄에 두루 보고
관찰하여 명확히 통달한다. 이것을 正見이라고 한다.10)

여기에 나타난 正見에 대해서 대략 세 가지로 그 의미를 정리할 수
있는데, 첫째 당시의 外道의 사상과 석존의 사상을 대비해서 석존의
방법을 채택하는 것이 바로 正見이다. 즉, 三種外道說11)로 대표되는
당시의 그릇된 사상에 대해서 석존은 비판하면서, 윤리적 타락을 막을

---

8) 『雜阿含經』(『大正藏』2, p.203上).
9) 위의 책, p.203上中.
10) 『中阿含經』(『大正藏』1, p.469上).
11) 위의 책, p.435. 석존은 당시의 도덕부정론자·유물론자·숙명론자·회의론자
들이, 윤리를 부정하고 파괴하는 현실을 매우 우려하면서 다음과 같은 비판을
하였다. "어떤 沙門과 梵志는 일체는 모두 宿命의 조작에 의한 것이라고 주장
하고, 또 어떤 사문과 범지는 尊祐의 조작에 의한 것이라고 주장하며, 또 어떤
사문과 범지는 因도 없고 緣도 없다고 주장한다. …만약 그와 같다면 그들은
宿命이나 尊祐의 조작에 의해, 또는 아무 이유도 없이 살생 같은 惡行을 하게
될 것이다. 그러나 비구들이여 宿作因이나 尊祐作因 등에 의지하면, 거기에는
하고자 하는 욕구도 있을 수 없고, 노력도 있을 수 없으며, 이 행위는 해야
하고 이 행위는 해서는 안 된다는 당위성도 있을 수 없게 된다."

수 있는 진정한 윤리의 확립에 많은 관심을 보이고 있다. 그래서 正見에서 보시·의견·齋·善行·惡行이 있고, 善行과 惡行의 과보가 있으며, 이 세상과 저 세상이 있고, 부모가 있고 중생의 태어남이 있다는, 현실적인 도덕율을 제시하고 있다.

둘째는 四聖諦에 대한 올바른 思惟와 관찰이다. 四聖諦에 대한 바른 인식은 八正道의 各支에서 강조하고 있을 만큼 중요한 것으로, 八正道의 실천은 결국 四諦의 思惟를 근본 바탕으로 하고 있다는 의미를 지니고 있다.[12] 셋째는 극단의 치우친 소견을 배격하고 法을 선택함에 잘 決擇하고, 두루 보고 관찰하여 명확히 통달하는 것이 正見이라고 하고 있다. 이것은 바른 지혜를 의미한다고 할 수 있겠다.

그리고 正見에 이어서 설해진 正志[正思惟]의 의미를 살펴보면 다음과 같다.

어떤 것이 正志인가. 탐욕을 벗어나고 성냄이 없고 해치지 않는 것이다.[13]

正志에서 주의하여 살펴보아야 할 것은 十業說에 관한 것이다. 十業說은 正志에서 뿐만 아니라 正語·正業에서도 계속 설해지고 있다. 불교의 業說은 善惡을 결택하여 현실의 괴로움을 타개하려는 강력한 실천윤리이다. 그러나 이 業說은 아직도 생사윤회의 테두리를 벗어나지 못한 것이다. 어떻게라도 즐거운 과보를 초래하고자 하는 것으로서 死後 生天하는 것이 목적이 되고 있다. 그러나 八正道에서는 善惡의 근저에 있는 '正邪'를 문제로 대두시켜, 正邪의 결택을 통해 생사의 괴로움을 근본적으로 극복하려는 해탈의 길을[14] 제시하고 있다. 그래서

---

12) 田中敎照, 『初期佛敎の修行道論』(東京, 山喜房佛書林, 1993), p.126.
13) 『雜阿含經』(『大正藏』2, p.203上).
14) 고익진, 『불교의 체계적 이해』(서울, 새터, 1994), p.65.

八正道에서의 十業說은 범속한 世間[生死]을 벗어나는 신성한 진리
의 방법인 것이다.

正見에서 불교사상을 정확히 밝힌 석존은 이어서 十善에 바탕 한 수
행자의 바른 언어 행위인 妄語·兩舌·惡口·綺語를 떠난 正語15)와
殺·盜·婬을 떠난 바른 신체적 행위인 正業,16) 그리고 수행자의 바른
생활인 正命17)에 대해서 法답게 의복·음식·와구·탕약을 구해야 함
을 설한다. 이것은 당시의 외도들의 비윤리적인 생활규범과는 달리, 수
행자들의 身口意 三業뿐만 아니라 생활에 필요한 衣食住의 도구를 구
하는데 있어서도, 法에 맞게 구하는 것이 바로 깨달음에 이르는 길임
을 보여 주고 있다.

이처럼 十業說은 八正道에서 세속적인 사회윤리에 관한 대표적인
교설로서만이 아닌, 世間[生死]을 벗어나는 신성한 진리의 방법으로
실천되고 있다. 그래서 十業說은 大·小乘의 모든 수행 階位에 포함되
어 있는 중요한 修行法이다. 계속해서 석존은 바른 노력[正方便·正
精進]18)과 바른 기억[正念]19)을 설하고 마지막으로 바른 禪定[正
定]에 대해서 설한다.

> 어떤 것이 正定인가. 마음을 어지럽지 않고 견고히 거두어 가지고, 고요히
> 三昧에 나아가 一心에 머무르는 것이다.20)

---

15) 『雜阿含經』(『大正藏』2, p.203上, p.203中); 『中阿含經』(『大正藏』1, p.469上).
16) 『雜阿含經』(『大正藏』2, p.203上, p.203中下); 『中阿含經』(『大正藏』1, p.469中).
17) 『雜阿含經』(『大正藏』2, p.203上, p.203下); 『中阿含經』(『大正藏』1, p.469中).
18) 『雜阿含經』(『大正藏』2, p.203上, p.203下); 『中阿含經』(『大正藏』1, p.469中, p.736中).
19) 『雜阿含經』(『大正藏』2, p.203上, p.204上); 『中阿含經』(『大正藏』1, p.469中, p.736中).
20) 『雜阿含經』(『大正藏』2, p.203上).

八正道를 주의 깊게 분석해 보면 戒定慧 三學의 구조에 포섭되고 있음을 알 수 있다. 『中阿含經』에서는 正語・正業・正命을 戒分으로, 正念・正定은 定分으로, 正見・正志・正方便은 慧分으로 분류하고 있다. 그러나 『大智度論』에서는 正語・正業・正命을 戒分으로, 正方便・正念・正定은 定分으로, 正見・正思惟는 慧分으로 분류하고 있어,[21] 『中阿含經』과는 약간의 차이가 있다. 하여튼 八正道는 定分에서 定에 의한 四精勤・四念處・四禪 등의 구체적인 수행법을 제시하고 있다.

앞에서 잠깐 살펴보았듯이 正定은 正見과 더불어 八正道에서 가장 중요한 비중을 갖고 있으면서, 매우 유기적인 관계에 있다. 그런데 八正道는 正見을 중심으로 설해졌다는 의견과 正定을 중심으로 설해지고 있다는 설의 두 가지 견해가 있다. 宇井伯壽는 正見은 목적으로서 性質에 해당하지만, 正定은 단순히 수단적인 性質의 것[22]이라는 의견이고, 김동화도 正見에 큰 의미를 부여하고 있다.

김동화는[23] 正見은 석존의 중도사상으로 보아야 하고, 불교를 구하는 자에게는 이 正見이 그 최초인 동시에 최종인 것으로, 正見은 中正한 사상, 진정한 견해, 정상적인 원리라는 의미를 가진 것으로서, 그 이하의 七支는 중도사상을 실천하는 행목에 불과한 것이라고 말하고 있다. 經文에서도 正定보다 正見을 중심으로 한 서술이 좀 더 많이 나타나 있고 후세의 『婆沙論』에서도 正見을 중심으로 한 고찰이 서술되고 있는 경향으로 보아, 八正道의 중심 항목은 正見으로 보는 것이 타

---

21) 『中阿含經』(『大正藏』1, p.788下); 『大智度論』(『大正藏』25, p.203上).
22) 宇井伯壽, 「八正道の原意及び其變遷」 『印度哲學研究』3(東京, 甲子社書房, 1926), p.24.
23) 김동화, 『원시불교사상』(서울, 뇌허불교학술원, 2001), pp.128~129.

당할 것 같다.24)

하지만 조용길은25) 불교의 모든 수행덕목은 체계적이고 중층적인 관계에 있다고 하면서, 正見은 다른 七支를 수반하고 있는 正見이며, 正志도 나머지 일곱 가지와 함께 있는 正志라고 한다. 마찬가지로 최후의 正定도 단독이 아닌 正念의 七支를 수반하고 있는 正定이라는 견해이다.

다음에는 八正道의 전체적인 내용을 정리하여 離苦得樂에 이르는 八正道의 실천체계를 정확히 밝혀보고자 한다. 석존은 正見에서 당시의 三種外道說을 비판하면서 석존의 사상을 분명히 세우고 알게 한 뒤, 四聖諦의 올바른 思惟와 관찰을 거듭거듭 강조한다. 그리고 正志 · 正語 · 正業 · 正命에서 十業說을 바탕한, 수행자의 바른 언어 행위와 신체적 행위, 생활을 실천하도록 한다. 이어서 正方便〔正精進〕· 正念에서 끊임없는 노력을 설하면서 마지막으로 三昧一心의 正定에 머무르게 하고 있다. 그리하여 八正道는 석존의 사상을 분명히 알게 한 뒤, 十惡의 惡行을 멈추고 四諦의 바른 思惟와 함께 끊임없는 精進으로, 一心三昧에 머무르는 것이 바로 苦에서 벗어나는 바른 길임을 분명히 제시하고 있다.

2) 三十七助道品

'깨달음으로의 道'인 三十七助道品은 四阿含經 중에서 『增壹阿含經』

---

24) 正見을 중심으로 서술한 經文은 『雜阿含經』(『大正藏』2, p.198中, p.198下, p.204中), 『阿毘達磨大毘婆沙論』(『大正藏』27, p.496下)이고, 正定을 중심으로 한 서술은 『雜阿含經』(『大正藏』2, p.199上中), 『中阿含經』(『大正藏』1, p.735下)이다.
25) 조용길, 「原始根本佛敎의 本質的 問題에 關한 考察」『佛敎大學院論叢』2집 (서울, 동국대학교 불교대학원, 1995), p.114.

에서만 그 명칭이 나타나고, 『雜阿含經』·『中阿含經』·『長阿含經』에
서는 三十七品이라는 명칭은 나타나지 않고 수행체계를 전체적으로
한꺼번에 설명하는 내용만 나타나 있다. 『增壹阿含經』에는 三十七道
品·三十七品·三十七品道[26]라는 명칭으로 나타나 있는데, 후일 부파
불교에서는 三十七菩提分[27]이라고 부르게 된다. 三十七助道品은 四
念處·四正斷·四如意足·五根·五力·七覺支·八正道의 七科 三十
七支로 구성되어 있다.

　四念處는 중생이 사랑하고 집착하는 身·受·心·法의 네 가지에
대하여, 인간의 육체는 不淨하고 感受는 괴로움이며 마음은 無常하고
法은 無我라고 觀하는 것이다.[28] 四念處는 八正道의 正念과 동일한
것으로 正念과 正知로 세간의 탐욕과 근심을 제거하도록 하고 있다.

　그리고 四正斷[29]은 斷斷·律儀斷·隨護斷·修斷을 말하며 八正道
의 正方便과 동일하다. 四如意足[30]은 欲定을 닦아 欲·精進·心·思
惟가 쉬는 것을 말한다. 五根[31]은 身根·精進根·念根·定根·慧根
등을 말한다. 五力[32]은 身力·精進力·念力·定力·慧力 등으로 五
根이 더욱 발전하여 힘을 발휘하는 상태로 五根과 거의 동일하다.

　七覺支[33]는 念覺支·擇法覺支·精進覺支·猗覺支·喜覺支·定覺
支·捨覺支 등이다. 여기서 覺支는 이 七法이 菩提의 位에 접근하여
如實히 覺을 조성하는 支分이라는 의미라고 김동화는 말하고 있다. 그

---

26) 『增壹阿含經』(『大正藏』2, p.551上).
27) 藤田宏達 외, 권오민 譯, 『초기·부파불교의 역사』(서울, 민족사, 1992), p.129.
28) 『雜阿含經』(『大正藏』2, p.139下); 『中阿含經』(『大正藏』1, pp.582中~584中).
29) 『雜阿含經』(『大正藏』2, p.221上中).
30) 위의 책, p.147中.
31) 위의 책, p.182中.
32) 위의 책, p.185下.
33) 위의 책, p.190中.

럼 김동화의 설명에 따라 七覺支의 뜻을 정리하면서34) 각 支分의 주
요 수행내용을 알아보겠다.

①念覺支의 念은 心의 明記性 즉, 憶持不忘하는 것으로 不淨觀35)
과 四念處36)를 수행한다. ②擇法覺支는 諸法을 간택 분별하는 지혜를
의미하며, 善·不善法을 구별하여 善法을 선택한다.37) ③精進覺支는
精進覺으로 邪見을 대치하고38) 不善法을 끊고, 善法을 키우는39) 四正
斷40)이다. ④喜覺支는 法을 닦아서 진실한 法喜에 젖는 것이다. ⑤猗
覺支의 猗는 "喜覺支滿足已 身心猗息"41)의 經文에 따르면, '猗息·부
드러운 쉼'으로 身心이 경쾌하고 편안한 輕安이다. ⑥定覺支는 心이
一境에 安住하여 산란하지 않는 것으로 四禪을 수행한다.42) ⑦捨覺支
는 一心이 평등하여 警覺함이 없이 寂靜에 머무르는 것이다.

그리고 八正道는 앞에서 자세히 살펴보았으므로 여기서는 생략하도
록 하겠다.

이상에서 살펴본 三十七助道品 七科 三十七支의 내용에서 三十七
助道品은 전체적으로 定에 입각한 수행체계임을 알 수 있다. 앞에서
고찰한 八正道는 戒定慧 三學의 구조였다면, 八正道를 제외한 三十七
助道品은 대부분 定의 구조이다. 經文에서도 四念處를 定相, 四正斷
을 定力, 四如意足을 定功43)이라고 설하면서, 이러한 善法을 꾸준히

---

34) 김동화, 『원시불교사상』(서울, 뇌허불교학술원, 2001), pp.358~359.
35) 『雜阿含經』(『大正藏』2, p.197中).
36) 위의 책, p.192中.
37) 위의 책, p.191下.
38) 『增壹阿含經』(『大正藏』2, p.739上).
39) 『雜阿含經』(『大正藏』2, p.191下).
40) 위의 책, p.190下.
41) 위의 책, p.190下.
42) 위의 책, p.193上.
43) 『中阿含經』(『大正藏』1, p.788下).

닦는 것이 定을 수행하는 것임을 말하고 있다.

이제 三十七助道品 各科의 관계에 대해서 七科 37支는 각각 독립된 수행체계인지, 아니면 모두 하나로 연결된 수행체계인지를 검토해야 할 것 같다. 석존의 說敎는 중생들의 '깨닫는 능력〔機〕'을 漸進的으로 성숙시켜서 마침내 최상의 깨달음을 얻게 하는 方法이다. 이런 方法論을 方便施設이라고 부른다. 方便(upāya)은 '접근한다'는 말이고 施設(prajñapti)은 '알아내게 한다'는 뜻이다. 漸進的인[44] 방법으로 깨달음을 얻게 하려는 석존의 이러한 방법론은 많은 敎法의 施設을 필요로 한다. 가르침을 받는 사람의 지적 능력이 성숙함에 따라, 그에 알맞은 法이 계속해서 설해져야 하기 때문이다. 그래서 많은 法이 경전에 등장하고 있다. 이러한 敎法들은 각기 독자성을 지니면서 궁극적인 진리에 趣入하는 구실을 하고 있다.

한편으론 석존의 敎說은 진리에 이르는 橋樑적 구실을 하고 있으므

───────────────

44) 중생의 根機에 따른 석존의 漸進的인 방법의 方便施設은 깨달음의 구조를 橫적 구조와 縱적 구조로 분류하는 근거가 되기도 한다. 최봉수는 四諦는 각각 解・斷・證・修의 橫적 구조라고 한다. "於苦聖諦 當知當解 於集聖諦 當知當斷 於苦滅聖諦 當知當證 於苦滅道跡聖諦 當知當修"(『雜阿含經』,『大正藏』2, p.104中) 이러한 解・斷・證・修의 橫적 구조는 다시 頓・漸의 문제로 전개된다고 한다. 즉, 解와 證을 解悟와 證悟의 관점에서 파악해 悟의 개념으로 묶으면, 결국 悟・修에 있어서의 頓・漸의 문제로 정착된다고 밝히고 있다. 그리고 "我正法律 亦復如是 漸作漸學 漸盡漸敎 婆羅邏 若我正法律中 漸作漸學 漸盡漸敎者 是謂我正法律中 第一未曾有法"(『中阿含經』,『大正藏』1, p.476中)의 經文은 佛法은 漸次로 지어지고 漸次로 배우고 漸次로 완성되고 漸次로 가르쳐야 되는 것임을 보여주는, 깨달음의 縱적 구조라고 한다. 舍利弗尊者도 "我聞世尊說法 轉轉深 轉轉勝 轉轉上 轉轉妙"(『雜阿含經』,『大正藏』2, p.131上)라고 하여 세존의 法에 縱적 次第가 있음을 간파하고 있음을 밝히고 있다. 최봉수,「原始佛敎에서의 悟의 구조」『普照思想』4집(서울, 보조사상연구원, 1990, 10), pp.10~19. 이러한 최봉수의 원시불교에서의 깨달음의 구조를 분류하는 방식도, 바로 석존의 漸進的인 방법의 方便施設에 근거하고 있다고 필자는 생각한다.

로 그것을 진리 그 자체라고 절대시할 필요는 없다. 사람들의 根機에 따라 그때그때 알맞게 설한 것이라는 것이다. 물론 경전에도 또한 수많은 敎理가 일정한 체계 없이 수록되어 있기도 하다. 그러나 法門과 法門 사이에는 미묘한 重層적 교리조직이 짜여져 있음을 간과해서는 안 될 것이다.[45]

이와 같이 석존의 對機說法은 일정한 체계 없이 다양하게 수록되어 있다 할지라도, 각각의 法門은 통일된 체계 속에 배치될 수 있는 것이다. 이러한 석존의 설법방법에 따르면 三十七助道品도 各科는 '助道'(깨달음을 도와주는 法)로서의 의미를 지니면서도, 各科 자체만으로도 완전한 깨달음을 성취하는 독립성을 지니고 있다고 할 수 있다.

三十七助道品의 수행체계에 대해서 藤田宏達은 三十七助道品의 덕목 가운데에는 공통된 것이 많아, 四念處·四正斷 등은 각각 하나의 수행체계가 된다고 말한다. 그리고 수행자들이 이러한 '37가지 깨달음으로의 道'를 모두 수행하였던 것은 아니며, 그 성격이나 기능에 따라 어떠한 수행방법을 선택하여 수행하였을 것이라고 한다. 또한 각각의 수행체계는 처음부터 일정한 덕목으로 결정되어 있었던 것이 아니라, 경전에 따라 각 덕목들이 달리 설해지기도 하고 때로는 어떤 덕목이 첨가되기도 하고 누락되기도 하였다고 한다. 그래서 藤田宏達은[46] 四念處 등을 '一乘道'라고 하듯이, 어떠한 수행체계도 그 자체로서 깨달음에 도달할 수 있는 道가 되었다는 견해를 밝히고 있다.

그래서 필자는 三十七助道品의 各科는 서로 助道로서의 긴밀한 관계를 가지면서도, 各科 자체만의 독립적인 수행체제를 지닌다고 생각

---

45) 고익진, 『불교의 체계적 이해』(서울, 새터, 1994), pp.19~21.
46) 藤田宏達 외, 권오민 譯, 『초기·부파불교의 역사』(서울, 민족사, 1992), pp.130~131.

한다. 四聖諦·八正道가 初轉法輪에서 석존의 사상을 선포하고 불교의 초보적인 修行道를 밝혔다면, 三十七助道品은 초기불교의 修行道를 종합적이고 전체적으로 조직화하여 定에 의한 漸進的이면서도 독자적인 수행체계를 정립하였다고 할 수 있다. 그리하여 離苦得樂에 이르는 길을 각기 독립적이면서도 중층적인 관계에서 체계적으로 보여 주고 있다.

이상으로 초기불교의 修行道를 『阿含經』을 중심으로 살펴보았다. 초기불교의 최고 목표는 현실의 고통에서 벗어나 涅槃[47)]에 이르는 것이라고 할 수 있다. 열반에 이르고자 하면 먼저 苦와 苦의 원인을 정확히 알아야 한다. 그런 다음 苦에서 벗어나는 길을 열심히 수행하여야 한다. 그러면 반드시 그에 따르는 階位를 얻게 되고 마침내 寂靜의 열반을 성취하게 된다.

---

47) 초기불교에서는 涅槃에 대해서 有餘依涅槃과 無餘依涅槃의 두 가지로 설명하고 있다. 有餘依涅槃은 아라한이 諸漏·諸結을 영원히 斷盡하여 解脫界에 이르러 윤회를 벗어난 경지이지만, 아직 前業所生인 생명이 남아 있기 때문에 추위나 더위 굶주림과 목마름 같은 것을 피할 수는 없다. 그러므로 有餘란 신체를 가진 未斷된 現身解脫을 의미한다. 그러나 無餘依涅槃은 有餘依와는 정반대로 수명이 단절되어 色身과 心이 모두 상속할 의지처가 전혀 없어진 것이다. 有餘는 신체가 남아 있는 한 육체적인 고통은 여전히 면할 수 없으며, 또한 退轉의 염려도 있게 된다. 그러나 色身을 떠나게 되면 이러한 염려와 고통은 영원히 사라지게 될 것이다. 그래서 김동화는 『원시불교사상』, p.347.에서 有餘依·無餘依의 두 涅槃은 解脫이라는 점에서는 서로 다를 바가 없지만, 형식상으로는 無餘依涅槃이 한 단계 수승한 개념이라고 밝히고 있다. 그러나 이러한 二種涅槃觀은 唯識佛敎의(『攝大乘論』, 『大正藏』31, p.247中; 『成唯識論』, 『大正藏』31, p.55中, "涅槃義別略有四種 一自性淸淨涅槃 二有餘依涅槃 三無餘依涅槃 四無住處涅槃") 四種涅槃觀에서 이론적 근거를 마련해 준 것이라고 할 수 있고, 석존은 現世의 涅槃을 주장하였으며 現世에서 涅槃을 증득한 것으로 되어 있다. 즉, 석존은 인도 재래의 苦行主義와 修定主義 등이 완전한 解脫을 死後에 구하였음에 대하여, 生前에 涅槃을 얻고자 노력한 결과 現世에 涅槃을 얻은 것을 자기의 특징으로 自認하였다.(『雜阿含經』, 『大正藏』2, p.289上)

3) 四向四果

초기불교의 수행계위는 沙門四果說로 四果는 그 순서대로 수행의 단계를 가리키고 있다. 그런데 석존이 沙門四果의 수행으로 깨달음을 이루고 직접 階位를 설했는가 하는 沙門四果의 성립에 대한 의문이 제기되고 있다. 赤沼智善은[48] 석존이 沙門四果의 階次를 거쳐 깨달음을 이루었다는 材料는 없으며, 석존이 傳道 초기에 이 階次를 定했다고 생각할 수 없다고 한다.

中村元도[49] 최초기의 불교에 있어서는 수행자의 실천에 관한 階位的 구별은 생각되고 있지 않았다고 하면서, 후대 敎義學者들에 의해서 煩瑣한 階位가 생각되었다는 견해를 밝히고 있다. 김동화도[50] 아라한이 되는 데에 沙門四果의 단계를 거치는 것은 너무나 형식적이요 기교에 지나친 듯한 감이 있다고 한다. 그러나 후세 모든 제자들의 실제 修證上에 있어서는 피차간에 等差가 있었을 것은 사실이었을 것이라고 하면서, 이러한 때에 당하여 비로소 이와 같은 四果思想이 발생하였을 것이라고 하고 있다.

이와 같이 대체로 학계에서는 沙門四果의 성립에 대해서 석존이 沙門四果로 깨달음을 이루고, 석존이 傳道 초기에 沙門四果를 설했다는 데에는 부정적인 반응이다. 후대 敎義學者들에 의해서 혹은 후세 제자들의 실제 修證上에서, 四果思想이 발생하였을 것이라고 추측하고 있다.

하지만 『阿含經』의 많은 부분에 沙門四果說이 언급되고 있고, 四聖諦・八正道・三十七助道品 등의 초기불교 修行道가 대부분 漸進적이

---

48) 赤沼智善, 『原始佛敎之硏究』(東京, 破塵閣書房, 1939), pp.167~168.
49) 中村元, 『原始佛敎の思想』上(東京, 春秋社, 1970), p.481.
50) 김동화, 『원시불교사상』(서울, 뇌허불교학술원, 2001), p.367.

고 단계적인 과정인 것으로 보아, 沙門四果說도 당시 수행자들의 공통
적인 단계적 깨달음의 궁극적 階位였던 것만은 분명하다고 생각된다.
그럼 沙門四果의 내용을 살펴보면서 四果의 구성을 고찰하겠다.

> 네 가지 沙門의 果가 있다. 어떤 것이 넷인가. 須陀洹果 · 斯陀含果 · 阿那
> 含果 · 阿羅漢果이다. 어떤 것이 須陀洹果인가. 三結을 끊은 것을 須陀洹
> 果라 한다. 어떤 것이 斯陀含果인가. 三結을 끊고 탐욕과 성냄 어리석음이
> 엷어진 것을 斯陀含果라 한다. 어떤 것이 阿那含果인가. 五下分結을 끊은
> 것을 阿那含果라 한다. 어떤 것이 阿羅漢果인가. 탐욕을 영원히 다 없애고,
> 성냄을 영원히 다 없애고, 어리석음을 영원히 다 없애고, 일체 번뇌를 영원
> 히 다 없앤 것을 阿羅漢果라 한다.[51]

이와 같이 須陀洹에서는 身見 · 戒禁取 · 疑의 三結을 끊고, 斯陀含
에서는 貪 · 瞋 · 痴가 엷어지고, 阿那含에서는 貪欲 · 瞋恚 · 身見 · 戒
禁取 · 疑의 五下分結을 끊고, 阿羅漢에서는 貪 · 瞋 · 痴 등 일체의 번
뇌를 다 끊는다. 그래서 初果에서 極果에 이를수록 끊어지는 번뇌의
수는 많아진다. 이러한 점에서도 沙門四果의 구조는 단계적 깨달음의
수행계위를 나타내고 있음이 확실하다.

그런데 여기서 특이한 점은 各果에서 천상과 인간에 왕래하는 구조
이다. 인간에서 천상[須陀洹], 천상에서 인간[斯陀含], 인간에서 다
시 천상[阿那含], 천상에서 다시 인간[阿羅漢]이라는 경로이다. 즉,
須陀洹에서 천상과 인간에 7회 왕생하고, 斯陀含에서 1회 인간에 受生
하고, 阿那含에서는 인간에 옴이 없이 천상에서 般涅槃하고, 阿羅漢에
서는 인간에서 후세의 몸을 받지 않고 無餘涅槃[52]한다.

지금까지 살펴본 四聖諦 · 八正道 · 三十七助道品 등의 초기불교 修

---

51) 『雜阿含經』(『大正藏』2, pp. 298下~299上).
52) 위의 책, p. 196下. "現法得漏盡 無餘涅槃"

行道에서, 四禪의 修行은 많이 나타났지만 천상과 인간의 왕래에 대한 구체적인 언급은 없었다. 수행계위로서 천상과 인간에의 왕래를 설한 것은 沙門四果說만의 독특한 체계가 아닐까 생각된다. 이것에 대해 고익진은 阿含의 '天人往生' 등의 설명은 당시의 통속설을 빌린 듯한 인상이 짙다고 하면서, 이것은 부처님이 外道의 說을 인용한 것으로 보고 있다. 그래서 須陀洹에 대한 '七有天人往生'의 經說은 부처님의 진정한 了義說이 아니라, 당시의 통속설로 四果를 설명한 것이라는 의견이다.53)

석존이 『阿含經』54) 도처에서 施論 · 戒論 · 生天論의 三論을 설하고 있는 것은 그 목적이 번뇌의 단계적 滅을 통하여 아라한을 증득하는데 있으며, 궁극적으로 生老病死의 윤회의 고통으로부터의 해탈에 있다

---

53) 고익진, 『아함법상의 체계성 연구』(서울, 동국대학교 출판부, 1990), pp.112～113.

54) 施 · 戒 · 生天의 三論은 석존이 불교를 모르는 사람들을 불교의 신앙으로 이끌기 위해서 일상적으로 사용된 次第說法이다. 석존 당시에는 因果를 부정하고 善惡의 果報를 인정하지 않는 도덕부정론자 즉, 邪見이 널리 행해지고 있었다. 이러한 邪見을 없애는 것이 불교신앙에 들어가는 필수의 조건이므로 석존은 먼저 三論을 설하셨다. ①施論은 施에 관한 議論으로서 곤궁한 자나 종교가 등에게 옷과 음식 등을 보시하면 큰 공덕이 있고, 그 果報로서 來世에는 천상에 태어날 수가 있으나, 반대로 인색하여 보시를 하지 않는 자는 죽은 뒤에 지옥 등에 태어나 불행해진다. ②戒論은 戒律에 관한 議論으로서 죽이지 않고 훔치지 않고 거짓말하지 않고 사음을 행하지 않고 바른 윤리도덕을 지키면, 來世에는 天界에 태어나는 좋은 과보를 얻는다. 반대로 戒를 지키지 않으면 불행한 果報를 받는다. ③生天論은 天界에 관한 議論으로서 제1의 施與慈善이나 제2의 戒律 道德을 지키면, 그 善惡의 果報로서 死後에 천국에 태어나 행복을 얻는다고 하는 것이다. 이 三論은 불교에 대해서 전혀 無知하며 善惡 因果의 도리도 알지 못하는 초보자에게, 먼저 善惡이라든가 三世에 걸친 因果業報의 說이라든가 하는 세속윤리를 설하는 것이다. 三論은 당시의 業報說에 의거한 도덕설로서 불교로서는 세속적인 초보의 가르침이지만, 석존은 이러한 三論을 바탕으로 불교의 신앙이 확립되면 어떠한 果報도 기대하지 않는 出世間的인 聖者의 단계를 설했던 것이다.

고 할 수 있다. 이러한 관점에서 四果의 天人往生說 또한, 일체 번뇌를 끊은 阿羅漢果를 증득하기 위한 방편설이라고 할 수 있겠다. 하지만 이러한 방편을 통해서 진정한 了義의 길을 제시하고자 하는 것이 바로 沙門四果의 진정한 의미라고 판단된다.

沙門四果의 단계는 다시 그것으로 향하여 나아가고 있는 상태와 거기에 도달한 상태로 나누어져, 모두 여덟 가지의 상태인 四雙八輩로 설명되기도 한다. 四雙八輩의 복잡한 구조는 뒷날 부파불교의 아비달마 논사들에 의해 설명된 체계로,[55] 南傳에서는 預流向 · 預流果, 一來向 · 一來果, 不還向 · 不還果, 阿羅漢向 · 阿羅漢果로 표현되고 있다.

이와 같이 초기불교의 修行道와 修行階位는 점진적인 수행을 통하여 離苦得樂의 열반으로 나아가고 있다. 그래서 수행자는 번뇌의 점차적 단멸로 인하여 현실의 번뇌와 고통에서 해탈하게 되는 것이다. 초기불교의 수행계위가 지향하는 궁극적 목표인 阿羅漢果는 일체 번뇌를 끊은 완전한 해탈을 얻은 궁극의 단계이다.

2 部派佛教의 修行道

部派佛教의 修行道에서도 최고 목표는 초기불교와 마찬가지로 현실의 고통에서 벗어나 涅槃에 이르는 것이다. 그래서 부파불교의 수행계위에서도 阿羅漢은 일체 번뇌를 끊은 완전한 해탈을 얻은 궁극의 단계로 설명되고 있다. 그러나 阿羅漢에 도달하는 절차에 대한 해석에서는 초기불교와 부파불교가 각각 다르다.

---

55) 藤田宏達 외, 권오민 譯, 『초기 · 부파불교의 역사』(서울, 민족사, 1992), p.133.

아비달마 교학에서는 수행의 단계가 매우 복잡해진 결과, 마지막 阿羅漢果는 대단히 높은 것으로 간주되어 실로 수많은 수행을 거친 다음에야 도달할 수 있는 것이어서 보통 사람들은 도저히 도달할 수 없는 階位로 설명되기도 하였다. 그러나 초기경전에 설해진 阿羅漢은 수행에 의해 도달되는 것이지 아비달마 교학의 그것처럼 도달하기 어려운 것으로 생각되지는 않았다. 즉, 석존에게 귀의하고 그 가르침을 실천한 제자들은 바로 阿羅漢이 되었다고 설하는 경우가 많다.

이러한 부파불교의 阿羅漢에 대한 복잡한 해석은 후세 대승불교로부터, 부파불교는 일체 번뇌를 소멸한 阿羅漢을 증득하는 출가 수행자 중심이었다는 비판을 받게 되는 한 요인이 되기도 하였다.

부파불교의 修行道는 크게 賢位와 聖位의 두 가지 階位로 이루어져 있다. 賢位는 三賢과 四善根 등 7종의 加行位가 있으며, 聖位에는 四向四果의 단계가 있다. 그럼 부파불교의 修行階位에 대해서 世親의 『俱舍論』을 중심으로 살펴보도록 하겠다.

1) 三慧와 三因의 修行

『俱舍論』「分別賢聖品」에서는 賢位와 聖位의 수행에 들어가기 전에, 먼저 三慧와 三因의 예비적인 수행을 다음과 같이 설하고 있다.

> 장차 진리를 보는 道에 나아가려면, 마땅히 戒에 머무르고 부지런히 닦아서 聞·思·修를 성취해야 한다. 이것이 말[名]과 함께 하는 뜻[義]의 경계이다.[56]

누구든지 發心하여 장차 진리를 보는 道에 나아가려면, 三慧를 갖추

---

56) 『俱舍論』(『大正藏』29, p.116下).

어야 한다. 즉, 청정한 계율에 안주하면서[淨戒], 들은 바 가르침의
뜻을 부지런히 구하고[聞慧], 가르침의 의미를 그릇되지 않게 사유하
며[思慧], 사유한 다음에는 그것을 禪定에 의해 닦아 익히는[修慧]
것이다.

三慧는 聞·思·修에 의해 획득되는 世間的 지혜로 여기서 세간적
지혜란 見道에서와 달리, 自證의 지혜가 아닌 개념적 언어적 대상에
조건된 이해 판단력을 의미한다. 즉, 三慧는 말[名]과 뜻[義]에 따른
판단력의 차별로 말미암아 세 가지로 분류한 것으로서 聞慧는 다만 말
만을 대상으로 한 것이며, 思慧는 말과 뜻을 대상으로 삼아 어느 때는
말을 통해 뜻을 추구하고 혹은 뜻을 통해 말을 추구하기도 한다. 그리
고 修慧는 오로지 뜻만을 대상으로 하여 획득된 판단력이다.57)

三慧의 수행 후에는 몸과 마음을 청정히 하는 身器淸淨의 三因을
닦아야 한다.

> 身器淸淨에는 대략 三因이 있다. 첫째는 몸과 마음을 멀리 떠남이며[身心
> 遠離], 둘째는 만족하다고 기뻐하고 욕심이 적음이다. 셋째는 四聖種에
> 머무름[住四聖種]이다.58)

여기서 身心遠離란 바람직하지 못한 대상들을 심신에서 멀리 하는
것이다. 즉, 나쁜 친구나 좋지 못한 인연, 좋지 않은 생각이나 분별들을
멀리 떠나는 것을 말한다. 喜足少欲은 身心遠離를 실천함에 있어서 이
미 얻어진 물건이나 의복 등에 만족하며, 아직 얻어지지 않은 것들에
대해서 구하는 마음을 버리는 것이다. 그리고 住四聖種은 주어진 의복·

---

57) 권오민, 「아비달마 불교의 수행론」『靑祜佛敎論集』창간호(서울, 청호불교문
   화원, 1996), p.78.
58) 『俱舍論』(『大正藏』29, p.117上).

음식·침구에 만족하고 번뇌를 끊고 수도하는 것에 만족하는 것이다.

이와 같이 三慧와 三因의 예비적인 수행으로 심신을 청정히 한 다음 賢位의 단계로 들어간다.

2) 賢位의 修行

賢位에는 五停心과 別相念住와 總相念住의 三賢과 煖·頂·忍·世第一法의 四善根의 修行位가 있다. 三賢位는 아직 깨달음 밖의 단계이기 때문에 聖者位와 구별하여 賢位라 하며, 또한 賢은 凡夫의 智가 수승한 者이기 때문에 外凡位라고 하기도 한다. 그리고 四善根은 三賢位보다 無漏智에 접근한 것이 더 가깝기 때문에 內凡位라고 한다.

五停心은 마음의 번뇌를 정지하는 觀法으로서 不淨觀·慈悲觀·緣起觀·界分別觀·持息觀［數息觀］등 다섯 가지가 있다. 不淨觀은 우리 몸은 不淨하다고 관함으로써 탐욕의 마음을 다스리며, 慈悲觀은 모든 중생들을 자비로써 관함으로써 성내기 쉬운 마음을 다스리며, 緣起觀은 12緣起를 관함으로써 어리석은 마음을 다스리며, 界分別觀은 自我란 地·水·火·風·空·識의 6界가 일시적으로 因緣 화합한 것일 뿐이라고 관함으로써 나［我］라는 관념에 사로잡힌 마음을 다스리며, 持息觀［數息觀］은 자신의 호흡을 헤아려 관함으로써 산란한 마음을 다스린다.[59)]

不淨觀과 持息念에 의해 탐욕의 마음과 산란된 마음이 안정되었으므로, 다시 이를 바탕으로 세계존재의 실상을 관찰해야 한다. 여기서 전자는 止(śamatha)라고 하며, 후자는 觀(vipaśyanā)이라고 한다. 不淨觀과 持息念에 의해 止를 획득하였다면, 이제는 四念住를 닦아서

---

59) 위의 책, p.117中.

첫째는 非常이요 둘째는 苦요 셋째는 空이요 넷째는 非我이다. 集聖諦를 관하여 四行相을 닦나니, 첫째는 因이요 둘째는 集이요 셋째는 生이요 넷째는 緣이다. 滅聖諦를 관하여 四行相을 닦나니, 첫째는 滅이요 둘째는 靜이요 셋째는 妙요 넷째는 離이다. 道聖諦를 관하여 四行相을 닦나니, 첫째는 道요 둘째는 如요 셋째는 行이요 넷째는 出이다.[61]

여기서는 四聖諦를 관하여 十六行相[62]을 수행한다. 즉, 苦諦에서는 일체 諸法은 인연에 의하여 순간순간 生滅하므로 無常이며, 逼迫惱害의 성질을 가지고 있으므로 苦며, 나의 소유가 아니므로 空이고, 常一主宰의 내[我]가 없으므로 無我라고 관찰한다. 그리고 集諦에서는 일체의 미혹한 業은 씨앗이 싹을 틔우듯이 괴로운 과보를 낳으므로 因이고, 과보를 불러 모아 나타나므로 集이며, 괴로운 과보가 상속하여 일어나게 하므로 生이고, 괴로운 과보가 성숙하는데 도움을 주므로 緣이라고 관찰한다. 또 滅諦에서는 有漏의 모든 蘊이 영원히 다하므로 滅이고, 貪瞋癡의 번뇌의 동요가 없으므로 靜이며, 일체의 허물과 어려움이 없으므로 妙이고, 모든 재앙에서 벗어나므로 離라고 관찰한다. 道諦에서는 성인들이 다니는 길이므로 道이고, 바른 이치에 계합하므로 如이며, 열반을 향해 나아가므로 行이고, 생사의 괴로움에서 벗어나므로 出이라고 관찰한다.[63]

이와 같이 煖善根에서 十六行相의 요지는 苦諦의 四行相에서는 우주만유의 진상을 철학적으로 규명하고, 集諦의 四行相에서는 우주만유의 生起의 因을 철학적으로 尋求한다. 그리고 滅諦의 四行相에서는 종교적 최고 이상경에 도달하는 道程을 찾아 실천하는 것이다.

---

61) 『俱舍論』(『大正藏』29, p.119中).
62) 十六行相이란 진리를 관찰하는 지혜의 相狀을 이름하는 것으로, 行은 行解의 뜻이고 相은 相狀의 뜻이다.
63) 황성기, 『불교학개론』(서울, 아름다운세상, 1999), pp.197~198.

또한 煖善根에서의 四諦 관찰은 욕계와 上二界인 색계·무색계를 구분하여 관찰하는 것이기 때문에, 사실상 八諦 三十二行相을 점진적으로 관찰하는 것이다. 그리고 煖善根에서 행하는 四諦 관찰은 다만 대상〔所觀境〕과 언설에 규정되는 五蘊性[64]의 개념적 이해 즉, 了別의 世俗智이다.

煖善根의 수행이 下品·中品·上品으로 차츰차츰 증가되고 성취되어 원만해지면, 頂善根에 이르게 된다. 頂이란 움직임의 善根 중에서 頂善根이 가장 수승하여 사람의 정수리와 같기 때문이며, 또는 산의 정상과 같기 때문에 頂이라고 이름한 것이다. 頂善根에서도 四諦十六行相을 닦아서 上下 三十二行相을 성취한다.[65]

善根에는 動善根과 不動善根의 두 종류가 있는데, 煖善根·頂善根을 動善根이라 하고 忍善根·世第一法을 不動善根이라고 한다. 여기서 動善根은 善으로부터 물러나 미혹한 業을 지어서 惡趣에 떨어지는 것을 의미하고, 不動善根은 善에 동요가 없이 전진하여 見道에 들어감을 의미한다.[66]

頂善根의 수행이 下品·中品·上品으로 차츰차츰 증가되고 성취되어 원만해지면, 忍善根에 이르게 된다. 忍이란 四諦의 이치를 능히 깨달아서 인가한다는 뜻으로, 忍善根에서는 결코 물러나거나 타락하지 않기 때문에 忍이라고 이름한 것이다.[67] 그래서 忍善根은 四諦를 관하는데 가장 뛰어난 位라고 할 수 있다.

忍善根에도 下品·中品·上品이 있지만 그 수행은 각각 다르다.

64) 『俱舍論』(『大正藏』29, p.119下). "如是煖等四種善根 念住性故 皆慧爲體 若幷助伴 皆五蘊性"
65) 위의 책, p.119中.
66) 김동화, 『俱舍學』(서울, 文潮社, 1971), p.299.
67) 『俱舍論』(『大正藏』29, p.119中下).

즉, 下品에서는 먼저 욕계의 苦諦 四相을 관찰하고, 上 二界의 苦諦 四相을 관찰하며 나아가 욕계와 上 二界의 道諦 四相을 순서대로 관찰한다.

그리고 中品에서는 욕계의 苦諦 四相으로부터 上 二界의 道諦 중 마지막 出行相을 줄여 관찰하는데, 이것을 첫 번째 減行이라고 한다. 이리하여 네 번째 減行에 이르러 하나의 所緣 즉, 道諦를 줄여[減緣] 관찰하고 욕계 道諦에 대해서도 세 번 減行하고 네 번째 減緣하여, 계속하여 마침내 7번의 減緣과 31번의 減行을 거쳐, 마지막으로 남은 욕계 苦諦의 非常의 行相을 살피고 판단하는 두 찰나 마음까지 관찰한다.

上品에서는 이로부터 뛰어난 善根이 일어나 그것을 일찰나에 관찰한다. 여기서는 물론 非常을 관찰하지만 근기에 따라 非我・空을 관찰하기도 하고 苦를 관찰하기도 한다.

이와 같이 忍善根에서는 관찰의 대상이 되는 諦와 行相을 점차 감소하여 나아가는 減緣減行을 수행한다. 즉, 더 이상 욕계와 上二界의 八諦 三十二行相을 모두 닦지 않고, 그것을 점차 감소시켜 마침내 苦諦의 非常을 관찰하는 일찰나로 집중한다.

世第一法은 세간의 有漏法 가운데 가장 수승하기 때문에 世第一法이라 하고 聖道를 이끌어 내기 때문에 最勝이라고 한다.[68] 忍善根의 上品에서 욕계 苦諦 아래의 一行相을 일찰나에 관하여 반드시 聖道 즉, 見道를 이끌어 낸다.

이상의 四善根은 慧를 體로 하여 四諦를 有漏의 지혜로써 분석적으로 반복하여 관찰한다. 그리하여 無漏智를 일으킬 수 있는 상태에 가까

---

68) 위의 책, p.119下.

워진다. 三賢 四善根의 賢位의 수행을 거쳐 드디어 聖位로 들어간다.

3) 聖位의 修行

無漏의 지혜에 의해 번뇌를 하나하나 끊고 그 속박으로부터 벗어나 깨달음의 경지로 나아가는 聖位에는 四向四果가 있다. 四向四果를 見道・修道・無學道의 三道로 구분하기도 한다.

(1) 見道

여기서 見道란 見은 아직 일찍이 보지 못한 四諦의 이치를 지금 처음으로 본다는 것으로 無漏智로 見照하는 것을 말한다. 즉, 觀에 의해 四諦의 이치를 見照하는 것이다. 道는 因道로 四諦의 이치를 見照하는 것이 涅槃에 나아가는 因道가 된다는 것이다.

그럼 四善根에서 관하는 四諦와 見道에서 관하는 四諦는 어떤 차이점이 있는가? 四善根에서 관하는 四諦는 아직 無漏의 正智가 아니고 有漏智의 世俗智이다. 즉, 四諦를 개념적으로 인식하는 것으로 아직 구체적으로 완전한 인식은 아니다. 그러나 見道에서 관하는 四諦는 無漏智로서 四諦 전체의 이치를 완전히 인식하는 것이다.

다시 말해 四善根에서의 四諦의 관찰은 모두 개념적 이해이기 때문에 그것으로 번뇌는 끊어지지 않는다. 그러면 괴로움의 세계를 초래하는 온갖 번뇌의 단멸은 어떻게 가능한가? 그것은 '세계 실상에 대한 올바른 통찰' 즉, 四諦現觀에 의해서 가능하다.[69] 그럼 見道에서는 無漏智에 의해 번뇌가 어떻게 끊어지는지 살펴보도록 하겠다.

見道에서는 四善根에서 언급한 四諦十六行相의 四諦에서 일어나는

---

69) 권오민, 『아비달마불교』(서울, 민족사, 2003), p.249.

無漏智를, 苦智·集智·滅智·道智라고 한다. 나아가 이 같은 四諦十六行相에 대한 욕계에서의 관찰을 法智라 하고, 대상과 지식이 法智와 유사한 색·무색계에서의 관찰을 類智라고 한다. 그리하여 三界 見所斷의 88가지 번뇌는 苦法智에 의해 욕계 見苦所斷의 번뇌 10가지가,[70] 苦類智에 의해 上二界의 見苦所斷의 번뇌 18가지가, 集法智와 集類智에 의해 욕계와 上二界의 見集所斷의 번뇌 19가지가, 나아가 滅法智·滅類智와 道法智·道類智에 의해 욕계와 上二界의 見滅所斷의 번뇌 19가지, 見道所斷의 번뇌 22가지가 끊어져, 마침내 일체의 見所斷의 번뇌가 끊어지게 된다.

그런데 이와 같은 法智와 類智가 바로 번뇌를 끊는 것은 아니다. 인가라고 하는 忍의 또 다른 無漏의 의식작용이 결부되어야 한다. 즉, 見道에서는 忍과 智의 두 無漏智가 88가지 見惑을 끊는다. 여기서 忍은 斷의 用이고 智는 證의 用이다. 이 兩者는 斷惑證理의 一具의 用으로 不離의 관계이다.

그래서 이 兩者의 관계에 대해서 『俱舍論』에서는,

---

70) 見苦所斷의 10가지 번뇌는 有部敎學에서 주장하는 근본번뇌이다. 『入阿毘達磨論』(『大正藏』28, pp.983下~984上)에 의거하여 그 순서를 정리하면 다음과 같다. 有情은 現行의 실상인 非常·苦·空·非我를 바로 알지 못하는 無明으로 四諦에 대한 의심[疑]이 생기고, 因果 부정의 邪見이 생기며, 그리하여 다시 五取蘊 중의 苦 등을 인정하지 않고 그것의 실재성을 주장하고[有身見], 그것의 영속단멸을 주장하고[邊執見], 그에 따라 그릇된 실천도를 청정한 道라고 생각하고[戒禁取見], 그러한 모든 견해를 뛰어나다고 생각한다[見取見]. 이것은 곧 자기 견해에 대한 貪, 그리고 이에 따라 자신의 현재 견해와는 다른 모든 견해에 대한 오만[慢]과 미움[瞋]을 갖게 되는 것이다. 이러한 見苦所斷의 十種 근본번뇌에서 총 88가지 見四諦所斷의 번뇌가 일어나게 된다. 그리고 十種 근본번뇌는 『俱舍論』(『大正藏』29, p.137上)에서 有餘師의 說로 논의 되고 있다.

十六心 중에서 忍은 無間道이다. 번뇌를 끊음으로 얻는 것으로서 능히 막거
나 장애함이 없다. 智는 바로 解脫道이다. 이미 번뇌를 해탈한 得과 離繫得
이 동시에 일어난다. 이 둘의 순서를 갖춘 것은 이치에 결코 당연한 것이다.
마치 세상에서 도적을 쫓아 버리고〔無間道〕문을 닫는〔解脫道〕것과 같
다.71)

라고 하여 忍을 無間道로 智를 解脫道로 설명하고 있다. 忍이 번뇌의
고리〔得〕를 끊는 法이라면, 智는 離繫72)의 得과 동시에 生起하는 法
이다. 이처럼 忍과 智는 斷證의 斷惑證理의 不離의 관계이다.

無漏智에 의한 四諦現觀의 十六行相에서 마지막인 道類智를 제외
한 15心만을 見道로 인정하고, 16心은 修道로 본다. 왜냐하면 忍과 智
의 관계에서 道類智忍 다음에 올 道類智는 道類智忍에서 이미 경험을
하였고, 또한 이치를 본다는 점에서 道類智가 반복되고 있기 때문이
다. 또한 四諦十六行相을 四向四果로 말하면, 苦法智忍에서부터 15心
의 道類智忍까지의 聖者를 預流向이라 하고 16心의 道類智는 預流果
라고 한다.

(2) 修道

일반적으로 번뇌는 이치에 대한 무지에서 비롯되는 理知的 측면의
번뇌〔迷理惑〕와 본능적 욕망에서 비롯되는 情意的 측면의 번뇌〔迷
事惑〕로 나눌 수 있다. 理知的 번뇌는 나쁜 스승이나 邪敎 · 邪說에
의해 유도되거나 잘못 생각함으로써 일어나는 후천적인 번뇌이기 때문

---

71) 『俱舍論』(『大正藏』29, p.122上).
72) 離繫는 번뇌가 滅한 열반을 의미한다. 有部에서는 하나하나의 번뇌가 끊어지
고, 有情의 상속이 그 번뇌의 구속으로부터 벗어나는 것을 離繫라고 한다. 擇
滅과 止滅도 열반의 또 다른 표현이다. 上山春平 · 櫻部建, 정호영 譯, 『아비달
마의 철학』(서울, 민족사, 1990), p.114.

에 이성적으로 올바르게 판단하면 즉각 제거할 수 있다. 즉, 理知的 번뇌는 망치로 내리치면 바위가 바로 깨어지듯이 부정확한 인식에서 비롯된 見所斷의 理知的 번뇌는 四諦現觀으로 바로 끊어진다.

그러나 음식이나 잠 등의 본능적 욕망에서 비롯되는 情意的 번뇌는 선천적으로 갖는 번뇌이기 때문에 四諦現觀의 올바른 관찰만으로는 제거할 수 없다. 情意的 번뇌는 禪定을 통해 四諦를 반복적으로 관찰하고 修習함으로써 점진적으로 끊어진다. 다시 말해 情意的 번뇌는 修所斷으로 서서히 개별적으로 단절시키지 않으면 안 된다.

見道에서 理知的 번뇌가 모두 끊어졌기 때문에 修道에서는 貪·瞋·慢·無明73)의 情意的 번뇌를 단절해야 한다. 修道에서 끊어야 할 修惑은 번뇌의 종류에 따른 구별은 하지 않고, 번뇌가 작용하는 세계와 번뇌가 작용하는 힘의 강약에 따라 구분하고 있다.

그래서 『俱舍論』에서는,

> 욕심 세계의 修道에서 끊을 번뇌의 九品 차별을 설명한 것과 같다. 그와 같은 上地와 내지 有頂에까지 또한 그러하다. 끊을 바의 장애와 같아서 낱낱 경지에 각각 九品이 있고, 능히 다스리는 道인 無間道와 解脫道가 九品인 것도 또한 그러하다.74)

라고 하고 있다. 修道에서 끊어야 할 修惑은 禪定의 단계인 地와 번뇌의 강약인 九品으로 분류한다. 즉, 無色界의 四無色定地와 色界의 四禪地, 그리고 欲界地라고 하는 三界 九地의 단계적인 차별이 있다. 그

---

73) 번뇌에 대해 有部에서는 98隨眠說을 주장하고 있는데 이것은 모두 十種 근본 번뇌에서 분류된 것이다. 98隨眠 중에서 88가지가 見道에서 끊어졌으므로 修道에서는 10가지가 남았다. 修惑의 10가지는 욕계에서 貪·瞋·慢·無明의 4가지, 색계에서 瞋을 제외한 3가지, 무색계에서 瞋을 제외한 3가지가 단절된다.
74) 『俱舍論』(『大正藏』29, p.123上).

래서 동일한 貪이라도 上上·上中·上下, 中上·中中·中下, 下上·下中·下下의 구분이 있다. 그리하여 修道에서 끊어야 할 번뇌가 三界九地의 九品 총 81품으로 분류된다. 修所斷의 번뇌를 끊는 순서는 욕계의 上上의 번뇌로부터 시작하여 下下의 번뇌에 이르고, 나아가 색계의 上上에서 下下로, 무색계의 上上에서 下下로 이어진다.

그러나 修道도 見道와 마찬가지로 無間道와 解脫道의 두 단계가 있기 때문에 81품의 번뇌는 162찰나가 소요된다. 하지만 실질적으로 修道에서 단절해야 할 번뇌는 見道의 道類智 預流果에서 제161찰나까지이다. 제162찰나의 非想非非想處定의 下下品은 번뇌가 이미 끊어진 無學道이다. 그럼 修道를 四果의 과정에 결합시켜 설명하면, 預流向果는 無漏道로서 聖者의 流類에 들어 열반에 나아간다. 그리하여 더 이상 惡趣에 떨어지지 않고 인간과 천상에서 七生을 왕래한 후 반드시 열반을 얻는다. 七生을 받는 이유는 탐욕과 瞋恚의 五下分結과 色愛·無色愛·掉·慢·無明의 五上分結의 七結이 남아 있기 때문이다.[75]

一來向果는 預流果의 聖者가 전진하여 욕계의 修惑 중에서 제6中下品의 번뇌를 끊는 순간, 열반까지는 下3品의 一生만 남는다. 천상에 갔다가 한번 인간에 와서 열반하므로 一來果라고 한다. 즉, 인간에 一來한 이후에는 다시 태어남이 없고, 貪瞋癡가 희박해져서 下品의 貪瞋癡만 남아 있는 聖者이다.

不還向果는 一來果의 聖者가 전진하여 욕계의 修惑 중 제9下下品의 번뇌를 끊어, 다시는 욕계에 태어나지 않는다. 탐욕과 瞋恚의 五下分結을 끊어 욕계로 되돌아오지 않고 색계에서 열반하므로 不還果라고 한다.

---

75) 위의 책, p.123中.

(3) 無學道

無學道란 이미 道를 닦아 마침내 일체의 번뇌를 끊고 스스로 苦를 알았고 集을 끊었으며 滅을 증득했고 道를 닦았다〔修道〕고 아는 지혜인 盡智가 일어나 阿羅漢果를 얻는 것을 말한다. 더 이상 닦고 익힐 것이 없다는 뜻에서 無學道라고 하는 것이다.

그래서 『俱舍論』에서는,

上界의 修惑 중에서 初定의 一品을 끊고 有頂의 八品을 끊음에 이르면 모두 阿羅漢向이라 한다. 第九品을 끊으면 無間道로서 金剛喩定이라 이름한다. 번뇌 다한 得과 함께하는 盡智로 無學·應供의 果를 이룬다.76)

라고 설하고 있다. 즉, 不還果의 聖者가 전진하여 색계 初定의 제1上上品의 번뇌를 끊고, 무색계 有頂地의 제8下中品의 번뇌를 끊어 阿羅漢向을 이룬다. 그리고 마지막으로 제9下下品의 번뇌를 끊는 無間道의 金剛喩定에서 無學·應供의 阿羅漢果를 이룬다.

아라한은 일체의 번뇌를 끊어 범부와 그 밖의 모든 성자들로부터 마땅히 공양을 받는 應供이고, 더 이상 닦아야 할 것이 없는 無學으로 열반을 성취한다. 여기서 부파불교의 涅槃觀을 잠시 살펴보면, 부파불교에서는 열반을 육체적 제약이 남아 있는 有餘依열반과 육체적 제약으로부터 완전히 벗어난 無餘依열반으로 구분하여 설명하고 있다.

즉, 아라한이 無漏智에 의해 일체 번뇌를 소멸하였지만 아직 有漏의 色身을 동반하고 있기 때문에 완전한 열반에 이르렀다고 할 수 없다. 그래서 『俱舍論』에서는 아라한을 六種性으로 분류하고 있다.

아라한은 種性이 다름으로서 여섯 가지가 있다. 첫째는 退法이고, 둘째는

76) 위의 책, p.126中.

思法이고, 셋째는 護法이고, 넷째는 安住法이고, 다섯째는 堪達法이고, 여섯째는 不動法이다.[77]

退法은 질병 등의 이유로 修惑을 일으켜 획득한 果로부터 물러나는 것이고, 思法은 획득한 果로부터 물러날까 두려워하여 자해하여 無餘열반에 들고자 하는 것이고, 護法은 획득한 果를 지키려고 하는 것이고, 安住法은 두드러진 退緣도 멀리하고 뛰어난 加行도 멀리하여 획득한 果에 安住하는 것이고, 堪達法은 그 성품이 능히 감당할 만한 능력이 있어 근기를 단련하여 신속하게 不動法에 도달하고자 하는 것이고, 不動法은 어떠한 물러남의 인연에도 결코 물러남이 없는 것이다.

이와 같이 『俱舍論』에서는 아라한을 六種으로 구분하여, 일체의 번뇌를 끊은 아라한에게도 그 경지에서 후퇴하는 사람, 또는 후퇴할 염려가 있는 사람 등으로 나누고 있다. 이러한 부파의 아라한은 대승으로부터, 無餘열반은 결국 육신을 재로 만들고 지혜마저 소멸한 상태인 灰身滅智에 불과한 것이라고 비판받게 된다.

이상 『俱舍論』에서 설한 修行階位를 도표하면 다음과 같다.

수행을 위한 준비 ┌ 三 慧 - 聞所成慧·思所成慧·修所成慧
             └ 三 因 - 身心遠離·喜足少欲·住四聖種

---

77) 위의 책, p.129上.

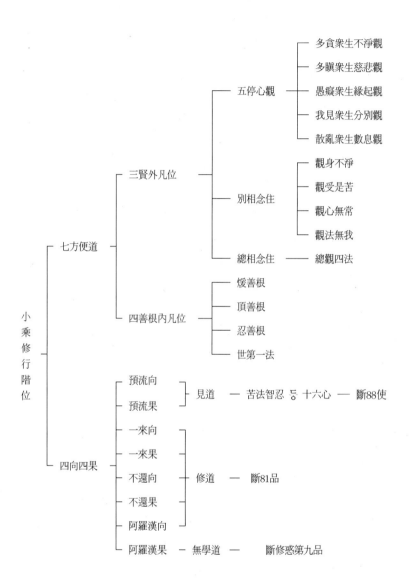

초기불교에서는 모든 번뇌를 끊는 실천 修行道로서 여러 유형의 이
론을 설하고 있지만 대개 八正道와 三十七助道品이 중심이었다. 그러

나 부파불교에서는 八正道와 三十七助道品은 더 이상 修行道로서 논의되지 않고[78] 다만 諸法相 중의 하나로만 언급하고 있을 뿐이다.

부파불교의 修行道는 오로지 四諦에 대한 즉각적 관찰인 見道와 禪定을 통한 반복적 관찰인 修道라는 방법을 제시하고 있다. 물론 見道・修道의 두 修行道와 그 준비단계인 加行道에 八正道의 내용이 담겨져 있지만, 有部의 毘婆沙師들은 아함의 수행도로부터 독립하여 四諦에 대한 見道・修道의 有學道와 그것의 완전한 성취인 無學道라는 세 가지의 道를 완성함으로써, 그들만의 독자적인 修行道를 구축하게 되었다.[79]

그러나 부파불교에서 설하고 있는 見道・修道의 도식은 극히 정연하다. 이러한 이론적인 정연성은 너무도 형식적이어서 수행도의 실천과 상응하지 않는다. 그래서 부파의 修行道는 논의를 위한 논의라는 비판을 받게 되고 이것은 아비달마의 큰 결점으로 남게 된다. 그러나 초기불교의 실천도의 기본적인 틀인 戒・定・慧의 三學의 구조는 부파의 修行階位에도 잘 나타나 있다.

이처럼 부파불교에서 아라한은 범부가 번뇌를 끊는 自利의 최고의 수행 목표로 대승의 보살과는 확연한 차이가 있다.

이상으로 초기불교와 부파불교의 修行道에 대한 고찰을 마무리하고 다음 장에서는 大乘菩薩과 十地의 起源에 대해서 살펴보도록 하겠다.

---

78) 山田龍城, 『大乘佛教成立論序說』(京都, 平樂寺書店, 1959), p.89, p.126.
79) 권오민, 「아비달마 불교의 수행론」 『靑祜佛教論集』창간호(서울, 청호불교문화원, 1996), pp.58~59.

III

大乘菩薩과 十地의 起源

---

1 大乘佛教와 菩薩

1) 大乘佛教의 근간

불교는 석존의 가르침에 기초하면서 초기불교로부터 부파불교를 거쳐 대승불교로 심화되고 발전했다. 석존의 근본교설은 佛滅 후 100년간은 순수하게 傳承 유지되었다. 하지만 그 뒤 약 100년 동안에 戒律과 敎理에 엇갈린 견해가 발생하면서 佛敎敎團은 보수적인 上座部와 혁신적인 大衆部로 양분되었다. 上座部와 大衆部의 根本分裂을 시작으로 불교는 다시 20餘 部派로 枝末分裂하였다.

분열한 각 부파는 제마다의 독자적인 阿毘達磨라는 論藏을 성립함으로서 부파불교는 阿含의 교설을 매우 논리적이고 철학적으로 체계화 하였다. 그러나 불교는 현학적이고 전문적인 교학불교로 치우쳐 지면서 대중교화의 실천성은 부족하였다. 그리하여 석존의 진정한 불교정신을 되찾으려는 열망은 佛滅 500년 후 대승불교운동[80]으로 이어지게 된다.

대승불교는 아비달마불교에 내재하는 모순과 결함들을 반성하고 是

---

80) 권기종, 「初期大乘佛敎의 反部派的 態度와 對應」『佛敎學報』34집(서울, 불교문화연구원, 1997, 12), p.62.에서 권기종은 대승불교의 흥기에 대해 세 가지 결론을 내리고 있다. 첫째는 부파불교와의 관계 속에서 대승불교 성립의 동기를 찾고 있다. 이것은 전통적인 불교학 속에서도 주목하여 왔던 관점으로, 대승불교가 부파불교에 대한 반성 또는 발전의 측면을 가지고 있다고 보고 있다. 둘째는 대승불교 성립이 불전문학을 편찬해낸 찬불승 계통에 그 사상적 배경을 두고 있다는 관점으로, 이것은 현대 불교학계가 특히 주목하고 있다고 말한다. 셋째는 불탑 신앙의 존재이다. 佛滅 후 건립된 8基의 불탑이 불자들의 새로운 신앙의 구심점 역할을 하면서, 그 이후로도 신자들에 의해 많은 불탑이 조성되고, 이를 중심으로 한 불교신앙이 대승불교 흥기의 기초가 되었다고 논하고 있다.

正하여, 원초적 불교의 참뜻을 되살려 내고자 B.C. 1세기경부터 점점 일어나기 시작한 대승운동에 의해 이루어진 새로운 불교이다.[81] 그래서 대승불교는 기존 부파불교의 문제점을 제기하고, 신랄한 비판을 가하면서 새롭게 일어난 불교사상이다.

일반적으로 부파불교는 형식을 중요시하고 학문적인 경향에 치우쳐 있어서, 佛陀의 본뜻을 망각했다고 지적되고 있다. 뿐만 아니라 시대의 흐름과 사회변화에 잘 적응하지 못하는 保守的 태도를 고수하면서, 大衆과 외면한 자기 수행에만 열중하는 전문가[出家] 집단[82]이라고 보고 있다.

이와 같이 대승불교는 내부적으로 부파불교의 문제점에서 발생하였지만, 한편 외부적으로는 바라문의 힌두이즘 영향도 크다고 할 수 있다. 역사적으로 불교 성립기로부터 마우랴 왕조에 이르는 B.C. 6~3세기는 反바라문적인 불교와 자이나교가 급속히 발전하였다. 이 시기에 바라문들은 베다 성전의 연구를 중심으로 祭事學(天啓經 · 家庭經 · 律法經 · 祭壇經)의 체계를 조직하고 아울러 음운 · 음율 · 천문 · 어원 · 문법 등의 학문을 정비하는 한편, 남인도 등 새로운 신개지에도 점차 그 세력을 심기에 이르렀다. 마우랴 왕조 붕괴 후 수세기(B.C. 2~A.D 2세기)에는 바라문 세력이 점차 강해져 다시 사회적 · 문화적 · 종교적인 주도권을 장악하게 된다. 그리고 바라문교는 非베다적인 새로운 요소를 다량으로 흡수하면서 힌두이즘으로 발전하였다. 이러한 힌두이즘의 형성에 대응하여 불교는 대승불교로 흥기하게 된다.[83]

---

81) 김인덕, 「初期大乘佛教의 菩薩修行階位」『東國思想』14집(서울, 동국대학교 불교대학, 1981), p.17.
82) 권기종, 「初期大乘佛教의 反部派的 態度와 對應」『佛教學報』34집(서울, 불교문화연구원, 1997, 12), p.61.
83) 佐佐木敎悟 · 高崎直道 · 井ノ口泰淳 · 塚本啓祥 共著, 권오민 譯,『印度佛教

부파불교가 현학적이고 형식적이며 출가자 중심의 불교로 흐르면서
석존의 모습도 점점 신격화되어 갔다. 석존은 18不共法과 32相 80種好
의 특유한 德相을 갖추고 三阿僧祇劫의 오랜 세월 동안 보살행을 닦아
서 成佛하였다. 그래서 석존에게는 일반사람과는 매우 다른, 불가사의
한 힘과 모습 생애가 있다고 인정하게 되었다. 그리하여 일반사람은
물론 佛弟子도 불타의 가르침을 듣고[聲聞] 수행할지라도, 결코 불타
와 같은 成佛의 경지에는 도달할 수 없다고 생각하게 되었다. 비록 깨
달음에 이르렀다고 할지라도, 聲聞의 최고 階位인 阿羅漢果를 증득할
뿐이라는 것이 부파불교의 敎說이었다.

그러나 대승불교에서는 일체 중생에게는 모두 佛性이 갖추어져 있
으므로, 누구나 成佛할 수 있는 가능성을 내포하고 있다는 成佛論을
주장한다. 이것은 대승에서 부파불교를 소승이라고 폄하하면서 대승이
소승과 방향을 달리한 교리상84)의 가장 큰 특징 중의 하나이다. 즉, 대
승불교는 불교의 궁극적인 목적은 涅槃이 아닌 成佛임을 강조하면서,

史』(서울, 경서원, 1989), pp.98～102.
84) 부파불교와 대승불교의 차이점을 간단히 비교해 보면 아래와 같다. 도표는 김
동화, 『大乘佛敎思想』(서울, 뇌허불교학술원, 2001), p.24를 참고했다.

아비달마불교	초기대승불교
① 聲聞乘-阿羅漢을 목적으로 하는 聲聞사상	菩薩乘-成佛을 목적으로 하는 菩薩사상
② 業報사상-업보윤회의 苦를 여의고자 하는 他律주의	願行사상-成佛의 願行을 위하여 스스로 惡趣에 나아가는 自律주의
③ 小乘-자기 1인만의 완성을 위하여 수양 노력하는 自利주의	大乘-일체중생을 구제하여 사회 전체를 淨化, 향상시키는 利他주의
④ 有사상-聖典의 言句에 걸려서 사물에 얽매이고 집착하는 有의 태도	空사상-그 행동을 모두 반야바라밀의 空無所得, 空無碍의 태도
⑤ 이론적-이론적이고 학문적인 경향이 많고 그 이론에는 실천과 관계없는 戲論이 많다.	실천적-이론과 학문보다는 실천신앙을 중시한다. 이론은 반드시 실천의 기초로서 空理가 아니다.
⑥ 전문화-出家불교-出家 전문적임에도 불구하고 小乘的이요 세속적인 낮은 입장이다.	일반화·在家불교-재가적 대중적임에도 불구하고 그 경지는 제일주의적인 높은 입장이다.

自利利他의 보살을 이상적인 인간상으로 내세웠다. 불교는 대승과 소승이라는 큰 분기점에서 일대 변혁을 겪으면서, 기존의 아비달마교학을 소승으로 비판하고 부파불교의 모든 교리체계를 대승의 견지에서 급격한 변화를 주게 된다.

그럼 먼저 대승불교의 기본 교리를 살펴보면서 대승불교의 특색을 정리해 보겠다. 대승의 특색은 그 교리에 나타나 있다. 대승불교는 부처님에 대한 信仰과 부처님의 본을 받는 사람으로서의 菩薩道의 실천, 그 보살도는 自利·利他를 아우르며 在家·出家를 포함하는 넓은 道요, 특히 利他行을 강조한다고 말할 수 있다.

이와 같은 특색에서의 대승불교의 연구 과제로는 佛身論·本願·淨土·念佛·信 등의 부처님에 관한 여러 문제와 菩薩論·菩薩道·육바라밀 특히 반야바라밀·十地說·無住處涅槃 등의 보살에 관한 문제의 두 측면으로 구별될 수 있다. 이는 또 信과 行이라는 두 측면으로 나누어질 수도 있으나 總體的으로 實踐論이다. 그러므로 대승불교는 뛰어난 實踐道이다.

대승경전은 이 두 측면을 간직하고 있는데 이것을 부처님의 구제력에 대한 믿음을 강조하는 것〔또는 信의 불교라는 특색이 강한 것〕과 보살도의 실천 수행을 강조하는 두 가지로 나눌 수도 있을 것이다. 이를테면 信〔믿음〕의 불교라 하면 우선 아미타불의 본원력에 의한 구제를 강조하는 『阿彌陀經』과 같은 정토교 계통의 경전을 들 수가 있다. 『法華經』도 기본적으로 久遠實成의 如來와 그 방편으로서의 慈悲行을 설하는 경전이므로, 이것과 마찬가지 부류에 든다. 이에 대하여 보살도를 설하는 대표적인 경전은 먼저 『般若經』을 비롯하여 『華嚴經』을 들 수가 있을 것이다. 이밖에 『維摩經』이나 『首楞嚴三昧經』과 같은 각종 三昧經과 『寶積經』의 「迦葉品」, 『大集經』에 포함되는 『無盡

意所說經』등이 모두 이 계열에 속한다.

이 후자의 계열은 대승불교 교리의 이론화 측면에서 갖가지 공헌을 하고 있다. 그런 경우 대승의 출발점에서는 소승의 敎學, 곧 아비달마에 대한 반박이라는 태도가 표면에 나타나 있지만, 시대 사회가 변화함에 따라 다시 대승불교 자체도 아비달마적으로 된다. 이는 아비달마이론의 대승적 적용이라 해도 좋을 것이다.

이 대승의 근본적 입장을 설명하는 것이 바로 '空'의 이론이다. 그것이 一切法이 空이라고『般若經』에서 비로소 선언된 후, 龍樹에 의하여 緣起卽空으로 확립되었음은 널리 알려진 사실이다. 이 空의 이론에 근거하여 보살도를 조직화하는 것이 瑜伽行派로서, 그 조직화에 있어서는『華嚴經』의 十地說과 거기에 설해져 있는 三界唯心에 바탕을 둔 緣起觀이 핵심적인 역할을 담당하였다고 할 수 있다.

瑜伽行派의 노력에 의하여 行의 불교로서의 대승은 완성되었고 아울러 거기에는 아비달마化·스콜라化의 경향도 생겨났다. 이에 대하여 龍樹의 후계자들로 자처하는 中觀派는 대승의 기본적 입장인 空을 강조하는 데 그칠 뿐, 굳이 교리의 조직化·아비달마化를 거부하지만 實踐道는 瑜伽行派에 의하여 확립된 것을 받아들인 듯하다. 독자적 실천도는 가지지 않았을지라도 적어도 行의 불교임에는 틀림없다. 이리하여 후기 대승불교는 行의 불교가 정통파가 되고 그것이 티벳 불교에도 이어졌다.

한편 信의 불교의 이론화라 할 수 있는 것이 如來藏 사상이다. 이것은 중생의 成佛 근거를 추구하여 佛性이라든가 여래장이란 이름이 붙여지는데, 그 근원은 부처님 지혜와 자비에서 얻어지는 것이다. 말하자면 부처 세계를 해명시켜주는 것인데, 마찬가지 부처 세계에 직접 접촉하고 싶어서〔秘密·甚深〕밀교가 생겨났다.

부처님 힘을 강조한다면 대승은 佛一乘으로 끝나지마는[『法華經』], 중생·수행자의 능력과 성향을 문제로 한다면 三乘의 차별을 인정치 않을 수 없다. 유가행파는 적극적으로 三乘의 사실을 시인하고 거기에 근거하여 소승까지도 대승 테두리 안에 집어넣으려 했다. 이에 대하여 中觀派는 一乘을 기본으로 했다. 그 점은『法華經』사상과 여래장 사상에 통한다.

대승불교 이론을 철학 문제로 돌려서 생각해보면, 중관파가 존재론적 實在를 시인하지 않는 데 대하여, 유가행파는 그 空이라는 假構의 세계, 迷妄의 세계를 성립시키는 근거로서의 識[아라야識]의 實有와 그 작용하는 場, 동시에 그 識이 전환되어 깨달음이 성립되는 場인 眞如·法界[이것은 空性과 마찬가지]의 實有를 주장한다. 이 점이 空[無]과 有의 논쟁으로서 양파의 대립을 일으키고 있다. 한편 여래장 사상은 종교적 實在로서의 부처[法身]의 一元論이라 해도 무방할 것이다. 궁극적 實在의 有를 주장하는 점에서 유가행파와 여래장 說은 일치된다.

유가행파의 唯識說은 그 이론적 요청에서 認識論을 발달시키고 나아가서는 論證의 學으로서의 因明을 확립한 점에서 크게 이바지했다. 논증은 물론 이론 투쟁의 무기로 다른 學派의 존재를 예상하므로, 因明의 발달은 瑜伽行派의 힘으로만 귀착될 수는 없으나, 인식론이 거기 대한 강력한 무기가 된 것은 부인하지 못한다. 中觀派는 거기에 대하여 無立場의 입장이라 할 수 있는 '푸라상가'의 논증법을 채택했다. 푸라상가란 상대의 이론 자체에 의하여 그 논리적 오류를 귀결시킨다는 것이다.[85]

---

85) 平川彰 編著, 양기봉 譯,『佛敎硏究入門』(서울, 경서원, 1993), pp.110~112.

이상으로 대승불교에서 성립·전개된 교리상의 문제들을 살펴보고 후대의 두 學派에 대해서도 간단히 정리해 보았다. 대승불교는『般若經』·『法華經』·『華嚴經』·『阿彌陀經』·『維摩經』·『寶積經』 등의 다양한 대승경전에서 수많은 교리와 신앙체계를 설하고 있다. 그 중에서도 대승불교의 가장 핵심적인 특색은 바로 부처님에 대한 信仰과 부처님의 본을 받는 사람으로서의 菩薩道의 실천이라고 하겠다. 이러한 특색은 佛身論·本願·淨土·念佛·信 등의 부처님에 관한 여러 문제와 菩薩論·菩薩道·육바라밀 특히 반야바라밀·十地說·無住處涅槃 등의 보살에 관한 연구로 이어지게 되었다.

그래서 본 논문도 대승불교의 뛰어난 實踐道에 집중하여 菩薩道의 行에 대해서 고찰해 보고자 한다. 특히 진리의 깨달음이자 지혜의 학문인 불교의 특수성은 동시에 실천의 行道이기 때문에, 보살의 깨달음의 수행 계위인 菩薩道는 불교의 종교적 실천성을 더욱 선명하게 드러내고 있다고 볼 수 있다. 또한 불교는 결국 우주와 인생에 대한 참모습을 바르게 볼 수 있는 마음의 깊은 내면적 성찰과 깨달음을 위해서, 부단한 실천수행을 요구하는 종교이다.

그러므로 대승불교 교리의 가장 핵심적인 특징 중의 하나인 菩薩道의 실천 行을 고찰함으로서, 대승불교 교리의 시대적 흐름과 변화를 읽을 수 있고, 그리고 그 변화 속에서 그 시대 불교도들의 간절한 신앙체계를 배울 수 있다. 그리하여 그들의 신앙체계에서 대승불교 修行道의 체계적인 연구와 보살사상의 변화와 사상사적 의미를 도출할 수 있을 것이다.

2) 菩薩 관념의 출현

초기불교의 修行道는 초기에는 八正道가 중심이었지만, 후에는 더

욱 여러 형태로 확장되어 三十七助道品으로 정립되었다. 이러한 修行
道는 수행자가 궁극적으로 離苦得樂을 목적으로, 일체 번뇌를 소멸한
阿羅漢果를 증득하는데 있었다. 왜냐하면 초기불교시대의 가장 중요
한 목표는 현실의 고통에서 벗어나는 것이었고, 그리고 그 현실의 고통
에서 벗어나는 길은 오직 번뇌의 단계적 滅을 통한 것이었다. 번뇌의
단계적 滅은 직접적으로 수행자의 수행정도를 나타내는 척도가 되어,
沙門四果의 수행계위로 분류되었다.

　이와 같이 초기불교의 수행목표는 일체 번뇌를 소멸한 阿羅漢果를
증득하여 현실의 고통에서 벗어난 離苦得樂을 성취하는 것이었다. 그
래서 초기불교의 모든 교리는 離苦得樂에 근간을 두고 설해지고 있기
때문에, 초기불교에서 涅槃보다 높은 위상을 지닌 술어는 없다.

　이러한 초기불교의 修行道는 부파불교시대에도 그대로 이어졌다.
하지만 수행체계는 더욱 조직화되어, 沙門四果의 수행계위는 四雙八
輩의 복잡한 구조로 설명되었다. 그리고 阿羅漢果에 도달하는 단계도
초기불교와는 많은 차이를 보이고 있다. 부파불교에서도 출가 수행자
는 無漏의 지혜에 의해 모든 번뇌를 단멸하여, 깨달음의 경지로 나아
가는 단계를 方便道와 見道 나아가 修道의 과정을 거쳐 無學道 즉, 阿
羅漢果에 도달하는데 최종 목표를 두었다.

　그러나 부파불교시대의 阿羅漢果는 일반인은 거의 도달할 수 없는
절대적인 경지이다. 그리고 수행자가 阿羅漢의 경지에 도달했다 하더
라도, 불타가 이룩한 깨달음의 경지와는 차이점을 두어 분명히 구분하
고 있다. 또한 완전한 涅槃[86]은 死後에나 가능하다고 보고 灰身滅智

---

86) 涅槃에 대한 소승과 대승의 차이를 좀 더 설명하면, 소승이 열반을 灰身滅智로
　　이해하고 최후의 목표로 보았다면, 대승에서는 영원히 열반에 들지 않는 不住
　　涅槃을 주장했다. 문수·보현·관음 등의 대승보살은 이미 불타 이상의 힘을

를 통한 소극적인 無餘依涅槃에 그 궁극적인 이상을 두고 있다.

이와 같이 부파불교의 번쇄한 교리조직의 특징은 修行道에서도 그대로 나타났다. 부파불교는 초기불교의 修行道를 그대로 전승하였지만, 修行道의 내용과 단계는 더욱 세분되었다. 복잡해진 수행체계, 자신의 離苦得樂에만 집중한 출가위주의 聲聞乘, 阿羅漢果에 대한 절대적인 해석 등의 전문적이고 이론적인 경향의 부파불교는 마침내 대승보살의 원대한 보살사상을 낳는 원인이 되었다.

菩薩思想은 부파불교의 번쇄하고 난해한 학문불교의 영향을 바탕으로 발생하여, 대승불교의 가장 중요한 교리의 하나로 자리 잡게 된다. 대승사상과 소승사상과의 분기점은 그것이 聲聞과 緣覺의 二乘思想인가, 菩薩思想인가 하는 데 있다고 볼 수 있다. 그리고 일반적으로 소승경전이라 하는 것과 대승경전이라 하는 경전과의 일대 차별[87] 즉, 식별의 표준점은 菩薩思想의 有無에 있는 것이라 하여도 과언이 아닐 만큼, 대승경전에는 보살사상으로써 골자가 되어 있고 着色되어 있다. 소승불교가 聲聞으로서 自利 중심의 수행을 통해 해탈을 얻으려 하는 것임에 반하여, 대승불교는 보살로서 利他 중심의 수행을 통해 成佛하려는 것이다. 그렇기 때문에 수행 요목이나 방법 등의 교리 내용도 서로 다르다.

보살사상이 대승불교에서 차지하는 비중만큼이나, 보살사상에 관한 연구는 세기 어려울 정도로 많은 성과가 있다.[88] 보살사상을 연구함에

갖추고 있으면서도, 成佛하지 않고 중생의 구제를 계속한다. 또한 아미타불이나 久遠의 석가불 등은 영원히 滅度하지 않고서 중생을 구제하며, 열반에 드는 것을 보이는 것은 중생을 구제하기 위한 방편에 불과하고, 실제로는 열반에 들지 않는다.

87) 김동화, 『원시불교사상』(서울, 뇌허불교학술원, 2001), p.376.

88) 보살사상에 대한 연구는 1932년 Har Dayal가 *The Bodhisattva Doctrine in*

있어서는 보살의 의미와 종류 그리고 보살사상의 발생·성립·전개 등
수많은 과제가 있지만, 보살사상은 크게 두 부분으로 이루어져 있다고
볼 수 있다. 첫째는 육바라밀 계통과 둘째는 十地思想이다.[89]

육바라밀 계통은 보살이 닦아가는 菩薩道에는 어떠한 수많은 보살
만행으로 중생을 구제하는가 하는 내용적인 면이라면, 十地思想은 보
살이 어떤 근본이념과 사상구조 그리고 실천체계로 成佛을 향해 나아
가는가하는 階位와 구조적인 면이다. 이러한 보살사상은 시대와 경전
의 변천에 따라 그 근본이념은 크게 변하지 않았지만, 내용과 사상구조
실천체계에는 많은 변화와 발달이 있었다.

특히 대승불교가 성립하는 데에 보살의 출현이 중요한 계기가 되었
던 만큼, 佛敎史上에서 보살이 언제 어떠한 관념으로 발생하여 변화
전개되었는가에 대한 검토가 선행되어야 한다. 그래서 보살의 관념의
출현과 의미에 대해서 선행연구자들의 견해를 간략하게 먼저 살펴본

Buddhist Sanskrit Literature(London)의 著作을 발표하여, 'Bodhisattva'가 함축
한 語義에 대해서 서양학자의 다양한 견해를 검토하고 있다. Har Dayal는 僧團
불교와 보살사상에 공통하는 교의로써 37覺分法을 집어내고, 이 覺分法의 순
서에서 菩薩十地사상 내지 『瑜伽論』에서의 「菩薩地」사상으로 전개해간 과정
을 敎學史의 발전에서 상세히 논하고 있다. 그리고 1939년 神林隆淨의 『菩薩
思想の研究』(東京, 日本圖書センタ)는 Har Dayal이 수집한 梵文자료에 대해
서, 다시 漢譯의 모든 문헌을 더하고 있는 것이 가장 큰 특징이다. 특히 보살의
의미를 규정함에 上座部와 大衆部를 구분하는 근본적인 차이점을 밝히고 있
다. 즉, 보살을 上座部說과 같이 인간의 限界內에 멈춘 것으로 이해할 것인가?
아니면 大衆部說과 같이 인간을 초월한 경우에서 파악할 것인가? 하는 것이다.
그리고 보살에 관한 日本·歐美에서 발표한 연구 성과를 모은 金岡秀友의 『大
乘菩薩の世界-菩薩關係文獻目錄』(東京, 佼成出版社, 1988) 단행본에서 作者
名과 論題만을 표시한 것이 135쪽이나 된다. 이 분량만 보아도 이 관계에 관한
논문이 얼마나 많은가를 짐작할 수 있다.
89) 장원규, 「菩薩十地說의 展開에 對한 考察」『佛敎學報』2집(서울, 동국대학교
불교문화연구원, 1964, 12), p.104.

후, 각 經典上에서의 보살에 대해서 구체적으로 검토하고자 한다. 보살사상이 대승불교의 핵심사상인 것은 분명하지만, '菩薩'이라는 말은 이미 初期佛典에서부터 나타나고 있다. 이에 대한 平川彰의 연구를 요약한다.

'菩薩'이라는 語句는 이미 팔리의 小部를 제외한 4니카야 전체의 곳곳에서 보살의 용례가 보인다. 또한 『숫타니파타』의 「大品」에도 일례가 보인다. 한역의 『長阿含經』, 『增壹阿含經』에 보살이라는 말이 등장하고 또 『四分律』이나 『五分律』에도 보살이라는 관념이 사용되고 있다. 다만 『中阿含經』, 『雜阿含經』에는 보살이라는 말이 보이지 않는다. [『雜阿含經』에서는 후세에 혼입된 것이라 생각되는, 「阿育王傳」과 합치하는 곳에만 보살이라는 말이 있다] 특히 『中阿含經』의 다른 번역 경전에는 보살이라는 말이 보인다. 이것은 『中阿含經』과 『雜阿含經』이 有部에 의해 전승된 것이며, 최초기의 有部는 보살이라는 관념을 채용하려 하지 않았기 때문일 것[90]이라고 하여, 平川彰은 보살이라는 말이 현존하는 초기불교의 자료 중에 존재하고 있다 하더라도, 그것들은 후대의 전승 과정에서 혼입된 결과이며, 본래 초기불교에는 보살이라는 관념이 없었다고 추정하고 있다.

平川彰은 보살이라는 관념 내지 명칭은 燃燈佛受記思想에서 유래[91]한다고 말한다. 燃燈佛로부터 當來世에 부처가 되리라는 授記를 받은 석존은 自覺的으로 보리를 구하기 위하여 노력하고, 육바라밀의 수행을 했지만 아직 佛陀는 아니었다. 成佛하기로 확정은 되어 있지만 아직 佛陀는 아닌 석존과 같은 특정한 修行者와 授記를 받지 못한 보통의 사람을, 구별하기 위해서는 어떤 새로운 용어가 필요하게 되었다.

---

90) 平川彰, 『初期大乘佛敎の硏究』 I (東京, 春秋社, 1992), pp.239~247.
91) 위의 책, pp.271~272.

燃燈佛의 授記를 받은 석존과 같은 특정한 수행자를 부르기 위해서 만들어진 명칭이 바로 보살이라는 것이다.

또한 平川彰은[92] 燃燈佛로부터 授記 받았던 석가보살을 대승보살의 표본으로 보고 있다. 그 이유는 『般若經』에서 석가보살이 燃燈佛로부터 '장차 성불할 것이다'는 授記를 받았다고 반복하여 설하고 있으며, 『般若經』에서는 그때 석가보살이 반야바라밀을 항상 지니고 있었으므로 燃燈佛로부터 수기를 받았다고 말하고 있다. 그래서 『般若經』에서는 燃燈佛로부터 수기 받았던 석가보살을 보살 수행의 표본이라고 생각하고 있기 때문이라고 밝히고 있다.

干潟龍祥은[93] 바르핫트의 불탑에 있는 난간 조각에 '세존의 入胎'라

---

92) 하지만 '燃燈授記'에서 유래한 보살에 대해서 平川彰은 소승과 대승의 차이점을 분명하게 설명한다. '燃燈授記'는 『반야경』에서 처음으로 이루어진 것이 아니라, 그 이전에 律藏이나 佛傳文學 등에서 이미 설해지고 있었다. 불전문학의 보살에 뒤이어 『반야경』의 보살이 등장했다. 그러나 이 두 보살이 의미하는 바는 크게 다르다. 소승불교나 불전문학에서 언급하는 보살은 모두 '불타의 前生'이다. 이미 불타가 된 사람들의 前生을 고찰하여 그들을 보살이라 칭한 것이다. 그러나 대승불교에서의 보살은 그렇지 않다. 문수나 보현 미륵이나 관음 등 소수의 대보살을 제외하고, 대승을 신봉하고 실천하는 자로서의 보살은 成佛이 전혀 보증되지 않은 凡夫보살이다. 대승의 보살은 '보리심을 발했다'고 하는 의미에서의 보살이다. 보리심을 일으킴으로써 자기가 보살이라는 自信을 얻었던 것이다. 그렇다면 '보리심을 발한다'는 것은 바로 '燃燈授記'를 본으로 삼는다. 즉, 대승불교가 연등여래의 수기를 중요시하는 것은 나도 석가보살을 본받아 석가보살과 같은 길을 걷고자 하는 '결심'을 일으켰음을 의미한다. 소승의 논서나 율장 불전문학에서도 연등여래의 수기를 설하고는 있지만, 소승불교에서는 나도 석가보살을 본받아 보살의 수행을 하겠다고 결심하는 자가 없었다. 成佛을 목표로 하여 보살의 수행을 행하는 자가 있다면, 그들은 대승의 보살과 동일하다. 平川彰 編著, 정승석 譯, 『大乘佛敎槪說』(서울, 김영사, 1997), pp.34~35.

93) 干潟龍祥, 『本生經類의 思想史的 硏究』(東京, 山喜房佛書林, 1978), pp.59~61. 그러나 平川彰은 '菩薩'이라는 語句의 출현을 대승의 기원과 비교하면서, 바르핫트의 조각 연대〔대개 B.C. 2세기에서 B.C. 1세기 사이의 것으로 추정

는 말은 있어도 '보살의 入胎'라는 말은 없다고 하면서, 그 그림이 그려진 B.C. 1세기까지에는 틀림없이 보살이라는 말이 아직 일상적으로 알려지진 않았다고 보고 있다. 그러면서 보살이라는 말의 성립은 B.C. 1세기 초반 이후에서 그 중반 경까지라고 주장하고 있다.

그리고 보살의 기원에 관해서는 보살이라는 말은 新語로서 불타 석존을 超人視하여 강하게 신앙하고 있는 무리들, 또 불타 석존의 전생 이야기를 열렬히 만들어 이용하고 있는 신도를 사이에서 생겨났다고 주장한다. 일단 어느 곳에선가 생겨나자 部派의 여하를 불문하고 빠르게 불교 교단의 도처에 널리 퍼져 이용되었다. 그래서 맨 처음 어느 곳의 어느 부파에서 생겨났던 것인지가 확실히 밝혀지지 않는다94)고 하면서, 보살을 석존의 本生[=前生]에 관련하여 설명하고 있으나 보살의 기원은 추정에 의거하고 있다.

山田龍城은95) 보살의 기원을 本生보살 즉, 佛傳文學과의 관계에서 추측하고 있다. 山田龍城은 대승의 보살이 나타나 그 수행도가 발달하기 전 아주 먼 옛날부터 스승인 석존의 행적이 이야기되고, 석존이 이 세상에서 생을 누리기까지의 本生이 이야기되고 있었다. 그것이 소위 本生의 보살이라고 말하고 있다.

그러면서 本生보살의 사상은 현존하는 자료로서 팔리의 자타카, 한역 및 산스크리트에서 말하는 자타카를 포함한 아바다나類의 성전에서 볼 수 있으며, 이것을 비유문학이라고 하며 비유문학은 보살사상을 연구하는 자료가 된다96)고 밝히고 있다. 그리고 보살의 기원에 대해서

됨]보다 약간 더 오래된 것으로 보고 있다. 平川彰, 『初期大乘佛敎の硏究』Ⅰ (東京, 春秋社, 1992), pp.235~255.
94) 干潟龍祥, 「菩薩思想の起源と展開」, 宮本正尊編, 『佛敎の根本眞理』(東京, 三省堂, 1956), p.225.
95) 山田龍城, 『大乘佛敎成立論序說』(京都, 平樂寺書店, 1959), p.137.

山田龍城은[97] 석존이라는 인간을 찬양하는 사람들 사이에서, 석존의 前生을 이야기함에 있어 보리를 구하는 사람으로서 보살의 이름이 처음으로 설해졌던 것이라고 생각할 수도 있다고 하면서, 본생의 보살은 이미 원시 傳承 속에 나타났다고 보아도 좋을 것이다라고 주장하고 있다. 이처럼 山田龍城은 보살의 기원에 관해서 확실한 자료를 제시하지 않고 거의 추측에 의하여 말하고 있다.

이상으로 보살이 언제 어떠한 관념으로 발생하였는가? 하는 보살의 출현에 대해서 살펴보았다. 보살사상이 대승불교의 핵심사상인 것은 분명하지만, '菩薩'이라는 말은 이미 初期佛典에서부터 나타나고 있었으며, 특히 보살의 기원은 佛傳文學과 깊은 관계가 있음을 알 수 있었다.

平川彰·干潟龍祥·山田龍城의 설명에서 공통된 바는 넓은 의미의 佛傳문학에서 보살이 출현하고 있다는 것이다. 어쨌든 보살의 본래 모습이 부처(석존) 그 자체와 밀접한 관계에 있다는 것, 풍부하고 독특한 이미지로써 佛傳을 창작했던 문인들에 의해 보살이라는 관념과 말이 산출되었다는 것, 그것에 근거하여 보살은 이론을 떠나 자유로이 部派의 차이를 넘어서 빠른 속도로 확대되었다는 것, 그럼에도 그 때문에 보살에 관한 다른 관념이 생겼다는 것 등을 새롭게 확인하였다.

이처럼 불교사상사에 있어서 새롭게 등장했던 보살에 대하여, 山田龍城은 '本生보살'이라 命名하고, 이후의 설명에서 일관하여 이 말을 사용한다. 平川彰이[98] 주장한 바를 단적으로 말하면 '授記보살'이 될 것이다. 위에 언급한 세 사람의 설명에서 공통되는 바를 취하면 '佛傳

---

96) 위의 책, p.140.
97) 위의 책, p.147.
98) 三枝充悳, 「보살과 바라밀」, 平川彰 編著, 정승석 譯, 『대승불교개설』(서울, 김영사, 1997), p.129.

의 보살'이다. 이렇게 이 선구적인 '佛傳의 보살'을 뒤이어 드디어 대승
보살이 등장하게 된다.

그런데 대승보살의 自利·利他의 實踐道의 근거를 本生보살과 관
련하여 설명하는 부분이 있어 소개하면 다음과 같다. 山田龍城은 이미
本生의 보살이 部派 이전에 등장하였다면, 그렇게 등장한 이유는 어디
에 있었을까? 그것은 스승이 얻은 正覺의 배경이 된 고도의 實踐道를,
전생에서 끌어내어 찬탄하고 칭송하기 위해서였음이 틀림없다고 한다.

즉, 보리를 구한 사람의 모든 自利·利他의 實踐道를 설하기 위함이
었다. 보살은 沙門도 아니고 비구도 아니며 원칙적으로 일반 사회인이
므로, 인간 상호의 관계에 있는 道가 문제되어야 할 것99)이라고 말하
고 있다. 여기서 山田龍城이 주장하고 있는 보살은 이미 대승의 정신
을 표방한 보살로서 自利·利他의 實踐道를 실천하고 있다. 山田龍城
은 대승의 自利·利他의 實踐道를 석존의 前生에서 그 기원을 찾고
있다.

지금까지 佛敎史上에 나타난 보살 관념의 출현과 보살의 語句에 대
해서 대략적으로 살펴보았다. 이제부터는 좀 더 구체적으로 阿含經典
에 보이는 菩薩에 대해서 정리하고자 한다. 왜냐하면 보살이라는 語句
는 이미『阿含經』에서 부터 보이고 있으며, 보살사상의 또 다른 한 축
인 육바라밀행이『阿含經』에 활발하게 나타나고 있기 때문이다.

3) 菩薩의 의미

(1) 阿含經典에 보이는 菩薩思想

김동화는 초기불교의 菩薩說에 대해서 보살이라는 語句와 菩薩思

---

99) 山田龍城,『大乘佛敎成立論序說』(京都, 平樂寺書店, 1959), p.148.

想의 내용과의 2종으로 나누어서 보는 것이 편리하다고 말한다.[100] 그 이유는 문헌에 따라서는 보살이라는 語句만 있고 그 사상의 내용이 없기 때문이라고 밝히고 있다. 김동화의 이러한 의견은 『阿含經』에 있어서의 보살을 연구하는 방법론으로는 매우 타당하다고 생각한다.

왜냐하면 아함에서는 수행의 최고 목표가 번뇌를 끊고 해탈하여 아라한이 되는 것에 있었기 때문에, 보살은 아직 석가세존의 過去因行時의 이름을 보살이라 칭한 것과 미래불인 미륵불을 보살이라 칭한 고유명사의 형태로만 나타나 있기 때문이다.

平川彰도 보살이라는 말이 현존하는 초기불교의 자료 중에 존재하고 있다 하더라도, 그것들은 후대의 전승 과정에서 혼입된 결과이며, 본래 초기불교에는 보살이라는 관념이 없었다고 추정하고 있다. 干潟龍祥과 山田龍城도 보살의 기원을 佛傳文學에서 찾고 있으며, 보살의 출현도 넓은 의미에서 佛傳문학에서 출현하고 있다고 보고 있다. 그래서 菩薩思想이 『阿含經』에서 차지하는 이러한 특성 때문에 『阿含經』에 보이는 菩薩說에 대해서는 보살의 語句가 나타나는 용례를 간단히 정리한 후, 아함의 보살사상에 관해서 고찰하기로 하겠다.

보살이라는 語句가 나타나 있는 곳은 다음과 같다.
『長阿含經』(『大正藏』1, p.16上), '菩薩從兜率天'.
『長阿含經』(『大正藏』1, p.3下), '毗婆尸菩薩'.
『長阿含經』(『大正藏』1, p.6上, p.7下), '菩薩生時', '菩薩'.
『長阿含經』(『大正藏』1, p.149中), '菩薩'.
『增壹阿含經』(『大正藏』2, p.599上), '菩薩所行法'.

---

100) 김동화, 『원시불교사상』(서울, 뇌허불교학술원, 2001), p.377.

同經, (『大正藏』2, p.600上), '彌勒菩薩'.

同經, (『大正藏』2, p.616), '菩薩'.

同經, (『大正藏』2, p.699上), '菩薩意'.

同經, (『大正藏』2, p.703中), '菩薩心'.

同經, (『大正藏』2, p.718上), '菩薩'.

同經, (『大正藏』2, p.723上), '菩薩'.

同經, (『大正藏』2, p.739上), '菩薩行'.

同經, (『大正藏』2, p.753下), '菩薩從兜率天'.

同經, (『大正藏』2, p.754中), '彌勒菩薩'.

『雜阿含經』(『大正藏』2, p.166下, p.167中), '菩薩', '菩薩摩訶薩'.

『五分律』(『大正藏』22, p.101), '菩薩'.

『五分律』(『大正藏』22, p.13中), '我行菩薩'.

『僧祇律』(『大正藏』22, p.263中), '所謂如來爲菩薩時'.

『僧祇律』(『大正藏』22, p.284下), '佛菩薩時'.

『四分律』(『大正藏』22, p.785下), '彌勒菩薩'.

『十誦律』(『大正藏』23, p.352下), '菩薩侍像'.

　이와 같은 문헌에는 단순히 菩薩이라는 語句와 석존의 未成道時의 行者로서의 名稱이나 行者로서의 미륵의 名稱이 대부분이다. 하지만 간간히 菩薩意, 菩薩心, 菩薩行의 어구에서 보살사상의 내용이 엿보이고 있다.

　보살사상의 내용적인 면으로는 육바라밀행이 나타나고 있다. 여기서는 보살을 석존의 過去因行時의 명칭이나 또는 미륵의 명칭으로만 국한하지 않고, 보살은 이러이러한 마음을 가져야 한다는 구체적인 의미를 논하고 있다. 이것은 세존이 阿那邠持 長者가 일체 중생에게 보

시를 행하는 것을 칭찬하면서, 보시를 행하는 菩薩心에 대해서 설명한
것으로,

> 착하고 착하다. 長者여 너는 菩薩心으로 한결같이 널리 보시하는구나.
> ……보살은 항상 평등한 마음으로 은혜로이 보시하고, 한결같은 마음으로
> 중생들은 먹음으로 살고 먹음으로 구제 받고 먹을 것이 없으면 곧 죽는다고
> 생각하기 때문이다. 장자여 이것을 일러 보살은 편안한 마음으로 널리 보시
> 하는 것이라 한다.101)

라고 하여 菩薩心에 대해서 말하고 있다. 이것은 육바라밀 중 보시바
라밀에 해당하는 보살행으로, 보살이 일체 중생에게 어떠한 마음으로
보시를 행해야 하는 가를 설명하고 있다.

그리고 다음은 세존이 미륵보살에게 無上正眞等正覺을 성취하는 수
행법에 대해서,

> 만약 보살마하살이 四法本을 행하면, 육바라밀의 구족함을 얻어 無上正眞
> 等正覺을 속히 성취하리라. 四法本은 첫째 일체 중생은 먹으면 살고, 먹지
> 않으면 죽는다라는 견지에서 평등히 보시할 것. 둘째 보시를 행할 때는
> 머리, 눈, 골수, 뇌와 나라, 재물, 처, 자식을 즐겁게 보시하되, 그에 대하여
> 애착하는 생각을 내지 말 것. 셋째 보시를 할 때 그 공덕이 자기를 위하지
> 않고, 일체 중생에 보급하여 無上正眞의 道를 성취케 할 것. 넷째 보시를
> 할 때 일체 衆生類 중에서는, 보살이 가장 우두머리가 된다고 생각할 것.
> ……만약 보살마하살이 四法本을 행하면 無上正眞等正覺을 속히 성취할
> 것이다. 그러므로 미륵이여 만일 보살마하살로서 보시하고자 한다면, 마땅
> 히 이런 서원을 세워 모든 행을 갖추어야 한다.102)

라고 설하고 있다. 이것 역시 보시에 대한 중요성을 四法本을 통해서

---

101) 『增壹阿含經』(『大正藏』2, p.565上).
102) 위의 책, p.645中.

강조하고 있다. 다만 특이한 점은 四法本을 행하고 육바라밀을 행하면 無上正眞等正覺을 성취할 수 있다고 수기하는 것과 四法本 중 넷째에 보시를 할 때 일체 衆生類 중에서는 보살이 가장 上首가 된다고 생각해야 하는 부분이다.

여기서 보듯이 보시행이 중생에 대한 무차별의 소박한 菩薩心에서 無上正眞等正覺을 성취하고, 보시를 할 때 일체 중생 중에서 보살이 가장 上首가 되는 것으로 확대 발전하고 있다. 이와 같은 보살사상은 후세 대승경전에서 설하는 보살사상을 거의 육박하는 것이라 볼 수 있다.[103] 뿐만 아니라 『增壹阿含經』[104]에는 육바라밀 각각의 항목에 대한 부분까지 보이고 있다.

그런데 보살사상의 내용적인 부분인 육바라밀행에 대한 언급이 四阿含 중 유독 『增壹阿含經』에만 보이는 것에 대해, 김동화는 『增壹阿含經』은 초기불교 문헌으로 볼 수 없는 後世作이 아닌가 하는 의심을 한다. 그 이유는 北傳의 문헌에 의하면 보살사상은 大乘的 經에서 공공연하게 나타나고 있으며, 초기경전에는 보살사상이 희박한 것이 사실이라고 말한다. 그러나 이러한 사실에 의하여 보살사상이 後世에 발달한 대승불교의 교리요, 초기불교시대에는 아직 없었던 사상이라고 한다면 이것은 일방적인 것이요 보편적인 판단은 아니라고 주장한다.

그리고 초기불교와 대승불교는 보살을 바라보는 관점에서 서로 차이점이 있었다고 한다. 초기불교에서는 보살행이라 하면 석가보살만이

---

103) 김동화, 『원시불교사상』(서울, 뇌허불교학술원, 2001), pp.379~380.
104) 『增壹阿含經』(『大正藏』2, p.550上), "菩薩發意趣大乘 如來說此種種別 人尊說六度無極 布施持戒忍精進禪智慧力如月初 逮度無極觀諸法"에서는, '바라밀'·'대승'이라는 말과 함께 바라밀의 여섯 개 항목까지 나타나고 있다.

행하는 특수적 수행항목이었지만, 대승경전상에서의 보살행은 모든 보살의 보편적 수행항목이었다는 것이다. 그러면서 초기경전에는 보살사상이 적극적으로 강조되어 있지 않지만, 대승경전에서는 보살사상이 각 경전 설법의 주제가 되어 적극적으로 강조되고 일반화되었다고 한다. 그래서 보살사상이 초기경전에서 보편적으로 활성화되지는 않았지만, 그 기본적인 사상만은 초기불교시대에〔후기〕 분명히 존재하고 있었다는 견해를 밝히고 있다.

그러나 平川彰은 보살이라는 말이 초기불교의 자료 중에 존재하고 있다 하더라도, 그것들은 후대의 전승 과정에서 혼입된 결과이며, 본래 초기불교에는 보살이라는 관념이 없었다고 추정하고 있다. 그리고 干潟龍祥과 山田龍城도 보살의 기원을 佛傳文學에서 찾고 있으며, 보살의 출현도 넓은 의미에서 佛傳문학에서 출현하고 있다고 보고 있어, 김동화박사와는 차이를 보이고 있다. 김동화·平川彰·干潟龍祥·山田龍城 모두, 보살이 초기불교에 존재하고 있었다는 것은 공통적으로 인정하고 있다. 그러나 보살 관념 혹은 보살사상의 존재에 대해서는 차이가 있다.

필자는 平川彰·干潟龍祥·山田龍城의 의견에 더 무게를 두고 싶다. 그러나 필자도 김동화가 주장한 보살사상이 초기경전에서 보편적으로 활성화되지는 않았지만, 그 기본적인 사상이 후기 초기불교시대에 분명히 존재하고 있었다는 견해에 동조한다. 왜냐하면 비록 初期經典上에 육바라밀·십바라밀 등이 주요 수행으로 일반화되지는 않았지만, 육바라밀의 각 항목이 보이고 보시에 대한 중요성을 강조한 것 등에서, 그 사상만은 충분히 있었다고 생각한다. 그러나 김동화가 지적한 보살을 바라보는 초기불교와 대승불교의 관점의 차이에 깊이 동감하기 때문에, 필자는 초기불교에는 보살 관념이 없었다고 생각한다.

이상으로 阿含經典에 나타난 菩薩의 語句와 보살사상에 대해서 살펴보았다. 阿含에서의 菩薩은 주로 석존의 過去因行時의 명칭이나, 또는 미륵의 명칭으로만 국한한 고유명사이다. 그리고 보살사상에 관해서는 학자들마다 이견이 있었다. 필자는 초기불교에 보살사상의 그 기본적인 사상은 분명히 존재하고 있었지만, 보살을 바라보는 초기불교와 대승불교의 관점에서 뚜렷한 차이가 있었기 때문에, 초기불교에는 보살 관념이 없었다고 생각한다.

(2) 菩薩의 의미

龍樹는 『大智度論』105)에서 보살이란 無上正覺을 성취하기 위해서 大心을 일으킨 者이며, 大心을 일으켜서 無上菩提를 구하지만 아직 성취하지 못한 者를 말한다고 하고 있다. 즉, 大心을 일으켜 上求菩提하고 있는 者를 보살이라 한다는 것이다. 그리고 『部執異論』에서는,

> 보살은 중생을 구제하기 위해서 惡道에 들어간다.106)

라고 하여 보살은 중생을 구제하기 위해서는 惡道에도 스스로 들어가는 者를 말하고 있다. 이것은 下化衆生을 위한 보살의 적극적인 자세를 보여주는 내용이다. 다시 말해 보살은 上求菩提하고 下化衆生하는 者로 정의할 수 있다.

좀 더 구체적으로 보살의 의미를 살펴보면, 보살은 'Bodhisattva; Bodhisatta'로 菩提薩埵의 略語이며 音譯이다. Bodhi와 Sattva의 합성어로 bodhi는 語根 bodh(覺하다·눈이 뜨이다)의 名詞形이다. bodhi

---

105) 『大智度論』(『大正藏』25, pp.435下~436中).
106) 『部執異論』(『大正藏』4, p.20下).

(菩提)는 覺 · 覺悟 · 覺醒의 뜻이다. 그리고 sattva는 sat와 tva의 합성
어로, sat는 語根 as(有 · 存 · 存在하다)의 현재분사형과 중성명사를 만
드는 접미사인 tva가 합쳐져 만들어진 것이다. 이것은 존재, 특성의 뜻
으로 有情 · 衆生을 의미한다. 그래서 Bodhisattva;Bodhisatta는 舊譯은
道衆生, 新譯은 覺有情으로 意譯하였다.

　이것을 종합하면 '道를 구하는 중생, 깨달음[覺]을 구하는 有情'이
다. 즉, 보살은 깨달음을 구하기 위하여 精進하며 게으르지 않는 者로,
①求道의 보살 ②悟道의 보살 ③誓願의 보살 등으로 定義된다. 求道
의 보살은 道를 구하는 有情 · 衆生을, 悟道의 보살은 깨달을 수 있는
有情 · 衆生을, 誓願의 보살은 깨달음을 남에게 주는 또는 남을 깨닫게
해주는 有情 · 衆生을 말한다.107) 여기서 ①②는 上求菩提로 ③은 下
化衆生으로 볼 수 있을 것이다.

　보살에 대한 선학들의 또 다른 견해를 살펴보면, 干潟龍祥은108) 보
살의 기원적 의미는 '보리를 구하고 있는 有情으로서 보리를 얻을 것이
확정되어 있는 有情'이다. Bodhisattva는 Bodhi와 Sattva의 합성어로,
'지혜 있는 有情' · '지혜를 본질로 하는 有情' · '지혜를 가진 有情'의 뜻
이라고 하였다. 西義雄은109) Bodhi는 불타의 自覺 · 自證의 내용인 '깨
달음'을 나타내며, 여기에 Sattva를 부가한 Bodhisattva는 '깨달음을 소
유하는 有情' · '깨달음의 有情'이라는 의미라고 하였다.

　山田龍城은110) 보살을 '成道前 수행기 보살' · '일반적인 本生으로서
의 보살' · '특별한 修行道를 가지는데 이른 보살' · '대승의 보살'이라는

107) 石川海淨, 「菩薩思想の原流に就いて」, 『印度學佛教學研究』1-1號(日本印
　　度學佛教學會, 1952, 7), pp.147~148.
108) 干潟龍祥, 『本生經類の思想史的研究』(東京, 山喜房佛書林, 1978), p.57.
109) 西義雄, 『大乘菩薩道の研究』(京都, 平樂寺書店, 1977), pp.11~18.
110) 山田龍城, 『大乘佛教成立論序說』(京都, 平樂寺書店, 1959), p.13.

4단계로 설명하였다. 三枝充悳은[111] '보살은 반드시 불타가 될 후보자'라는 정의를 내리기도 하였다. 그리고 Har Dayal은[112] 보살을 베다語에 기준하여 조금 특별한 해석을 하였다. 보살은 베다語로 Satvan(戰士)의 의미를 지니므로 보살을 '勇士·정신적 戰士'라고 하였다.

그리고 山邊習學은 보살에 대해서 보살의 기원적 의미의 佛傳보살 즉, 本生보살의 정의에서 더욱 발전된 매우 대승적인 해석을 하고 있다. 山邊習學은 보살을 ①求道의 보살 ②如來의 活動者로서의 보살 ③因位의 보살로 구분하고 있다.[113] 求道의 보살은 선재동자와 같이 向上의 一路를 추구해 가는 自覺者를, 如來의 活動者로서의 보살은 현실의 세계에서 여래의 활동을 하거나 여래를 대표하는 觀音·勢至·文殊·普賢·彌勒 등의 보살을, 因位의 보살은 阿彌陀佛의 因位時의 法藏菩薩과 같은 여래가 因位時에 수행하던 모든 보살을 말한다.

여기서 ②③은 인간의 경험을 초월한 理想世界의 경지에 있는 보살로, ①은 인간이 직접 感得하고 주위에서 볼 수 있는 求道의 보살로 볼 수 있다.[114] 이와 같은 山邊習學의 보살에 대한 구분은 깨달음을 향한 上求菩提의 의미보다, 중생 구제를 위한 下化衆生의 의미가 강하다. 이것은 대승의 근본정신을 잘 표현하고 있는 중생을 향한 보살의 적극적인 자세이다.

이처럼 보살이라는 말은 佛敎史上에서 이미 초기불교 자료에서부터

---

111) 三枝充悳, 「보살과 바라밀」, 平川彰 編著, 정승석 譯, 『대승불교개설』(서울, 김영사, 1997), pp.118~119.
112) Har Dayal, *The Bodhisattva Doctrine in Buddhist Sanskrit Literature*(London, 1932), pp.4~9.
113) 山邊習學, 『華嚴經の世界』(東京, 世界聖典刊行協會, 1975, 4), p.9.
114) 이도업, 「華嚴經에 나타난 菩薩思想」(Ⅰ) 『불교학보』31집(서울, 동국대학교 출판부, 1994, 12), pp.83~84.

다양하게 존재하고 있었다. 하지만 보살이라는 관념은 석존의 前生을 이야기한 本生보살인 佛傳의 보살에서 시작하였다. 그리하여 보살이라는 語句가 대승불교 흥기의 결정적인 역할을 한 보살사상으로 발전되어 가는데, 佛傳의 보살은 그 시발점이 되었다고 볼 수 있다.

4) 菩薩修行으로서의 육바라밀

대승불교의 흥기[115]와 함께 새로운 이상적 불교인상이 정립되고, 이를 菩薩이라고 부르게 되었다. 하지만 앞장 보살관념의 출현에서 살펴보았듯이, 보살이라는 어휘는 대승불교의 독창적인 창안이 아니라 이미 佛傳文學과 여타의 초기 경전에서 널리 쓰이고 있었다.

보살운동은 역사적으로 볼 때 대체로 부파불교 중 大衆部, 특히 案達羅一派[116]가 스스로의 입장을 취하여, 정신적으로 고갈하고자 하는 전통불교에 대하여 혁신을 도모한데서 비롯된다고 볼 수 있다. 이는 한편으로 소승불교의 연장이라고 할 수 있지만, 다른 면으로는 형식적인 소승불교에 대한 반대의 운동임과 동시에 부처님의 근본정신으로 돌아가 시대에 호응하고자 하는 일종의 復興운동이다.

부처님의 근본정신으로 돌아간다는 것은 보살의 자각으로부터 自利利他의 수행을 시작한다는 것을 의미한다. 聲聞의 아라한은 번뇌의 소멸에 의한 涅槃 즉, 오로지 자기의 완성을 위해 수행한다. 그러나 대승

---

115) 대승불교 흥기의 시기에 대해서는 木村泰賢, 『大乘佛敎思想論』(台北, 天華出版, 1988), p.87.에는 紀元 2세기경에 大乘經典이 번역되었으므로, 대승불교의 起源을 西紀 紀元의 前後로 본다는 說과 宇井伯壽, 『印度哲學史』(東京, 日本評論社, 1936), p.268.에는 大衆部 계통의 학설로서 南印度지방〔대중부 근거지〕과 중앙아시아에 紀元 1세기경에 大乘經인 『般若經』이 나타났으므로, 적어도 紀元前 1세기에 대승경전의 出現說에 입각하여, 紀元前後로 흥기된 것으로 봐야한다는 兩說 등 여러 이론이 있다.
116) 木村泰賢, 『大乘佛敎思想論』(台北, 天華出版, 1988), p.475.

보살은 보리심을 일으킨 보살로 衆生濟度를 自願하는 願生보살이다.
그러므로 보살의 수행은 필연적으로 남을 이롭게 하는 것을 우선으로
하는 수행이 된다. 남을 이롭게 하는 일에 뛰어듦으로써 자기의 수행〔自
利〕이 완성된다고 보는 것이다. 이것이 육바라밀 수행이다.

육바라밀은 대승불교에 와서 처음으로 나타난 것이 아니고, 그 원류
는 이미 초기불교시대부터 있었던 것이다. 특히 四阿含 중『增壹阿含
經』에서는 육바라밀 각각의 항목과 보시에 대한 중요성을 강조하는 등
의, 육바라밀사상이 나타나고 있음을 앞에서 확인하였다.

육바라밀은 十地思想과 함께 보살사상을 이루는 하나의 큰 축이다.
그러나 엄밀하게 보면 十地思想안에 육바라밀도 포함되어 있다고 할
수 있다. 왜냐하면 보살이 成佛을 향해 실천하는 수많은 보살행들이
十地의 각 地에 모두 포함되어 있기 때문이다. 그래서 본 논문은 계속
해서 菩薩十地를 고찰하면서 육바라밀과 십바라밀 등에 대해서 검토
해야 하기 때문에, 본장에서는 육바라밀의 유래와 대승경전 가운데 가
장 먼저 성립되었다고 할 수 있는『般若經』을 중심으로 육바라밀에 대
해서 간략히 살펴보고자 한다.

(1) 육바라밀의 由來

平川彰은 대승경전의 육바라밀의 유래를 佛傳文學에서 찾고 있
다.117)『中本起經』에는 釋迦보살이 定光如來에게 當來作佛의 授記를
받는 것을 설하면서,

나는 지금에 이르기까지 本心을 닦고, 六度無極의 공을 쌓아 행하고, 四等

---

117) 平川彰, 「六波羅蜜の全開」『印度學佛敎學硏究』21-2號(日本印度學佛敎學
會, 1973, 3), pp.28~31.

을 게을리 하지 않고, 高行이 특히 다르고, 괴로움을 참음이 무량하였다.[118]

라고 하여 釋迦보살이 六度無極과 四等을 수행함을 나타내고 있다. 여기서 六度無極은 육바라밀을 말하고 四等은 慈悲喜護〔捨〕를 말한다. 이것이 대승경전의 慈悲喜捨의 사바라밀이 되는 것이다. 팔리상좌부[119]에서 설하는 십바라밀〔布施 · 持戒 · 出離 · 智慧 · 精進 · 堪忍 · 眞實 · 決定 · 慈 · 捨〕에 慈바라밀과 捨바라밀이 설해지고 있는 것에서도, 佛傳의 四等이 대승경전의 慈悲喜捨의 사바라밀과 관련이 있음을 알 수 있다.

또한 『修行本起經』에는 授記 이후의 能仁〔釋迦〕보살의 수행을 다음과 같이 설하고 있다.

道德을 닦고 佛意를 배우고, 六度無極의 布施 · 持戒 · 忍辱 · 精進 · 一心 · 智慧와 善權方便 慈悲喜護를 행하고, 중생을 育養하고 赤子를 親子와 같이하고, 諸佛을 받들어 모시고, 德을 쌓음이 끝이 없었다.[120]

그런데 『修行本起經』에서는 六度無極과 四等 외에, 대승경전에서 중요시되고 있는 善權方便이 나온다. 『太子瑞應本起經』[121]에는 方便이 빠져 있고, 『普曜經』[122]에는 布施 · 持戒淸和 · 忍辱調意 · 精進 · 一心 · 智慧 · 善權 · 所度無極에서 善權이 나온다. 하지만 여기서는 方便이 아직 바라밀에는 들어가 있지 않다.

---

118) 『中本起經』(『大正藏』4, p.147下).
119) 『小部經』(『南傳大藏經』41, pp.235~242). 『南傳大藏經』의 십바라밀은 『十地經』의 십바라밀과는 그 내용이 다르다.
120) 『修行本起經』(『大正藏』3, p.463上).
121) 『太子瑞應本起經』(『大正藏』3, p.478下). "行六度無極布施持戒忍辱精進一心智慧 習四等心慈悲喜護 養育衆生 如親赤子 承事諸佛 積德無量"
122) 『普曜經』(『大正藏』3, p.483上).

그러나 『方廣大莊嚴經』123)에는 布施·持戒·忍辱·精進·禪定·
智慧·方便善巧波羅蜜·大慈大悲大喜大捨를 설하여, 方便을 바라밀
로 표현하고 있다. 佛傳文學은 이외에도 여러 종류가 있지만, 이상의
자료에서도 佛傳文學에서 육바라밀·방편·四無量心 등이 受記 이후
의 석가보살의 수행덕목으로서 중요시 되고 있음을 짐작할 수 있다.
그리고 이러한 佛傳文學의 육바라밀이 대승경전에 널리 계승되었다.

그러나 佛傳文學의 육바라밀과 대승불교의 육바라밀과는 근본적인
차이가 있는데, 佛傳文學의 육바라밀은 佛德讚嘆의 입장에서 설하고,
대승불교의 육바라밀은 육바라밀의 주체적 실천이 주제이다.124) 다시
말해 육바라밀은 佛傳文學에서 유래하였지만, 대승불교에서 대승보살
의 근간으로 부각되고 확립되었다고 볼 수 있다.125)

說一切有部의 『大毘婆沙論』126)에도 布施·持戒·精進·般若의 사
바라밀을 설하면서 外國師說로 이상의 사바라밀에 忍辱·靜慮를 더한
육바라밀을 소개하고, 또한 앞의 사바라밀에 聞·忍을 더한 육바라밀
을 설명하고 있다. 이처럼 說一切有部 내에서의 육바라밀에 대한 설명
은 일치하지 않으며, 有部의 사바라밀과 佛傳文學에서의 육바라밀은
다르다.

그런데 여기서 유의해야 할 것은 佛傳文學을 중심으로 육바라밀에
대한 유래를 고찰함에 있어서, 六度·方便·四等·四無量心 등의 십
바라밀이 석가보살의 수행덕목으로 佛傳文學에서 이미 설해지고 있다

---

123) 『方廣大莊嚴經』(『大正藏』3, p.540上).
124) 平川彰, 「般若經と六波羅蜜經」 『印度學佛敎學硏究』(日本印度學佛敎學會, 1971, 3), p.101.
125) 三枝充悳, 「보살과 바라밀」, 平川彰 編著, 정승석 譯, 『대승불교개설』(서울, 김영사, 1997), p.160.
126) 『大毘婆沙論』(『大正藏』27, p.892上中下).

는 것이다. 그럼 대승경전에서는 십바라밀이 어떤 과정으로 해서, 『十
地經』의 십바라밀로까지 이어져 갔는지 잠시 살펴보면 다음과 같다.

예를 들면 『道行般若經』에는 '具足行漚和拘舍羅波羅蜜'127)의 말이
있고 『大寶積經』128)에는 布施·持戒·忍辱·精進·禪定·智慧·方
便의 七種의 덕목을 들고 있다. 그리고 『他眞陀羅所問經』에는 奉行壇
波羅蜜에 三十二事가 있다고 하면서 三十二事로써 보시바라밀을 설
하고, 이하 각각 三十二事에 의해서 육바라밀을 설하고 있다. 그 뒤에
'菩薩漚和拘舍羅所行有三十二事'129)로서 方便을 三十二事에서 설명
하고 있다. 여기서 방편을 第七로 하고 있지만 방편바라밀이라고는 말
하지 않는다. 다만 이 經의 同本異譯인 『大樹緊那羅王所問經』에, '有
三十二法淨方便波羅蜜'130)이란 말에서 방편바라밀이 나오고 七波羅
蜜로 되어 있다.

또한 『大薩遮尼乾子所說經』131)에는 十二種으로 壇바라밀을 수행
하고, 十二種 혹은 十二三種으로 육바라밀을 설명하고, 第七에 十二
種으로 方便바라밀을 설하고 있다. 이 經도 方便을 더해서 七種의 바
라밀로 하고 있다. 그리고 『大集經』의 「寶女品」132)·「海慧菩薩品」133)
에도, 七種의 바라밀을 具足하는 것을 설하고 방편바라밀을 더하고 있
다. 역시 『大寶積經』의 「無盡慧菩薩品」134)에는 施·戒·忍·精進·
禪·般若·方便·力·願·智의 십바라밀을 설하고 있다.

127) 『道行般若經』(『大正藏』8, p.469下).
128) 『大寶積經』(『大正藏』11, p.448中).
129) 『他眞陀羅所問經』(『大正藏』15, p.358下).
130) 위의 책, p.377下.
131) 『大薩遮尼乾子所說經』(『大正藏』9, pp.320下~324中).
132) 『大集經』(『大正藏』13, p.39中).
133) 위의 책, p.56上.
134) 『大寶積經』(『大正藏』11, pp.648下~649上).

이 십바라밀은 『十地經』에서도 설해지고 동시에 玄奘譯의 『大般若經』과 『勝天王般若經』 등에도 설해지고 있다. 그리고 慈悲喜捨의 四等을 육바라밀과 함께 설명하고 있는 것은 『大寶積經』의 「文殊師利授記會」135)와 『自愛經』136)과 『華嚴經』의 「淨行品」137) 등이 있다. 이 것을 바라밀로 설하고 있는 것은 玄奘 譯의 『菩薩藏經』138)으로 이 經에서는 육바라밀을 상세히 설명하고, 그 뒤에 大慈바라밀 · 大悲바라밀 · 大喜바라밀 · 大捨바라밀을 설하고 있다. 그리고 『勝鬘經』에는 法身의 四德을 常바라밀 · 樂바라밀 · 我바라밀 · 淨바라밀로 하고 있는 것은 유명하다. 羅什 譯의 『菩薩藏經』139)에는 平等바라밀 · 心平等바라밀 · 智平等바라밀의 용례도 보인다.

이와 같이 대승경전에서의 바라밀의 용례는 매우 다양하다. 그러나 六度 · 方便 · 四等 등이 대승경전에서 중요시 되고, 또한 바라밀로서 설해지고 있는 그 起源은 위에서 설명한 바와 같이 佛傳文學에서 찾을 수 있다. 그리하여 육바라밀은 대승경론을 일관하는 기본적인 실천체계로 菩薩道라 일컬어지게 된다. 육바라밀은 布施 · 持戒 · 忍辱 · 精進 · 禪定 · 智慧의 到彼岸의 실천행으로, 自利 · 利他의 兩方面을 포함하고 있다.

(2) 『般若經』의 육바라밀

바라밀〔바라밀다〕이란 pāramitā의 音譯이다. pāramitā는 parama

---

135) 위의 책, p.339中.
136) 『自愛經』(『大正藏』17, p.548下).
137) 『華嚴經』(『大正藏』9, p.430中).
138) 『大寶積經』(『大正藏』11, p.235中). 그리고 같은 『菩薩藏經』(『大正藏』11, p.254下)에는 十種淸淨尸羅 속에 慈悲喜捨의 四種바라밀을 설하고 있다.
139) 『大寶積經』(『大正藏』11, p.443中).

(最高)에서 비롯된 말이며, 팔리의 자타카에는 이 parama의 파생어인 pāramī가 pāramitā와 같은 의미로 쓰이고 있다. pāramitā는 현대 학자들에 의해 '완성'으로 번역되며, prajñāpāramitā는 '지혜의 완성 Perfection of Wisdom' 등으로 번역되고 있다. 그러나 라집은 pāramitā를 '彼岸으로 건너간 pāram-ita'로 해석하고, '到彼岸'·'度' 등으로 번역하고 있다. 『大智度論』의 '智度'란 prajñāpāramitā의 譯語이다.[140]

그럼 『大品般若經』에서는 육바라밀 각 항목에 대해서 어떻게 설명하고 있는지 살펴보도록 하겠다.

> 능히 베푸는 것이 보시바라밀의 相이고, 번뇌가 없는 것이 지계바라밀의 相이며, 어떤 어려움에도 변하여 달라지지 않는 것이 인욕바라밀의 相이고, 굴복하지 않는 것이 정진바라밀의 相이며, 마음을 가다듬는 것이 선정바라밀의 相이고, 모든 생각과 분별을 버리고 떠나는 것이 반야바라밀의 相이라고 한다.[141]

여기서 보시바라밀이 가장 먼저 나오는 것은 대승의 근본 출발이 중생 구제에 있음을 단적으로 보여주는 것이다.[142] 즉, 초기불교의 궁극적 목적이 현실의 고통에서 벗어난 離苦得樂의 涅槃에 있다면, 대승불교는 自利利他의 成佛에 있다. 그럼 육바라밀 수행으로 어떻게 成佛에 도달할 수 있는가?

---

140) 平川彰, 이호근 譯, 『인도불교의 역사』上(서울, 민족사, 1991), p.321.
141) 『大品般若經』(『大正藏』8, p.325下).
142) 이봉순, 「菩薩思想 成立史의 硏究」(서울, 동국대학교 대학원, 박사학위논문, 1997), p.152.에서는 육바라밀은 利他적인 자비의 보시바라밀과 깨달음으로 이어지는 지혜바라밀로써 시작과 끝을 이루며, 그 사이에 초기불교 이래 중시되어온 출가의 三學인 戒·定·慧와 주로 재가자의 덕목이었던 보시·인욕·정진을 배치하여 전체를 이루고 있다고 밝히면서, 출가중심·지혜중심의 부파불교에 비하여 『般若經』은 자비와 지혜를 함께 중시하는 재가주의 입장을 강하게 표방하고 있다고 밝히고 있다.

『般若經』에서는,

> 보살이 佛道를 얻고자 한다면, 반드시 육바라밀을 배워야 한다. 왜냐하면
> 육바라밀은 보살마하살의 어머니이기 때문이다. ……육바라밀은 佛의 不
> 可盡經法을 간직하는 곳이요, 과거·미래·현재의 佛은 모두 육바라밀로부
> 터 출생한다.[143)]
> 三世諸佛 모두는 육바라밀로부터 출생한다. 諸佛은 육바라밀을 행하고 四
> 攝法으로 중생을 섭수하기 때문에, 아뇩다라삼먁삼보리를 증득한다.[144)]
> 육바라밀 속에 일체 善法인, 聲聞法·辟支佛法·菩薩法·佛法이 포함되
> 어 있다.[145)]

라고 설하고 있다. 육바라밀로부터 三世諸佛이 출생하고 육바라밀을
행하므로 아뇩다라삼먁삼보리를 증득한다. 즉, 육바라밀에는 聲聞法·
辟支佛法·菩薩法·佛法의 일체 善法이 포함되어 있다. 이와 같이 대
승의 『般若經』에서 成佛은 육바라밀로 이루어지고, 중생 구제 또한 육
바라밀을 실천함으로써 성취된다고 볼 수 있다.

그런데 『般若經』에서는 육바라밀에서 특히 반야바라밀의 수행을 강
조하고 있는데, 그 이유는 반야바라밀과 나머지 오바라밀의 관계에서
알 수 있다.

> 반야바라밀은 오바라밀 중에서 가장 높다. 비유하면 極大地에 뿌려진 씨앗
> 이 큰 줄기로 자라나는 것처럼, 반야바라밀은 大地와 같고 오바라밀은 씨앗
> 과 같아서 그것으로부터 생겨난다. 一切智도 반야바라밀로부터 이루어진
> 다.[146)]
> 諸佛의 一切智나 一切種智는 모두 반야바라밀로부터 생겨나고, 諸보살마

---

143) 『道行般若經』(『大正藏』8, p.469上).
144) 『小品般若經』(『大正藏』8, p.571下).
145) 『大品般若經』(『大正藏』8, p.228上).
146) 『道行般若經』(『大正藏』8, p.434中).

하살의 선바라밀 · 정진바라밀 · 인욕바라밀 · 지계바라밀 · 보시바라밀은 모
두 반야바라밀로부터 생긴다.[147]
마치 盲人이 아무리 많아도 앞에서 인도해 주지 않으면 길을 찾아 入城하지
못하듯이, 오바라밀도 반야바라밀을 떠나면 길에 들지 못하고 一切智를
얻지 못한다. 오바라밀은 반야바라밀의 인도를 받았을 때에, 有眼으로 되고
바라밀이라는 이름을 얻는다. ……보살마하살은 반야바라밀에 住할 때에,
능히 보시 등의 오바라밀을 具足하게 된다.[148]

반야바라밀은 大地와 같고 오바라밀은 그 大地에서 생겨나는 씨앗
이며, 오바라밀은 반야바라밀로부터 생기며 諸佛의 一切智나 一切種
智도 모두 반야바라밀로부터 생겨난다. 다시 말해 반야바라밀은 육바
라밀 중에서 가장 높은 것이다. 반야바라밀은 오바라밀을 보호하고 인
도하는 역할을 하고 있다. 그래서 반야바라밀은 오바라밀 각각을 지혜
로 이끌어서, 布施의 완성 · 持戒의 완성 · 忍辱의 완성 · 精進의 완
성 · 禪定의 완성으로 도달하게 한다.
따라서 육바라밀은 반드시 반야바라밀이 지혜의 완성이 이끌어 줄
때 나머지 완성이 가능하다. 그러므로 육바라밀 중에서 가장 중요한
것은 반야바라밀이며, 지혜의 완성 없이는 나머지 오바라밀은 바라밀
[완성]이라고 할 수 없는 것이다. 그래서 반야바라밀은 보살마하살
의 어머니이며, 모든 부처님의 法을 발생시키며, 世尊은 반야바라밀과
다르지 않고 반야바라밀이 곧 世尊인 것이다.
그럼 반야바라밀은 어떻게 수행해야 하는지 반야바라밀의 定義를
살펴보자.

실상의 진리[第一義]를 얻어, 一切法을 건져 깨달음의 언덕에 이르게 한다

---

147) 『大品般若經』(『大正藏』8, p.286上).
148) 위의 책, p.302中下.

는 뜻으로 반야바라밀이라고 한다. 모든 佛·보살·벽지불·아라한이 이 반야바라밀에 의하여, 깨달음의 언덕으로 갈 수 있다는 뜻으로 반야바라밀이라고 한다. 一切法 내지 작은 티끌에 이르기까지 분별하고 헤아리고 파괴하여도, 이 가운데에서는 堅實한 것을 얻을 수 없다는 뜻으로 반야바라밀이라고 한다. 諸法의 眞如·法性·實際는 모두 반야바라밀에 들어간다는 뜻으로 반야바라밀이라고 한다. 이 반야바라밀에는 합한다거나 흩어진다거나, 혹은 色이 있다거나 없다거나, 혹은 볼 수 있다거나 없다거나, 혹은 상대가 있다거나 없다거나, 혹은 有漏라거나 無漏라거나, 혹은 有爲라거나 無爲라고 할 수 있는 것이 없다. 왜냐하면 이 반야바라밀은 色도 없고 형상도 없고 마주 할 수도 없는 一相이어서, 이른바 相이 없기 때문이다.[149)]

반야바라밀은 色도 형상도 없는 無相이지만, 반야바라밀에 의하여 佛·보살·벽지불·아라한은 깨달음을 얻고, 諸法의 眞如·法性·實際는 모두 반야바라밀에 들어간다. 즉, 반야바라밀은 第一義를 얻어 一切法을 건져 깨달음의 언덕에 이르게 하는 완전한 지혜이다. 그래서 般若(prajñā)는 모든 法의 自性이 空함을 보고, 그 實相을 직관하는 智慧로 일체의 분별을 떠난 無分別智라고도 해석된다.

보살이 깨달음을 구하는 것은 아라한이 涅槃을 구하는 것과는 다르다. 世間〔有爲法〕과 涅槃〔無爲法〕을 분별하여 이 중에서 涅槃을 구하는 것이 아라한의 수행이므로 그것은 자연히 出世間적인 방향이 될 수밖에 없다. 그러나 보살은 生死와 涅槃, 번뇌와 보리, 나와 남 등의 모든 분별을 떠나 평등한 修行을 할 뿐만 아니라, 궁극적인 경계를 얻는 일도 없다. 따라서 보살의 修行은 아라한과는 달리 衆生界에 廻向될 수밖에 없는 것이다.

보살의 중생 구제의 회향은 바로 육바라밀로 실천되어진다. 소승불교의 出世間적인 종교적 행위는 대승불교의 반야바라밀에 이르러, 自

---

149) 위의 책, p.376上中.

利利他의 지극히 적극적인 종교적 행위로 발전되어 간다. 즉, 보살은 반야바라밀의 인도에 따라서 육바라밀을 실천하여 自利利他의 보살행을 수행한다. 그리하여 보리심을 일으킨 대승보살은 衆生濟度를 自願하는 願生보살로써 그 임무를 실천해 간다.

2 十地說의 起源

1) 菩薩의 修行階位와 十地

대승보살의 實踐道인 十地에 관해서 고찰하기 전에 먼저, 전체적인 대승불교의 보살의 수행과 계위를 간단히 검토하고자 한다. 대승의 보살에는 재가보살과 출가보살이 있다. 『道行般若經』에 있어서의 보살은 재가보살이며, 출가보살은 아직 명확히 설해지고 있지 않다. 다음은 『大品般若經』에 이르러 재가와 출가라는 2종의 보살이 설해진다. 그러나 아직 출가보살에게 독자적인 계율은 설해지고 있지 않다. 출가보살은 童眞(Kumārabhūta)이 되어 貞潔을 지킨다는 것이 설해지고 있을 따름이다.

육바라밀의 수행에 대해서 말하면, 제1의 보시바라밀에는 法施도 포함되지만 주로 하는 것은 財施이다. 제2의 戒바라밀의 내용으로서는 十善이 설해지고 있다. 이것은 不殺生·不盜·不邪婬의 身三, 不妄語·不惡口·不兩舌·不綺語의 口四, 無貪·無瞋·正見의 意三 등, 착한 행위를 실행하는 것이다. 『般若經』뿐만이 아니라 다른 경전에서도 戒바라밀의 설명에는 항상 十善이 설해지고 있다. 十善의 제3은 不邪婬이며 이것은 재가자의 戒이다. 출가하게 되면 童眞이 되어 금욕을 실천하고 색욕을 멀리하는 것이다.

또한 초기의 대승경전에서는 이 외에 五戒나 八齋戒도 설해지고 있는데, 이것들은 모두 재가보살의 戒이다. 그리고 『十地經』에서는 十地가 설해지며 제2 離垢地에 戒가 나타난다. 이 離垢地의 戒도 十善戒이다. 이처럼 초기대승의 불교의 戒는 十善으로써 대표되고 있으며, 이것은 초기대승불교가 재가자의 종교운동이었음을 암시하는 것이다. 그러나 대승불교에서도 후대에는 부파불교의 계율을 받아들여, 출가보살은 비구가 되어 구족계를 받고 波羅提木叉를 지키게 되었다.

대승불교의 수행으로서는 『般若經』 등에서 설하는 육바라밀의 수행이 대표적인 것이지만, 그 밖에 『華嚴經』의 「淨行品」이나 『郁伽長子經』 등에 보이는 불탑예배, 그리고 『般舟三昧經』 등에서 설하는 觀佛三昧 등이 있다. 동시에 淨土經典에서는 信에 입각한 불교가 설해지고 있다. 이것도 대승불교의 특색의 하나이다.

信을 중심으로 하는 불교는 『法華經』에서도 설해지고 있다. 『法華經』의 「方便品」에서는 불탑예배가 권장되고 있지만, 동시에 『法華經』 전체로서는 經典書寫가 권장되고 있다. 단 『法華經』도 古層에 있어서는 수지·독송·해설의 三法行이 설해지는데, 나중에는 여기에 書寫와 공양을 추가하여 五法行이 설해지게 되었다. 梵文에는 더욱 많은 것이 설해지고 있다.

여하튼 法門에 관해서는 수지·독송·해설이 설해지는데, 經卷에 관해서는 수지 등에 書寫와 공양이 추가되어 설해지는 것이다. 공양이란 經卷을 法寶로서 안치하고, 꽃이나 향, 傘蓋·幢幡 등을 바치고, 음악 등으로 공양하는 것이다. 이러한 공양의 방식은 원래는 불탑공양에서 행해지고 있던 것인데, 그것을 經卷공양에 채용한 것이다. 이러한 經卷공양은 『般若經』 등에서도 반복해서 설해지고 있다.

이 불탑공양이나 經卷공양은 본래는 재가보살들 사이에서 생겨난 것이라고 보아도 좋을 것이다. 花香이나 傘蓋·幢幡 등은 본래 재가자들이 즐겨 사용하던 것이었으며, 출가비구의 계율에서는 음악이나 춤, 연극 등을 보는 것이 금지되어 있었다. 하물며 그러한 것들을 스스로 행하기는 더욱 불가능했을 것이다. 따라서 이러한 공양방식은 재가신자들 사이에서 생겨났다고 보아야 하며, 거기에는 신앙과 더불어 레크레이션의 여지가 있었을 것이라고 생각된다.

이와 같이 대승보살의 수행에는 불탑예배·觀佛三昧·수지·독송·해설·書寫·공양 등 다양한 수행법이 있었지만, 『般若經』등에서 설하는 육바라밀이 대표적인 수행이었다고 할 수 있다. 그럼 이상과 같은 보살의 수행에 있어서, 깨달음의 단계는 어떻게 생각되고 있었는가 하면 古대대승경전에서는 聲聞의 계위가 그대로 사용되고 있다. 예컨대 『道行般若經』에는 『般若經』의 가르침을 듣고 預流·一來·不還·阿羅漢 등의 깨달음을 얻었다는 것이 설해져 있다.

그러나 『大品般若經』이나 『十地經』등에 이르면, 대승의 독자적인 깨달음의 계위가 설해지게 된다. 또한 『道行般若經』에도 대승의 독자적인 깨달음에 대한 설명이 있다. 즉, 發菩提心이라는 것과 不退의 位, 無生法忍, 童眞, 灌頂, 一生補處 등, 부파불교에는 보이지 않는 깨달음의 계위가 설해지고 있다. 단 『小品般若經』에서는 이것들이 체계화되어 있지 않다. 灌頂이나 一生補處는 佛傳類에서 고안된 계위가 대승에 채용된 것으로 생각된다. 이것들은 成佛이 임박한 대보살과 관계가 있는 계위이다.

다음으로 不退의 位와 無生法忍은 대승경전에서 널리 사용되고 있으며 중요한 수행의 계위이다. 無生法忍이란 法의 不生을 결단하는 깨달음이며 空을 깨달음으로써 얻어지는 忍이다. 이 無生法忍을 얻음으로써 不退의 位에 들 수 있다고도 설해지고 있다. 이것들은 대승의 특색 있는 깨달음의 계위인데, 이것들이 대승불교에 이르러 비로소 고안된 것인지 혹은 讚佛乘에서 이미 고안되어 있던 사상인지는 확실치 않다.

다음에 童眞은 童眞地(Kumāra-bhūmi)라고도 말해지며, 『大品般若經』에 종종 나타난다. 이것은 十住의 계위에도 포함되는 것인데, 『大品般若經』에서는 童眞地란 금욕생활에 들어간 보살을 말한다. 이것을 童眞〔청년〕이라고 하는 것은 보살의 수행이 진척되어, 無生法忍이나 不退를 얻고, 수행의 단계가 청년의 상태에 있으며 멀지 않아 法王子로서 佛의 位를 잇는 사람이라고 하는 의미이다. 문수사리도 만쥬슈리·쿠마라부타(Mañjusrī·Kumārabhūta, 文殊師利法王子)라고 말해지며, 이 童眞地의 계위에 있다고 생각되고 있다. 그러나 이 童眞에는 아직 결혼을 하지 않은 금욕자라는 의미가 있었던 듯하다.

이상은 초기대승경전에 산발적으로 보이는 계위인데, 조직적인 계위로서는 四地·五地·十住·十地 등이 설해지고 있다. 佛傳에서는 보살의 계위로서 『大事』나 『佛本行集經』 등에 自性行·願性行·順性行·不轉性行의 四行이 설해지고 있다. 더구나 佛傳에는 十地가 설해지고 있다. 그러나 이 十地를 하나하나 열거하고 있는 것은 현존하는 佛傳 중에서는 『大事』뿐이다.150)

『大事』의 十地는 이후로 般若十地·本業十地·華嚴十地로 확대 발전되면서, 대승보살의 대표적인 수행계위로 자리 잡게 된다. 이렇게 수행의 단계에 관해서도 대승의 보살은 成佛을 위한 수행을 생각하기 때문에, 聲聞乘의 제자들이 조직한 四向四果의 계위와는 전혀 다른, 十地, 42位 등의 계위가 설해지게 된다.

---

150) 平川彰, 이호근 譯, 『인도불교의 역사』上(서울, 민족사, 1991), pp.324~326.

보살의 實踐道는 바로 十地思想의 구조적인 부분이라고 할 수 있
다. 그러나 엄밀하게 보면 十地思想안에는 육바라밀도 포함되어 있다.
왜냐하면 보살이 成佛을 향해 실천하는 수많은 보살행들이 十地의 각
地에 모두 포함되어 있기 때문이다. 그래서 보살의 實踐道이며 수행계
위인 十地를 검토하는 것은 보살사상 전체를 연구하게 되는 것이라고
도 할 수 있다.

또한 대승불교 思想史의 주류가 되어 있는 것이 十地思想史이
다.[151] 十地는 대승불교에서 보살이 成佛에 이르기까지의 수행 과정을
10단계로 정리하여 조직한 實踐修行道로서, 十地說은 인도 대승불교
사상사의 최초의 발생 단계에서 완성 단계까지 그 중심에 있는 사상이
다. 따라서 十地思想의 성립과 전개에 대한 고찰은 대승불교의 핵심을
이해하는데 꼭 필요한 과제이다. 특히 진리의 깨달음이자 지혜의 학문
인 불교의 특수성은 동시에 실천의 行道이기 때문에, 보살의 깨달음의
수행 계위인 菩薩道는 불교의 종교적 실천성을 더욱 선명하게 드러내
고 있다고 볼 수 있다.

2)『大事』의 十地

(1)『大事』의 제작

佛滅 100년 후 불교승단은 계율에 관한 논쟁으로, 근본분열과 지말
분열을 계속하면서 부파불교시대에 접어들게 된다. 그리하여 각 부파
는 自派 사상의 정당성을 주장하기 위하여, 아비달마 연구에 치중하면
서 論藏이 성립하게 되고 또한 독립적인 律藏을 지니게 된다. 十地說
의 起源으로 추정되고 있는 大事十地의『大事』도, 說出世部의 律藏을

---

151) 荒牧典俊,「十地思想의 成立과 展開」, 平川彰 編著, 정순일 譯,『華嚴思想』
(서울, 경서원, 1996), p.92.

발췌하여 만들어진 佛傳이다. 『大事』는 한역과 티벳역이 없고, 어느 네팔계 사본 6종을 E. Senart가 교정하여 출판한 *Le Mahāvastu*(Paris, 1882 · 1890 · 1897) 3권이 원전이다. 완역으로는 J. J. Jones의 *The Mahāvastu* 3권이 있다.[152]

J.J. Jones는 『大事』(Mahāvastu)가 大衆部 說出世部의 律藏의 一本임을 자칭하고[153] 있지만, 戒律에 대한 언급은 거의 보이지 않는다고 한다. 이것에 대해 J.J. Jones는 비록 律藏으로 의도하였지만 편집 과정 중 律藏에 관한 특징적인 사항들은 자발적으로 생략되었다고 하였다. 그리고 Nalinaksha Dutt도 授記에 관한 몇 가지 律을 제외하고, 그것은 律藏에 관한 문제와 거의 관계가 없다[154]고 했다.

그러나 E.J. Tomas는 『大事』는 그 도입 진술이 오래된 것으로, 『大事』는 원래 律藏을 유일하게 대표하는 것이 아닌 소개하는 一本[155]이라고 하였다. 그리고 Nalinaksha는 그 本은 說出世部의 律藏의 첫 책[156]이라고 지적하였다. 이처럼 『大事』는 律藏으로서의 성격에 대해 학자들마다 이견이 있다. 이러한 견해의 차이는 『大事』에서 실질적으로 다루고 있는 내용을 검토해 보면 쉽게 해결될 것이다.

J.J. Jones는 『大事』는 그것이 편집될 당시 유포되었던, 불타에 관한 실질적인 歷史 · 準歷史 · 傳說에 관한 편집이라고 말한다. 편집된 시기는 상당한 시기에 걸쳐서 대략 B.C. 2세기에서 A.D. 4세기 이후에 걸쳐서 편집되었고, 편집자는 1人이 아니고 多數임을 밝히고 있다. 그래서 『大事』는 그의 제목에 관한 통일성을 작품을 통해 일관하지 않

---

152) 정승석 편, 『佛典解說事典』(서울, 민족사, 1991), pp.102~103.
153) J. J. Jones, *The Mahāvastu*, vol I (The Pali Text Society, London, 1973), intro.
154) Nalinaksha Dutt, *Buddhist Sects in India*(Motilal Banarsidass, 1978), p.66.
155) E.J. Tomas, *The History of Buddhist Thought*(London, 1959), p.280.
156) Nalinaksha Dutt, *Buddhist Sects in India*(Motilal Banarsidass, 1978), p.33.

고, 다른 상황에 다양한 형태로 나타나고 있다[157]고 말하고 있다.

이렇게 『大事』는 다양한 주장, 모호한 설명, 일부는 주제문제와 다른 성격을 보이며, 일부는 주된 테마를 다루는 혼재된 현상을 보이고 있다. 그 이름은 문자 그대로 거대한 論題, 장대한 이야기로 번역되고, 말하자 면 불타의 삶의 이야기이다. 『大事』는 法의 위대한 축적, 중생을 이익 되게 함, 지혜로 가득 찬 불타의 가르침에 근거한 本임을 나타내고자 한다.

그래서 『大事』는 불타의 教說보다는 불타의 傳記的 事項에 보다 많 은 관심을 가진다.[158] 이처럼 『大事』에는 석존이 前生의 연등불 시대 보살로서, 大願을 발했던 일로부터 시작하여 도솔천에 재생하여 마야 부인에게 托胎하고, 現生의 出家 · 降魔 · 成道 · 初轉法輪을 비롯하여 교화활동과 교단 성립을 이루는 석존의 傳記로서의 구성을 갖추고 있 다. 또한 수많은 佛弟子들의 前生과 경전 · 인연담 · 본생설화 · 교리 등이 나타나 있다.[159]

이와 같이 『大事』에서 다루고 있는 내용들에서 『大事』는 律藏이라기 보다는 석존의 傳記라는 판단이 든다. 하지만 『大事』에는 계율에 관한 언급도 많이 보인다. 大迦葉의 개종에 관련된 이야기에서 衆食을 금지

---

157) J. J. Jones, *The Mahāvastu*, vol Ⅱ (The Pali Text Society, London, 1973), p.206.

158) 신성현, 『Mahāvastu의 十地思想 硏究』(서울, 동국대학교 대학원, 석사학위논 문, 1987, 12), p.4.

159) 水野弘元, 「梵文大事について」『干潟龍祥博士古稀記念論文集』(東京, 九 州大學印度哲學研究會, 1953, 2), p.131. 그리고 B.T. Rahula는 『大事』의 내 용을 대략 4가지로 요약하였다. 1.불타의 경력에 관한 전통적 사항 2.불타의 前生에 관한 이야기(jātaka) 3.불타의 제자들과 신봉자(avadāna) 4.經과 解說 (經 vyākara). *A Critical Study of the Mahāvastu*(Motilal Banarsidass, 1978), p.7.

하는 律에 대한 언급[160]과 베사리의 불타 방문에 대한 이야기는 거주지 승인에 관한 규율의 배경을 설명하여 준다.[161] 파계를 깨달은 사문의 공식적인 자백은 Abhiya 이야기에[162] 나타나고, 지옥의 무시무시한 묘사는 부도덕한 사문이 지옥에서 벌 받는 것을 암시한다.[163] 또한 탁발의 올바른 방법에 대해서, 사문은 규칙적 순서로 한집에서 다음 집으로 다녀야 하며 탁발하는 동안 감사나 실망의 표시를 말하면 안 된다. 그리고 초심자의 受戒에 대해서도 라훌라 授記에[164] 밝혀져 있다.

이와 같이 『大事』는 說出世部의 律藏임을 자칭하고 있고 또한 계율에 관한 언급도 많이 보인다. 하지만 『大事』가 실질적으로 다루고 있는 내용은 석존의 傳記이다. 그런데도 굳이 『大事』는 大衆部 說出世部의 律藏의 一本이라고 주장한 이유는 무엇일까. 앞에서 살펴본 律藏으로서의 『大事』의 성격에 대한 학자들의 이견 외에, Nalināska는 팔리語의 律藏 『大品』(Mahāvagga)과의 서술방식을 비교하여 이유를 덧붙이고 있다. 『大品』에도 『大事』에서 발견되는 비슷한 서술방식이 있음을 지적한다. 즉, 『大品』에 나타나 있는 불타의 正覺, 첫 說法, 초기 개종에 관련된 傳記的 이야기를 포함한, 불타 생활에 관련된 記述을 언급하여, 그 시대의 공통된 記述방식에서 이유를 설명하기도 한다.

그러나 필자는 佛傳문학이라는 관점에서 『大事』의 성격을 구분해 보고자 한다. 佛傳문학은 부파불교 교단에서 생겨났지만 그 주제가 오로지 석존이었기 때문에, 사상의 토대는 점점 '아라한' 성문 제자를 주제로 하는 부파불교를 초월하게 된다. 佛傳문학은 석존을 일념으로 찬

---

160) J. J. Jones, *The Mahāvastu*, volⅢ(The Pali Text Society, London, 1973), p.48.
161) 위의 책, p.229.
162) 위의 책, p.37.
163) 위의 책, p.19.
164) 위의 책, p.301, p.376.

탄하고 석존을 향한 절대적인 귀의와 진실한 믿음을 강조할 때, 자연히
교리적 표현을 넘어서는 문학적 표현이 사용되지 않을 수 없다. 여기
서 佛傳문학을 발전시킨 작가들은 부파에 소속되어 있었지만, 부파를
초월한 유대관계를 가지고 있었으므로, 분명 교리를 논하는 논사들과
는 다른 방향으로 나아가고 있음을 알 수 있다.[165]

그러면 佛傳문학과 율장은 어떤 관련이 있는가. 平川彰은 佛傳문학
은 본래 율장에서 발전했을 것이라는 가능성을 밝힌다.[166] 율장에는
制戒의 因緣談으로서 Nidāna(因緣)나 파계를 훈계하기 위한 교훈비유
〔Avadāna〕가 발달했는데, 율장에 포함된 佛傳이 증광되고 율장에서
떨어져 독립한 것은 니다나나 아바다나와는 다른 의도에 의한 것이라
고 주장한다. 佛傳을 문제 삼게 된 것은 불타가 성불한 인연을 추구하
고 성불을 가능케 한 수행〔本行〕을 밝히려고 했기 때문이라고 한다.

불타가 어떠한 경로를 거쳐 成佛에 도달했는지 그리고 그 사이에 어
떠한 수행을 했는가 하는 등의 문제가 고찰되면서, 불타찬탄의 문학으
로 발전했다고 밝히고 있다. 이러한 점에서 佛傳문학은 자타카(本生)
와 같은 계통에 속하며, 佛傳문학은 계율과 필연적으로 관계가 있는
것은 아니다. 이따금 율장에 있었던 佛傳이 成佛의 인연을 고찰하는
사람들에 의해 이용되어 佛傳문학의 핵이 되었을 것이라고 말한다.

필자는 平川彰의 이러한 견해에 적극 공감한다. 후세 대승보살이 成
佛을 위한 수행으로 十地가 중요하게 대두되면서, 十地說의 기원인 『大
事』는 律藏으로서의 역할보다는 대승보살의 自利·利他의 實踐道의
근거로서 더욱 빛을 발하게 되지 않았을까 하는 추측을 한다. 그래서

165) 권기종, 「初期大乘佛敎의 反部派的 態度와 對應」 『佛敎學報』34집(서울, 불
    교문화연구원, 1997, 12), p.64.
166) 平川彰, 이호근 譯, 『인도불교의 역사』上(서울, 민족사, 1991), p.284.

『大事』는 說出世部의 律藏임은 분명하였지만, 후세로 갈수록 석존을 일념으로 찬탄하고 석존을 향한 절대적인 귀의와 진실한 믿음을 강조하는 佛傳문학의 특성이 강하게 자리 잡게 되었다고 생각한다.

　(2)『大事』의 菩薩

　육바라밀의 보시행에서 보살사상은 이미 아함에서부터 나타나고 있었지만, 十地說은 부파불교시대에 들어서 차츰 그 형태를 보이기 시작하였다. 十地說의 최초는 佛傳167)에 나타난 석존의 過去因行時의 보살수행 階位이다. 그러나 이러한 佛傳에 나타난 十地說은 단순히 十地라고만 하였을 뿐, 十地의 각 階位의 地名은 말하지 않았다.

　그런데 B.C 2세기경에 大衆部 계통인 說出世部에서 편찬하였다고 추정되는 梵文佛傳인『大事』(Mahāvastu)에는 十地의 명칭과 내용이 구체적으로 설해지고 있다. 初地·二地 등의 보살의 行願이 項目的으로 揭示되었고, 또 보살이 그 地를 退失하는 인연조건도 서술되어 있다.

　十地說 가운데서도『大事』의 十地는 후세의 十地와 비교하면 내용적으로 훨씬 소박한 것이다. 그러나 이 十地는 단지 석가보살의 수행계위로서의 十地가 아니라, 이미 일반화된 보살계위로서 설해져 있다.168) 그럼 먼저『大事』에서는 보살을 어떻게 정의하고 있는지 살펴

---

167) 부파불교의 論書에는 완성된 보살의 개념이 나타날 뿐이고 수행의 단계는 나타나 있지 않다. 그런데 이것을 나타낸 것이 다음과 같은 佛傳文學이다.『修行本起經』(『大正藏』3, p.463上);『過去現在因果經』(『大正藏』3, p.623上);『太子瑞應本紀經』(『大正藏』3, p.473中);『佛本行集經』(『大正藏』3, p.682中);『方廣大莊嚴經』(『大正藏』3, p.550中). 그러나 이와 같은 佛傳에는 주로 도솔천에서 시작한 서술이고 그 이전의 보살수행은 알려져 있지 않다. 이것에 대해서 비교적 자세히 설명하고 있는 것은『佛本行集經』과『大事』이다.
168) 水野弘元,「菩薩十地說の發展について」『印度學佛教學研究』1-2號(日本印度學佛教學會, 1953, 3), p.63.

보겠다.

> 보살로 수행하는 동안 그는 有情의 이익과 안락을 추구하며 여러 生을 살았
> 다. 세상의 이익과 그 자신을 위하여 보살은 모든 行을 하였으며, 세상의
> 번영을 추구하는 慈悲 · 德行 · 正義 · 克己와 利他行을 계속하였다.[169]
> 보살들은 부모가 낳는 것도 아니고, 부모와는 상관없이 자기 자신의 공덕에
> 의하여 태어난다.[170]

이처럼 보살은 有情의 이익과 안락 그리고 세상의 번영을 위해서 쉼
없는 利他行을 하는 존재로, 보살의 출생 또한 業力에 의한 果報生이
아니고 스스로의 공덕에 의한 願力生이다. 그리고 위의 經文에서 보살
을 호칭하면서 '보살들을'이라는 표현을 쓰는 것에서, 석존의 일인칭보
살에서 다수의 일반화된 보살들이 등장하고 있음을 확인할 수 있다.
  뿐만 아니라 『大事』는 서두에서 보살은 네 단계의 四種보살이 있다
고 하면서, 四種보살의 구체적인 보살행으로 自性行 · 願性行 · 順性
行 · 轉性行의 四性行[171]을 설하고 있다. 四性行은 『大事』와 밀접한
관계가 있는 『佛本行集經』에도 그 의미가 뚜렷이 나타나 있다.

> 모든 自性行보살은 本性이 이미 현명하고 선량하며 성품이 정직하여 부모
> 의 가르침에 수순하고 사문과 바라문을 믿고 존경하고, ……十善을 具足하
> 고 널리 다른 善業을 닦는다. 모든 願性行보살은 나는 언제 佛이 되어,
> 아라하삼먁삼불타의 十號를 具足할 수 있을까? 하고 願을 세운다. 모든
> 順性行보살은 육바라밀을 성취한다. 모든 轉性行보살은 석존이 燃燈세존
> 께 공양하는 것처럼, 그 인연에 의지하여 讀誦해서 안다.[172]

---

169) J. J. Jones, *The Mahāvastu*, vol I (The Pali Text Society, London, 1973), p.4.
170) 위의 책, pp.114~115.
171) 위의 책, pp.39~52.
172) 『佛本行集經』(『大正藏』3, p.656下).

이와 같이 『大事』에서는 석존의 전생을 四性行보살로 서술하면서 일반화된 보살의 구체적인 보살행으로 이끌어 내고 있다. 즉, 自性行에서 十善과 일체 善業을 닦고, 願性行에서는 十號를 구족한 佛을 서원하고, 順性行에서는 육바라밀을 성취하고, 轉性行[173]에서는 석존이 연등세존께 공양하고, 미래에 석가모니불이 된다는 授記를 받고 더 이상 퇴전하지 不退轉보살이 되는 것이다.

여기서 『大事』에 나타나고 있는 보살에 대해서 좀 더 살펴보기로 하겠다. 앞에서 살펴보았듯이 『大事』는 佛傳문학의 성격이 강하다. 佛傳문학은 부파불교에서 발생하였지만 그 교리는 부파불교를 초월한 사상으로 발전하였다. 그래서 佛傳문학의 사상은 대승의 흥기에 중요한 한 요인이 되기도 하였다.[174] 그래서 佛傳과 대승경전은 밀접한 상관관계가 있지만 본질적인 차이가 있다.

보살에 대해서도 佛傳문학의 보살과 대승의 보살은 분명한 차이가 있다. 佛傳문학의 보살은 이미 미래에 成佛이 결정된 授記보살이다. 현실의 불타를 인정하고 그 원인으로서의 보살의 모습을 고찰한다. 『大事』에서는 同時多佛出世를 인정하기 때문에 보살도 다수이다. 그러나

---

173) 赤沼智善, 「燃燈佛の硏究」 『原始佛敎之硏究』(東京, 破塵閣書房, 1939), p.545; 干潟龍祥, 『本生經類の思想史的硏究』(東京, 山喜房佛書林, 1978), p.94.에서 赤沼智善과 干潟龍祥은 轉性은 '不'字를 잃은 것이고 본래는 不轉性이었다는 의견을 내놓고 있다.

174) 대승불교의 흥기에 대해 학계에서는 대체로 세 가지 원류를 밝히고 있다. 첫째는 부파불교로부터의 발전이다. 지금까지는 대중부가 발전하여 대승불교가 되었다는 것이 일반적인 견해였지만, 다른 부파에서도 대승불교와 공통적인 교리가 많이 발견되면서 부파불교와 대승불교의 복잡한 교리적 관계를 낳고 있다. 둘째는 불전문학이다. 讚佛乘 계통의 불전문학은 부파불교에서 발생하였지만 범부파적인 사상은 대승 흥기의 한 원인이 되었다. 셋째는 불탑신앙이다. 佛滅 후 중인도에 조성된 8基의 불탑을 중심으로 불탑신앙이 성행하였고 이 불탑신앙으로부터 대승불교가 발전하였다고 한다.

그들 보살은 모두 當來成佛이 결정되어 있는 보살이다.

하지만 대승불교의 보살은 단지 보리심을 일으킨 보살이며, 成佛이 결정되어 있지 않으며, 授記도 받지 않은 退墮하는 일도 있는 凡夫보살이다. 물론 대승경전에도 문수 · 보현 · 관음 · 미륵 등의 대보살이 설해져 있지만, 다른 한편으로는 이름도 없는 수행자로서의 보살이 설해지고 있다. 이러한 無名의 수행자가 스스로 보살의 자각을 일으키는 예는 佛傳문학의 보살찬탄에서는 찾아볼 수 없다.

그래서 佛傳문학인 『大事』에 나타난 보살은 석존의 일인칭보살에서, 다수의 일반화된 보살들로 當來成佛이 결정된 授記보살이다. 그러나 대승의 보살은 보리심은 일으킨 當來成佛이 결정되지 않은 凡夫보살이다. 그러므로 『大事』에 나타난 보살과 대승보살은 서로 역사적으로나 교리적으로 밀접한 상관관계가 있지만, 동시에 본질적인 차이가 있음을 간과해서는 안 될 것이다.

(3) 十地의 체계

이제 十地說의 起源에 해당하는 『大事』十地의 명칭과 그 내용[175]을 정리해 보면 다음과 같다.

第1. 難등地 : 아직 범부의 단계로, 보살은 初地에서 捨 · 大悲 · 忍耐 · 겸손 · 일체 經論을 학습 · 용맹 · 世俗出離 · 강한 인내심 등의 8가지 言行을 실천한다. 그리고 여기서 처음으로 正等覺者가 되겠다고 발심하고, 이를 성취하기 위해서는 지옥에도 가겠다고 하고 있다. 第二地로 나아갈 때 보살은 12行相을 인해

---

175) J. J. Jones, *The Mahāvastu*, vol I (The Pali Text Society, London, 1973), pp.53 ~124.

서 다시 初地에 退轉한다.

第2. 結慢地 : 자아의식을 억제한 단계로, 중생이 집착하는 一切有에 대한 嫌惡의 마음이 일어난다. 第二地 보살은 信·友愛·心悅·銳利·廣大·多·深遠·不盡意·不害·不共·高慢·無貪·不退轉·無作·淸淨·堅固·自性·飽滿·個我·無量 등의 20淨意樂을 구비한다. 그리고 初地와 마찬가지로 三地로 나아가는 데 장애가 되는 이익·명예·명성 등의 28種의 退轉 원인을 서술한다.

第3. 華飾地 : 꽃으로 장식한 단계로, 지금까지 보살이 닦아 모은 선근공덕을 모두 일체 중생의 饒益을 위해 버리고 떠난다. 그리고 四地로 나아가지 못하는 退因으로 不正한 도박에 빠지는 것, 자주 은둔을 모색하는 것, 탐욕에 의한 재산약탈 등 14가지 退失이 밝혀져 있다.

第4. 明輝地 : 아름답게 빛나는 단계로, 十善業道가 설해지면서 본격적인 수행이 나타난다. 五地에 진취할 수 없는 退因으로 비구니를 타락시키는 것, 불탑 파괴, 주력으로 남에게 병을 생기게 하는 것 등의 5가지 이유를 말한다. 그리고 明輝地부터는 三惡道에 떨어지는 일이 없고 천상이나 인간에 태어나도 고귀한 몸을 받는다고 한다.

第5. 廣心地 : 넓은 마음을 가진 단계로, 보살은 三界가 三毒의 불에 의해 타버린 일체법을 보기 때문에 절망과 혐오의 마음을 일으켜 많은 부처님을 공양한다. 成佛의 서원을 세운 보살이라도 다음의 4가지 行을 하면 六地로 나아갈 수 없다. 正等覺者의 가르침에 출가했음에도 요가수행자와 교류하는 것, 預流向에 의해 버려진 감각작용을 희망하는 것, 止觀을 많이 수습하지 않는 것, 認識對象에 집착하는 것 등이다.

第6. 具足地 : 훌륭한 모습을 한 단계이다. 이 세간이 아무런 즐거움
도 없이 극도의 고통만이 있음을 感受하여, 삼천세계로부터 구
성되는 61의 佛國土가 설해진다. 보살이 成佛의 서원을 세웠더
라도 想受滅定에 집착하거나 자기의 명성에 집착하는 등의 2
因을 행하면, 七地로 나아갈 수 없다.

第7. 難勝地 : 정복하기가 어려운 단계이다. 初地 이후 德을 구족하
여 모든 有情에게 베풀고 중생들에게 유익한 모든 학술·언
어·금속·보석 등에 대한 지식도 배운다. 그리하여 本生보살
로서의 덕을 완성한다. 보살은 출가생활에 들어가는 것을 비롯
하여, 살생을 금지하는 등의 많은 설법을 한다.

第8. 生緣地 : 王家에 태어날 생명을 받는 경지로, 不退轉의 단계이
다. 석존이 第一地로부터 第八地까지 나아가는 동안에, 선근을
얻기 위해 공양한 諸佛의 명호가 열거된다.

第9. 王子位地 : 왕태자가 된 단계이다. 第八地와 마찬가지로 聖位
에 들어간 사람들의 이름을 들고 있는데, 석존의 系譜에 있는
여러 聖者를 위주로 하고 있다.

第10. 灌頂位地 : 灌頂을 받는 단계이다. 세속적 쾌락에 몰두하지
않고 불타가 되기까지의 出家, 육년 고행과 聖道 등 八圓滿
事가 설해진다.

(4) 『大事』十地에서의 退轉과 不退轉

이와 같은 十地에서 어떤 통일적인 서술이나, 각 행위의 전후가 명
확한 순서가 있어 보이지는 않는다. 각각의 十地는 上階位가 되도록
深化高遠이 되는 수행내용을 설하지 않고, 各地의 修行德目은 原則으

로서 修習해야할 程度를 列擧하고 있다.[176] 하지만 初地에서 二地로 二地에서 三地로 ……하여, 점차로 향상되어 가는 세련된 조직 구조로 되어 있다. 이것은 다시 이러한 十地의 단계에 의하여, 각각 별개로 발달해왔을 찬보살·찬불 문학을 집성하고 있다고 볼 수 있다.[177] 즉, 서원을 세우고 보리심을 발함〔初地〕. 여러 종류의 구도심을 가짐〔二地〕. 身命을 버리고 聞法함〔三地·四地〕. 諸佛에 예배 공양함〔五地〕. 불국토에 태어남〔六地〕. 일체 중생에게 안락함을 주어 本生菩薩로서의 德을 완성함〔七地〕. 그리하여 비로소 불퇴전 보살이 됨〔八地·九地〕. 석가불로서 降誕하여 佛德을 원만하게 함〔十地〕. 이처럼 순차적으로 위로 위로 찬보살하며 찬불하고 있다.

그럼 이와 같은 찬보살·찬불은 결국 어디를 향하고 있는가. 그것은 바로 八地·九地에서 불퇴전이 되는 것을 찬탄하는 것으로 이어진다. 七地에서 일체 중생에게 안락함을 주어 本生菩薩로서의 德을 완성하여, 八地·九地에서 불퇴전이 되어 十地에서만 석가불로서 降誕하여 佛德을 원만히 한다. 그리하여 八地에 있어서 보살이 불퇴전임을 찬탄해 갈 때, 찬탄자도 불퇴전이 되었다는 불퇴전으로 결정되는 점차 깊은 종교체험을 하게 된다. 그리고 마침내 十地에서 석가불의 降誕을 찬불하고, 諸佛의 妙德을 찬불하여, 諸佛을 현전케 하는 진리를 체득하는 것이다.

그런데『大事』의 十地에는 般若·華嚴經類 등의 十地에서는 보이지 않는 특이한 사항이 있다. 그것은 바로 初地에서 第六地까지 총65種의

---

176) 田上太秀,「十地思想における初發心の問題」『宗敎學論集』7집(東京, 駒澤大學 宗敎學硏究會, 1974), p.122.

177) 荒牧典俊,「十地思想의 成立과 展開」, 平川彰 編著, 정순일 譯,『華嚴思想』(서울, 경서원, 1996), p.104.

보살의 退轉의 원인을 설하는 것과 七地이상의 不退轉보살 외에 初地·
三地·四地에서도 不退轉보살에 대해서 서술하고 있는 것이다.178)

그리고 第七地보살에 대해서 七地보살은 첫째로 어떤 이유·어떤
때에도 惡趣에 떨어지지 않으며,179) 둘째로 어떤 不善業을 하여도 누
구도 보살을 지옥으로 이끌 수 없다180)고 밝히고 있다. 그러나 만약
언제라도 어떤 방법으로도 聖者를 비난하면, 第七地에서 아비지옥으
로 退轉한다.181) 즉, 『大事』에서는 第七地보살에도 退轉이 있다는 것
을 나타내고 있다.

이와 같이 十地에서 65種의 보살이 退轉하는 경계의 원인을 설하는
것은 『大事』뿐이고 般若·華嚴經類 등에서는 보이지 않는다.182) 왜냐
하면 일반적으로 退轉이라고 하면 第二地에서 第三地로 진취한 보살
이 방일하여 다시 第二地로 退轉하는 것을 말하지만, 『大事』에서는
第二地의 보살이 第三地로 진취할 수 없는 것을 退轉이라고 표현하고
있기 때문이다. 따라서 退轉·不退轉의 의미가 후세의183) 그것과는 차
이가 있다.

그래서 『大事』의 十地에는 初地에서 第六地까지 退轉·不退轉의

---

178) E. Senart, *Le Mahāvastu*, vol Ⅰ (Paris, 1977), p.80, p.82, p.83, p.97, p.110,
p.127, p.128.
179) 위의 책, p.102.
180) 위의 책, p.104.
181) 위의 책, p.103.
182) 藤村隆淳, 「マハーヴァスツの十地」 『印度學佛敎學硏究』(日本印度學佛敎
學會, 1971, 3), p.142.
183) 『大事』의 十地에서의 退轉은 아비지옥 등의 惡趣에 떨어지는 것이고, 대승
에서는 聲聞·緣覺의 二乘에 떨어지는 것이다. 그리고 초기불교의 退·不退
는 대승과 아비달마에서 말하는 退·不退의 뜻과 같이 복잡한 것이 아니고,
출가자의 修行道에 相反하는 행위가 바로 退轉의 원인이다. 藤村隆淳, 「マ
ハーヴァスツの十地」 『印度學佛敎學硏究』(日本印度學佛敎學會, 1971, 3),
p.143.

二種의 보살이 있고, 또한 第七地보살에도 退轉의 원인이 있음을 알
수 있다. 그리하여 第八地・第九地에서 비로소 不退轉하게 된다.

그리고 十地사상에서 第七地 이하와 第八地 이상을 구별하는 방법
중에 有功用과 無功用이 있다. 第七地까지의 特質은 힘을 들여서 노
력해야 하는 加行이 있는 것이고, 第八地 이상의 特質은 無功用이다.
즉, 第七地까지는 꿈에서도 大激流에 떨어지는 것을 탈출하려고 노력
하는 초조함이 있지만, 第八地에 들어서면 이러한 초조함의 노력이 없
이 覺醒한다. 이러한 有功用과 無功用의 구분은 아직『大事』의 十地
에서는 나타나지 않고, 華嚴十地에서 설명된다. 有功用과 無功用에
대한 것은 華嚴十地에서 다시 자세히 검토하기로 하겠다.

『大事』의 十地는 전체적으로는 本生菩薩인 석존의 전생을 그린 것이
다. 前七地는 在家菩薩의 단계이고 後三地인 八地 이상은 진정한
의미의 보살 즉, 出家菩薩의 단계이다. 그래서『大事』의 十地는 初地
에서 第七地까지의 보살과 第八地 이상의 보살로 구분할 수 있다. 그
리고 그 心相에서 前七地까지는 세속에 대한 嫌厭의 感情, 결국 厭離
의 心情으로 自利的이고 소극적인 행위라고 할 수 있다. 한편으로 第
八地 이상의 보살은 세간에 대한 利他的이고 적극적인 행위의 大悲心
을 일으킨다.[184] 그래서『大事』의 十地說은 大乘思想을 설했던 최초
의 菩薩修行階位라고 말할 수 있다.

그리고 第八地인 불퇴전에서부터 나타난 깊은 종교체험・진리의 체
득이 일종의 공동체적 진리를 체득한다고 생각할 때, 비로소 여기서『般
若經』등의 대승경전이 발달하여 '般若十地', '本業十地' 등이 전개되어
간다는 것도 설명할 수 있을 것이다. 이러한 이유 등으로『大事』의 十

---

184) 田上太秀,「十地思想における初發心の問題」『宗敎學論集』7집(東京, 駒澤
　　大學 宗敎學硏究會, 1974), p.121.

地는 이후의 보살도를 유도하는 전제가 될 수 있다.

그리고 『大事』에는 十善을 비롯한 보살의 여러 실천행이 설해지고 있다. 그러나 아직 육바라밀이라고 하기에는 그 형태가 완전하지는 못하지만, 南傳의 십바라밀과는 다른 北傳의 육바라밀 또는 십바라밀의 기초가 되는 것을 설하고 있다. 보시 · 지계 · 인욕 · 선정 · 지혜가 나와 있을 뿐이고 정진은 第十地를 설명하는 곳에서 처음 나타날 뿐이다. 그래서 『大事』가 제작되었을 때까지도 아직 육바라밀이나 십바라밀은 확립되어 있지는 않았던 것 같다.[185]

『大事』의 十地는 전체적으로 本生菩薩인 석존의 전생을 그리고 있다. 하지만 在家菩薩의 단계를 넘어서 중생의 利他行을 위한 出家菩薩의 단계로까지 보살의 범위를 확대시킨 것은 『大事』十地만의 의미이자 특징이라고 할 수 있다. 그리고 아직 그 형태가 완벽하지는 않지만, 구체적인 각각의 육바라밀을 언급하고 있는 것도 『大事』十地의 중요한 의미일 것이다.

이렇게 『大事』十地는 보살의 개념을 本生菩薩에서 出家菩薩의 단계로 그 의미를 확장시키고는 있지만, 아직 대승보살로서의 분명한 의미와 위치를 부여하고 있지는 못하다. 이것은 아마도 『大事』十地가 부파불교의 다양한 학파속에서 복잡한 교리체계를 바탕으로 성립했음을 보여주고 있는 단적인 예라고도 할 수 있겠다. 그러나 『大事』의 十地說은 소승불교시대의 本生譚을 정리한 것이면서도, 莊嚴된 佛傳으로서 大乘十地說의 효시가 되고 있는[186] 것만은 분명하다.

---

185) 이봉순, 「菩薩思想 成立史의 硏究」(서울, 동국대학교 대학원, 박사학위논문, 1997), pp.128~129.
186) 권탄준, 「華嚴과 解深密經의 十地說 比較」『한국불교학』9집(서울, 한국불교학회, 1984, 12), p.103.

IV

菩薩十地의 成立

1 般若十地

부파불교는 아함의 교설을 매우 논리적이고 철학적으로 체계화하여 아비달마 교학으로 발전시킴으로서 論藏을 성립시켰다. 그러나 불교는 현학적이고 전문적인 교학불교로 치우쳐 지면서, 대중교화의 실천성은 부족하였다. 그리하여 석존의 진정한 불교정신을 되찾으려는 열망은 대승불교운동으로 이어지게 된다.

대승불교는 불교의 궁극적인 목적은 涅槃이 아닌 成佛임을 강조하면서, 自利利他의 보살을 이상적인 인간상으로 내세웠다. 그래서 대승보살은 本生譚이나 佛傳문학에서 보이는 석가불의 前身으로 當來成佛이 예정된 授記보살이 아니라, 모든 사람이 보리심을 일으키면 누구라도 보살이 되는 凡夫보살이다.

『般若經』은 바로 이러한 대승불교의 정신을 가장 먼저 드러낸 경전으로서, 대승불교는 『般若經』의 성립과 함께 시작하였다고 할 수 있을 정도로 초기대승경전 중에서 그 비중이 크다. 『般若經』에서 설하는 가장 중요한 사상은 空思想이다. 『般若經』의 空思想은 이후의 모든 대승경전에서 받아들이게 되고 대승불교의 핵심 교리가 되었다. 般若十地 또한 大乘十地說에 있어서 중요한 단초가 되었다.

般若思想은 대승초기 사상이지만, 般若經典은 오랜 기간에 걸쳐서 성립된 것이므로 『般若經』에도 초기般若와 중기·후기 『般若經』이 있을 수 있다. 그래서 『般若經』은 대체로 『小品般若經』과 『大品般若經』으로 구분되고 있다. 小品系[초기 『般若經』]로는 『八千頌般若經』이 가장 초기이며, 반야경전 가운데 가장 기본적인 형태를 나타내고 있다. 이에 상응하는 漢譯으로는 『道行般若經』(179년 支婁迦讖 譯)이 있다. 그리고 『大明度無極經』(222~228년 支謙 譯)·『摩訶般若波羅

蜜抄經』(265~272년 竺法護 譯)·『小品般若波羅蜜經』(10권 29품, 408년 鳩摩羅什 譯) 등이 있다. 大品系(완숙단계의『般若經』)로는『放光般若波羅蜜經』(291년 無叉羅 譯)·『二萬五千頌般若經』, 또는『摩訶般若波羅蜜經』(일명『大品般若經』, 27권 90품, 404년 鳩摩羅什 譯)과 이것을 해석하는『大智度論』(405년 鳩摩羅什 譯), 그리고『大般若波羅蜜經』第2會(660~663년 玄奘 譯) 등이 있다.

1) 菩薩과 摩訶薩
(1) 菩薩

이제『般若經』에 나타난 보살의 의미를 살펴보고자 한다. 그런데 지금까지의 초기·부파불교에 나타나고 있었던 보살은『般若經』에서 菩薩과 菩薩摩訶薩로 구분된다. 그리고 다른 대승경전에서도 보살이라는 말에 마하살을 덧붙이고 있다. 그럼 먼저『小品般若經』에 나타난 보살의 의미를 살펴보면,

> 세존이시여 부처님께서는 저에게 모든 보살들에게, 반드시 성취해야 할 반야바라밀을 설명하라고 하셨습니다. 세존이시여 보살에게는 어떤 法이 있습니까. 보살을 저는 보지 못했습니다. 어떤 法으로 보살이 됩니까. 세존이시여 저는 보살을 보지 못했고, 보살을 얻지 못했습니다. 또한 반야바라밀도 보지 못했고, 얻지 못했습니다. 그런데 어떻게 보살과 반야바라밀을 가르치겠습니까. 만약 보살이 이런 말을 듣고도 놀라지 않고 두려워하지 않고 낙담하지 않고 물러나지 않고 말한 대로 실천한다면, 이것은 보살과 반야바라밀입니다.[187]

라고 하고 있다. 여기서 보살과 반야바라밀은 볼 수도 얻을 수도 없는

---

187)『小品般若經』(『大正藏』8, p.537中).

空한 것으로, 어떠한 말을 듣고도 놀라거나 두려워하지 않고 말한 대로 실천하는 것이 보살과 반야바라밀임을 말하고 있다. 이러한 『小品般若』의 菩薩觀은 『大品般若』에서 더욱 구체화되고 있다.

> 반야바라밀 또한 다만 이름만 가지고 반야바라밀이라 이름한다. 보살과 보살이란 이름도 또한 다만 이름만 가지고 있을 뿐이다. 이 이름은 안에도 없고 밖에도 없고 중간에도 없다. ……단지 世間의 이름으로 말하는 것일 뿐이다.[188]
> 모든 法은 因緣이 화합된 假名의 施設이다. 보살이라는 이 이름은 五蘊·十二入·十八界·十八不共法으로는 말할 수 없으며, 또한 화합된 法으로도 말할 수 없다. ……일체 모든 法은 모이고 흩어지는 相이므로 얻을 수 없다. 어떻게 보살이라는 이름을 지어서 이것을 보살이라고 말하겠는가.[189]

반야바라밀과 보살은 단지 世間의 이름일 뿐, 실체가 없는 空한 것이다. 諸法은 因緣이 화합된 거짓 이름으로 보살 또한 일체 어떤 法으로도 이름할 수 없는 것이다. 이와 같이 『般若經』에서 보살은 세간의 어떤 언어나 형체, 인연의 法으로도 설명할 수 없는 무집착의 空이다. 이러한 보살에 대한 空의 의미는 『大般若經』에서 一切法에 대한 수행으로까지 확대된다.

> 그러므로 如如한 이 法은 生함도 滅함도 없고, 지음도 함도 없고, 얻음도 취함도 없고, 더럽고 깨끗함도 없다. 그 없다는 것도 없으므로 보살마하살이 반야바라밀다를 수행할 때, 보살이라는 뜻도 없으므로 얻을 수 없다고 관찰함도 그와 같다.[190]
> 수보리야 모든 보살마하살은 一切法은 모두가 없으므로, 걸릴 것도 없고 집착할 것도 없음을 배워야 하고 알아야 한다.[191]

---

188) 『大品般若經』(『大正藏』8, p.230下).
189) 위의 책, p.234下.
190) 『大般若經』(『大正藏』5, p.260中).

이와 같이 진정한 보살은 보살이라는 생각도 하지 않아야 한다. 보살이 '깨달음을 구하는 사람'이라는 뜻이지만, 깨달음을 구하는 사람도 구해야 할 깨달음도 없다고 보는 것이 空의 이론이다. 이것은 다시 "이 것이 보살이다"라고 보살을 정의한다면 그것은 보살에의 집착을 의미하는 것이고, 보살에의 집착은 空의 논리에 위배되는 것이므로 보살이라는 것까지도 집착해서는 안 된다.[192] 이처럼 『般若經』에서 보살은 諸法이 空임을 철저하게 自覺하고 體得한 존재라고 할 수 있다.

(2) 摩訶薩

그런데 『般若經』에서 보살은 큰 변화를 맞이하게 된다. 즉, 보살을 단순히 보살이라고만 하지 않고 菩薩摩訶薩이라고 부르게 된다. 『般若經』에 나타난 보살의 의미만으로도 대승보살의 관념이 충분히 드러나고 있는데, 왜 굳이 『般若經』뿐만 아니라 기타의 대승경전에서는 보살과 마하살로 구분하고 있을까.

그것에 대해 필자는 두 가지 이유를 밝히고자 한다. 첫째는 초기·부파의 菩薩觀과 대승의 菩薩觀의 현격한 차이를 두기 위해서, 둘째는 대승경전 각각의 사상을 확실히 드러내기 위해서, 마하살이란 칭호를 대승불교에서 새롭게 창안하여 사용하지 않았을까 하는 추측을 한다.

앞에서 살펴보았듯이 아함의 보살은 석존의 過去因行時 석가보살 한 분을 뜻하거나 미래불인 미륵보살만을 칭했다. 그리고 부파의 보살도 석존의 전생을 그린 本生菩薩이었다. 그러나 대승불교에서는 기존의 보살의 의미보다 더욱 확대 발전된 보살이 필요했고, 또한 각 대승

---

191) 위의 책, p.261下.
192) 권기종, 「大般若經에 나타난 菩薩의 意味」 『菩薩思想』(서울, 太空宋月珠華甲紀念論叢, 1996), pp.292~293.

경전의 특성을 발휘하고 책임질 위대한 역할이 절실했다.

그래서 대승보살의 의미를 더욱 강하게 표현할 뿐만 아니라, 각 대승경전의 사상을 피력하고 대표할 수 있는 강력한 대상으로 마하살의 칭호를 사용하지 않았을까! 하는 생각을 하게 된다. 이러한 필자의 견해는 마하살의 의미를 검토해 보면 쉽게 이해가 간다. 『大品般若』에서는 마하살이라고 부르는 이유에 대해서 다음과 같이 설하고 있다.

> 보살은 반드시 열반에 드는 무리 가운데 [必定衆] 上首가 되기 때문이다.[193]
>
> 我見·衆生見·壽見 등의 모든 소견을 끊도록 說法하기 때문에 마하살이라고 한다.[194]
>
> 아뇩다라삼먁삼보리의 마음은 비교할 수 없는 마음으로, 聲聞이나 辟支佛의 마음과는 다른 一切智心이다. 이 一切智心은 번뇌가 없고 얽매임이 없으며, 또한 번뇌가 없고 얽매임이 없다는 것에도, 집착하지 않기 때문에 마하살이라고 한다.[195]
>
> 보살은 큰 서원으로 장엄하고 대승으로 나아가고, 대승에 오르기 때문에 마하살이라고 부른다.[196]

이와 같이 보살을 마하살이라고 부르는 이유는 모든 大衆 [必定衆][197] 가운데 上首가 되고 일체의 모든 소견을 끊도록 說法하기 때

---

193) 『大品般若經』(『大正藏』8, p.243中).
194) 위의 책, p.244上.
195) 위의 책, p.244中.
196) 위의 책, p.244下.
197) 必定衆은 性地人·八人·須陀洹·斯陀含·阿那含·阿羅漢·辟支佛·初發心菩薩·阿惟越致菩薩을 말한다. 『大智度論』「釋摩訶薩品」(『大正藏』25, p.382中 이하)에서는 必定衆을 畢定衆으로 표현하고 있는데 해석하면 반드시 定을 성취한 무리 즉, 열반을 성취한 무리라는 뜻이다. 『大智度論』에 의하면 性地人은 聖人性 중에 태어난 사람이며, 八人은 四諦를 배워 初地에 든 八地人이다. 그리고 阿惟越致菩薩은 불퇴전보살을 말한다. 여기에 설해진

문이다. 즉, 마하살은 『般若經』의 空사상을 투철하게 증득한 반야보살
이다. 그래서 마하살은 聲聞·辟支佛과는 차원이 다른, 一切智心의 아
뇩다라삼먁삼보리의 마음으로, 일체에 집착하지 않는 반야 空을 실천
하는 반야보살이다. 또한 마하살은 대승의 큰 서원을 실천하는 대승보
살이다.

이러한 經文에서 굳이 보살을 다시 마하살을 더하여 칭한 까닭을 분
명히 알 수 있다. 즉, 『般若經』에서 보살마하살은 『般若經』의 교리와
사상을 위대하게 수행·실천·설법하는 적임자인 동시에, 대승의 큰
서원을 위대하게 수행·실천·설법하는 적임자인 것이다.

마하살(māha-sattva)은 大心·大士·大衆生·大有情으로 漢譯되고,
보살에 대한 존칭·위대한 뜻을 지니는 사람·大菩提를 추구하는 사
람에 대한 통칭·위대한 사람·大衆의 上首가 되는 사람 등의 뜻을 지
니는 것으로 정의되고 있다. 이러한 마하살의 뜻에서도 마하살이 지닌
강력한 의미를 짐작할 수 있는데, 그러면 보살마하살의 궁극적인 임무
는 무엇인가.

보살마하살의 궁극적 임무는 보살마하살의 구체적인 수행내용을 살
펴보면 쉽게 파악할 수 있다. 하지만 보살마하살의 수행은 般若十地에
서 상세히 검토해 보기로 하고 여기서는 전체적인 보살마하살의 임무
만을 살펴보기로 하겠다.

賢聖은 각각 궁극의 지위에 도달한 수행자들이다. 四果와 辟支佛은 聲聞의
최고 수행계위이고 初發心菩薩과 阿惟越致菩薩은 반야의 보살들이다. 이러
한 점에서도 마하살은 초기·부파의 四果와 대승초기의 보살들 모두를 뛰어
넘는, 위대한 上首라는 강한 뜻을 내포하고 있음을 알 수 있다. 그리고 玄奘
譯의 『大般若經』(『大正藏』5, p.263上)에는 必定衆이 大有情衆으로 나타나
있다.

> 모든 보살마하살은 世間을 평안하게 하기 위해서, 아뇩다라삼먁삼보리의
> 마음을 일으킨다. 世間을 즐겁게 하기 위해서, 世間을 구하기 위해서, 世間
> 의 돌아갈 곳이 되기 위해서, 世間의 의지처가 되기 위해서, 世間의 피난처
> 가 되기 위해서, 世間의 究竟道가 되기 위해서, 世間의 훌륭한 인도자가
> 되기 위해서, 世間의 나아갈 곳이 되기 위해서, 아뇩다라삼먁삼보리의 마음
> 을 일으킨다.198)

이와 같이 보살마하살은 아뇩다라삼먁삼보리의 마음으로, 世間의
평안과 즐거움 · 의지처 · 피난처 · 究竟道 · 인도자 등의 임무를 수행한
다. 여기에 나타난 보살마하살의 임무에서 보살은 깨달음만을 구하는
보통의 수행자가 아니다. 어찌 보면 부처님과 같은 역할을 담당하고
있다. 대승불교가 출발에서 불교의 궁극적인 목적은 涅槃이 아닌 成佛
을 주장하면서, 自利利他의 보살을 이상적인 인간상으로 내세웠던 근
거를 보살마하살의 임무에서 정확히 확인할 수 있다.

보살마하살은 대승불교에서 제2 제3의 석가모니불, 또는 누구라도
보리심을 일으켜 수행하여 보살마하살佛이 되어 일체 중생을 구제하
는 것이 보살마하살의 진정한 임무가 아닐까. 그래서 필자는 보살마하
살은 대승불교의 多佛사상에 많은 영향을 끼쳤다고 생각한다.

2) 四位說

대승에서는 觀世音菩薩 · 文殊菩薩 · 普賢菩薩 등 무수한 보살이 등
장하고, 급기야 사부대중 누구나 보살을 서원하고 보살행을 실천하는
대승보살이 나타난다. 그리고 十地說도 『大事』의 十地가 전체적으로
석존의 전생을 그린 本生菩薩의 계위였다면, 般若十地는 "是名發大乘
心"199)이라 하여 大乘心을 일으킨 大乘菩薩의 수행계위이다. 이러한

---

198) 『大品般若經』(『大正藏』8, p.331下).

대승보살을 『小品般若經』에서는 新學菩薩이라고 부르면서, 이 보살
의 修行道를 육바라밀을 중심으로 하여 初發意·久發意·不退轉·一
生補處 등의 네 단계로 설정하고 있다.

『般若經』에서 설하는 보살의 대표적인 修行道로는 四位說과 十地
說이 있다. 菩薩四位에 대해서는 『小品般若』와 『大品般若』에 각각
나타나고 있는데, 그 명칭과 수행내용은 일정하지 않다.

小品類의 四位
　『道行經』　①初發意　②隨般若波羅蜜者　③得阿惟越致　④得佛
　『明度經』　①初發意　②隨　明　度　③不　退　轉　④無上正眞道
　『小品經』　①初發意　②行六波羅蜜　③阿毘跋致　④一生補處
大品類의 四位
　『放光經』　①初發意　②至于十住阿惟顔　③阿惟越致　④一生補處
　『大品經』　①初發意　②第二地 第三地　③乃 至 十 地　④一生補處
　『大智度論』①新發意　②久　發　意　③不　退　轉　④一生補處

이와 같이 四位說에 대한 언급은 많다. 그래서 이상의 많은 경전을
토대로 四種菩薩에 대해서 설명하는 것은 쉽지 않으므로, 『大品般若
經』과 『大智度論』을 중심으로 四種菩薩의 수행계위를 살펴보기로 하
겠다.

(1) 新發意菩薩

新發意菩薩은 初發意·初發心·新發心·新學보살 등 여러 가지로
불린다. 新發意菩薩에 대해서 『大智度論』에서는,

반야바라밀의 隨喜에 대한 뜻을 新學菩薩 앞에서는 말하지 말라. 왜냐하면

199) 『小品般若經』(『大正藏』8, p.538下).

복덕과 善根이 작은 자가 畢竟空의 法을 들으면, 곧 空에 집착하여 이렇게 생각한다. 만일 一切法이 畢竟空 無所有라면, 나는 무엇을 위해 복덕을 짓는가. 그리하여 곧 善業을 忘失한다. 그러므로 新發意보살 앞에서는 먼저 相을 취하는 隨喜를 가르치고, 점차 方便力을 얻게 한 뒤에, 無相의 隨喜를 행하게 하라.[200]

라고 말하고 있다. 新發意菩薩은 成佛하여 일체중생의 괴로움을 없애고 기쁨을 주겠다는 念願을 굳게 일으킨 보살이지만, 아직 一切皆空觀에 대한 투철한 믿음이 없기 때문에 新發意菩薩에게는 먼저 相을 취하는 隨喜를 가르친 후, 점차로 無相隨喜를 행하게 해야 한다.[201] 新發意菩薩은 諸法의 無所有·畢竟空性 즉, 諸法實相을 깨닫지 못했다. 그래서 新發意菩薩에게는 甚深한 반야바라밀을 설해서는 안 된다.

그럼 新發意의 단계에서 보살은 어떤 수행을 하는가. 初發意 때에 보살은 初禪 내지 四禪, 四無量心과 四無色定을 얻고, 四念處 내지 十八不共法을 수행한다.[202] 여기서 四念處와 十八不共法 속에 생략된 수행덕목은 四正勤·四如意足·五根·五力·七覺支·八正道의 三十七助道法과 空·無相·無作의 三解脫門 그리고 육바라밀, 그리고 佛의 十力·四無所畏·四無礙智·大慈大悲 등이 들어간다.

따라서 初發意菩薩이 닦는 수행 덕목은 아함부의 수행 덕목[四禪부터 三解脫門]과 반야부의[육바라밀] 수행과 법화 화엄부[十力부터 十八不共法]의 수행덕목을 모두 전제하고 있음을 알 수 있다.[203] 新發意菩薩은 菩薩四位의 최초 단계에 불과하지만, 궁극적인 깨달음을 얻기

---

200) 『大智度論』(『大正藏』25, p.489下).

201) 위의 책, p.524下.

202) 『大品般若經』(『大正藏』8, p.226上).

203) 최봉수, 「般若部 경전의 菩薩四位에 대한 일고찰」, 『불교학보』34집(서울, 동국대학교출판부, 1997, 12), p.335.

위한 수행에 있어서는 어느 한 곳에 치우친다거나 제한을 두지 않고 있는 것이다. 비록 新發意菩薩 단계에서 이들 수행이 완성되는 것은 아니나, 이 모든 수행을 빠지지 않게 전제하고 있음을 주목해야 할 것이다.

(2) 久發意菩薩

久發意菩薩의 또 다른 명칭인 行六波羅蜜보살에서 알 수 있듯이, 久發意菩薩[204]은 긴 시간 동안 육바라밀을 행하고, 모든 부처님께 많이 공양하고, 善根을 심고 선지식과 함께 自相空法을 잘 배우는 보살이다. 그래서 久發意菩薩은 信心이 견고하여 능히 깊은 반야바라밀을 믿고 받아들일 수 있다.[205] 初發意에는 비록 수행이 있으나 오래 수행하지 않았기 때문에 수행이라고 말하지 않는다.[206] 그러나 久發意菩薩은 오래 동안 수행하였다.

(3) 不退轉菩薩

不退轉菩薩에 대해서 『大智度論』에서는 다음과 같이 설명하고 있다.

> 보살이 一切法이 不生・不滅・不不生・不不滅・不空・非不空임을 觀하고, 이와 같이 諸法을 觀하여 三界에서 해탈을 얻고, 空으로써도 아니고 非空으로써도 아닌, 一心으로 十方諸佛이 작용하는 實相智慧를 믿고 깨닫는다. 능히 무너짐도 없고 움직임도 없는 것, 이것을 無生法忍이라고 부른다. 無生法忍이 바로 阿惟越致地이다. 또한 菩薩位에 들어가면 阿惟越致地이고, 聲聞・辟支佛地를 지나면 阿惟越致地라고 부른다.[207]

---

204) 『大智度論』(『大正藏』25, p.489上).
205) 위의 책, p.528中.
206) 위의 책, p.262下.
207) 위의 책, p.263下.

不退轉菩薩은 無生法忍을 얻고 菩薩位에 들어간, 聲聞·緣覺의 경지를 넘어선 阿惟越致보살을 말한다. 위의 經文에서 不退轉菩薩에게 가장 중요한 요건은 一心으로 諸法實相의 無生法忍을 깨닫는 것이라고 할 수 있다. 無生法忍208)은 不退轉菩薩의 위치를 단적으로 규정해 주는 것으로, 無生法忍은 다른 대승경전에서도 사용되는 술어이다.

華嚴十地에서는 제8 不動地菩薩이 無生法忍과 관련이 있다. 不退轉菩薩은 제2位 久發意菩薩을 원인으로 하는 果報의 성격이 두드러진 단계이면서, 다시는 의심을 일으키지 않는 단계이다. 그래서 不退轉菩薩은 이 단계에서 發意·修行·大悲·方便을 具足하고, 이 四法을 행하여 菩薩位에 들어갔으므로 다시는 聲聞地나 緣覺地에 떨어지지 않는다.

(4) 一生補處菩薩

一生補處菩薩은 一生만 인간 세상에 태어나 수행을 완성하고 成佛할 보살을 말한다. 그래서 一生補處菩薩을 最後身보살이라고도 한다. 『大品般若』에서는 一生補處菩薩에 대해서 다음과 같이 설명하고 있다.

一生補處菩薩은 도솔천에서 목숨을 마치고는 이 세상에 태어난다. 이 보살은 육바라밀을 잃지 않으며, 태어나는 곳마다 일체의 陀羅尼門과 모든 三昧門이 빨리 앞에 나타난다.209)
어떤 보살마하살은 一生補處로서 반야바라밀을 행하고, 方便力으로 初禪 내지 四禪에 든다. 慈心 내지 捨心에 들고, 虛空處 내지 非有想非無想處에 든다. 그리고 四念處 내지 八聖道를 닦고, 空·無相·無作三昧에 든다.

208) 『大品般若』에서는 無生法忍을 "이 가운데에서는 나아가 조금의 法도 얻을 수가 없고, 얻을 수가 없기 때문에 짓지 않고 짓지 않기 때문에 生하지 않는다"라고 말하고 있다. 『大品般若經』(『大正藏』8, p.341中).
209) 『大品般若經』(『大正藏』8, p.225中).

그러나 禪定을 따라 태어나지 않고, 부처님이 계신 곳에 태어나서 梵行을 닦는다.[210]

위의 경문에서 一生補處菩薩의 住處는 부처님이 계신 곳과 도솔천이고, 수행은 육바라밀·반야바라밀·四禪·四念處·八聖道·空三昧·無相三昧·無作三昧 등을 닦아서, 慈心·捨心·虛空處·非有想非無想處에 들게 됨을 알 수 있다.

그런데 一生補處菩薩이 一生만 지나면 생사윤회에 얽매이지 않고 윤회를 초월하는 궁극의 단계이지만, 一生補處菩薩이 닦는 수행에 대해서는 반야바라밀을 행한다는 것 외에는 그렇게 특별한 것이 보이지 않는다. 또한 一生補處菩薩이 지니는 덕성이나 一生補處菩薩位에 도달하기 위한 조건 등도 구체적으로 설해져 있지 않다. 그리고 보살의 階位說에 있어서도 중요한 위치를 차지하고 못하고 있는 듯하다.

이와 같은 一生補處菩薩位에 대한 의문점을 필자는 아함의 沙門四果와 같은 사상적 맥락에서 그 이유를 찾아보고자 한다. 平川彰은 四位說은 대승경전에 있어서 보살의 계위로서는 가장 간단한 것이고, 이것이 간단하지만 聲聞의 계위를 포함하지 않는 대승의 독자적인 계위[211]라고 말하고 있다. 그러나 필자는 菩薩四位說에 聲聞의 계위가 포함되지 않은 대승의 독자적인 계위라고는 생각하지만, 四位說의 구조와 형태는 아함의 沙門四果와 많은 관련이 있다고 생각한다. 그래서 沙門四果와 菩薩四位說을 도표화해서 비교 검토해 보고자 한다.

---

210) 위의 책, p.225下.

211) 平川彰, 이호근 譯, 『인도불교의 역사』上(서울, 민족사, 1991), p.327. 또한 平川彰은 『初期大乘佛敎의 硏究』Ⅰ(東京, 春秋社, 1992), pp.401~403.에서 『般若經』의 四種菩薩 階位는 『大事』와 『佛本行集經』에서 설한, 自性行·願性行·順性行·轉性行〔또는 不轉性行〕의 四性行에서 유래하였다고 주장한다.

沙門四果	菩薩四位
預流 · 須陀洹-천상과 인간에 일곱 번 왕래하는 자	新發意-새로운 대승의 마음을 일으킨 자
一來 · 斯陀含-천상과 인간에 한 번 왕래하는 자	久發意-육바라밀을 오래 행하는 자
不還 · 阿那含-人間世에 돌아오지 않는 자	不退轉-聲聞 · 緣覺의 경지로 물러서지 않는 菩薩位에 든 자
阿羅漢-일체 번뇌를 끊고 해탈에 이른 자	一生補處-한번 人間世에 태어남이 있는 자

　이와 같이 아함의 沙門四果說은 단순히 번뇌의 소멸에 입각해 수행자의 경지를 나눈 것이 아니라, 천상과 인간으로 상징되는 두 法의 세계를 오르내리는 역동적인 움직임 속에서 이 교설의 참된 의미를 추구하게 하는 것이다. 곧 沙門四果의 이해에 去 · 來 개념이 집요하게 깔려 있음을 간과해서는 안 된다.212) 천상과 인간으로 상징되는 두 법의 세계를 가고 오는 개념으로 구축되어 있는 것이 沙門四果의 구조임을 이해해야 하는 것이다. 그리고 四果의 住處는213) 인간에서 천상〔수다원〕→천상에서 인간〔사다함〕→인간에서 다시 천상〔아나함〕→천상에서 다시 인간〔아라한〕이라는 곡선을 그리고 있다.

　이렇게 수행계위로서 천상과 인간에의 왕래를 설한 沙門四果만의 독특한 구조는 번뇌의 단계적 滅을 통하여 아라한을 증득하는데 있으며, 궁극적으로 生老病死의 윤회의 고통으로부터의 해탈에 있다고 할 수 있다. 그래서 四果의 天人往生說은 점진적인 수행을 통하여, 일체 번뇌를 끊은 阿羅漢果를 증득하여, 離苦得樂의 열반으로 나아가는데

---

212) 최봉수, 「般若部 경전의 菩薩四位에 대한 일고찰」, 『불교학보』34집(서울, 동국대학교출판부, 1997, 12), pp.346～347.
213) 고익진, 『아함법상의 체계성 연구』(서울, 동국대학교 출판부, 1990), p.112.

그 목적이 있다. 그러나 沙門四果의 수행계위는 일체 번뇌를 끊고 완전한 해탈을 얻은 阿羅漢의 단계를 벗어나지 못하고 있다. 즉, 阿羅漢은 一身의 소승적인 해탈과 열반의 성취에 머물러 있고 대승적인 해탈과 열반의 보살행으로 나아가지 못하고 있다.

菩薩四位說도 단순히 육바라밀 수행에 의한 경지의 차이를 네 단계로 나누기 보다는 此岸과 彼岸으로 상징되는 두 法의 세계를 오르내리는 흐름 속에서, 菩薩四位의 진정한 의미를 파악하게 하는 면이 있다. 즉, 新發意［此岸·人］→久發意［彼岸에 가까운 곳·天에 가까운 곳］→不退轉［此岸·人］→一生補處［彼岸·天］214)로의 움직임 속에서 파악함으로서, 菩薩四位說도 아함의 沙門四果와 비슷한 구조임을 알 수 있다.

반야의 菩薩四位說이 대승보살을 표방하고 대승보살의 階位를 설정하고 있지만, 내용은 대체로 육바라밀 수행에 많은 무게가 실려 있다. 新發意菩薩은 새로운 대승의 마음을 일으키고, 久發意菩薩은 육바라밀을 행하고, 不退轉菩薩은 無生法忍을 얻은 菩薩位에 든 보살이고, 一生補處菩薩은 般若思想에 있어 최상의 위상인 반야바라밀을 성취

---

214) 최봉수, 「般若部 경전의 菩薩四位에 대한 일고찰」『불교학보』34집(서울, 동국대학교출판부, 1997, 12), pp.347~350.에서 최봉수는 菩薩四位에 대한 此岸·彼岸의 위치 구분에 대해서 다음과 같이 설명하고 있다. 初發意菩薩［新發意菩薩］은 대승에 처음으로 닿아 선 시작의 위치이므로 此岸으로, 久發意菩薩［행육바라밀보살］은 바라밀다를 향하여 가고 있으므로, 어떤 특별한 위치가 정해질 수 없지만 바라밀다에 가까운 곳 즉, 彼岸에 가까운 곳으로 보아야 한다. 그리고 不退轉菩薩은 흔히 彼岸에 도달하여 그곳에서 물러서지 않는다라고 볼 수도 있으나, 오히려 此岸에서 물러서지 않는다는 뜻도 충분히 성립하기 때문에 此岸으로 한다. 특히 不退轉菩薩은 聲聞·緣覺의 지위에 떨어지지 않는 大乘菩薩位로, 이 대승이 존재하는 위치는 바로 此岸이기 때문에 不退轉菩薩의 住處는 此岸이다. 一生補處菩薩은 최종적인 보살지위에 이른 자이므로 彼岸으로 규정하고 있다.

한 보살이다.

阿羅漢이 一身의 소승적인 해탈과 열반의 성취에만 머물러 있고 별다른 종교적인 활동이 없는 것처럼, 一生補處菩薩 또한 반야바라밀을 행하고 성취한 것 외에는 그렇게 특별한 수행이 보이지 않는다. 그래서 四位說이 비록 聲聞의 계위가 포함되지 않은 대승의 독자적인 계위이지만, 一生補處菩薩은 아직 四果의 아라한의 경지와 비슷하고 그 활동 또한 대승보살의 원대한 보살행으로까지는 이어지지 못하고 있는 것 같다.

이처럼 반야의 菩薩四位說은 아함의 沙門四果와 비슷한 구조와 형식을 취하여 새롭게 대승의 보살계위를 세웠지만, 반야바라밀의 성취 외에는 사상적으로나 신앙적으로 아직 대승의 독자적인 보살행으로까지는 발전시키지 못하고 있는 것 같다. 그래서 一生補處菩薩이 一生만 지나면 생사윤회에 얽매이지 않고 윤회를 초월하는 대승菩薩位 단계이지만, 一生補處菩薩이 닦는 수행과 一生補處菩薩位에 도달하기 위한 조건 등이 구체적으로 설해져 있지 않으며, 특히 一生補處菩薩位에 오르고 난 후의 一生補處菩薩이 지니는 덕성이나 중생교화를 위한 보살행이 자세히 보이지 않는 것 같다.

3) 十地說

그런데 『般若經』에는 이상의 四地說외에도 凡夫地 · 聲聞地 · 辟支佛地 · 如來地의 四地, 혹은 如來地의 앞에 菩薩地를 추가하는 五地說[215]이 있다. 平川彰은 이 五地說의 계위를 더욱 상세히 한 것이 『大品般若經』의 '共의 十地說'[216]이라고 말한다. 凡夫地에 乾慧地와 性

---

215) 『大品般若經』(『大正藏』8, p.831上).
216) 平川彰, 이호근 譯, 『인도불교의 역사』上(서울, 민족사, 1991), p.327.

地를 열고, 聲聞地에 八人地·見地·薄地·離欲地·已作地의 五地를
열고, 그 위에 辟支佛地·菩薩地를 추가한 것이다. 이 十地說은 前七
혹은 八地가 聲聞乘이나 辟支佛乘과 공통이므로, '共의 十地說'이라고
한다. 이 共의 十地說이 바로 般若十地이다.

　이와 같이 大品般若經類에서는 小品般若經類의 菩薩四位說을 계
승하면서도, 그것에 만족하지 않고 般若 특유의 十地[217]를 설하였다.
般若十地의 성립에 대해서 十地의 원형은 부파시대의 人施說의 整理
에 歸着되며, 般若十地의 名目은 十地 중에서 가장 원시적[218]이라는
주장이 있다. 이것은 般若十地의 初地부터 第七地까지의 명칭과 의미
가 모두 성문의 階位에 따라 책정된 의도가 많고, 또한 부파아비달마
의 敎學에 공통하는 요소를 지녔기 때문에 그렇게 주장한 것 같다.

　그러므로 般若十地가 『般若經』의 제작자들에 의해 조직되기는 하
였어도, 七地까지는 부파불교에서 발달한 것을 차용한 것이라는 주장
이 있어왔고, 그 후로 이러한 설이 점차 학계에서 승인되어 정리되었
다.[219] 또한 般若十地는 불전문학에서 이미 설한 육바라밀을, 어떻게
하여 대승보살도의 수행도로서 완성시키는가 하는 새로운 시대적 요구
에 응하여 발전한 것이라는 주장[220]도 있다. 그리고 般若十地는『十住

---

217) 小品類에서는 菩薩四位에 대한 각 경전의 해석이 初發意·久發意·不退
　　轉·一生補處 등의 네 단계에 큰 변화가 없다. 하지만 大品類에서는 많은
　　변화가 보이는데『放光經』의 第二位 至于十住阿惟顏에 十住가 나타나고,
　　또한『大品經』의 第三位 乃至十地에서는 十地가 나타난다. 이것은 대승보살
　　의 수행도에 十地가 나타나는 것으로서는 최초라고 할 수 있다.
218) 久野芳隆,「菩薩十地思想의 起源·展開 及び內容」『大正學報』6·7合倂號
　　(東京, 大正大學出版部, 1930), pp.72~73.
219) 平川彰,『初期大乘佛敎의 硏究』I (東京, 春秋社, 1992), pp.453~501.
220) 장계환,「菩薩十地說의 전개」『한국불교학』15집(서울, 한국불교학회, 1990,
　　12), p.233.

斷結經』 등의 十地說을 받아서 출현하였다는[221] 의견도 있다.

이와 같이 般若十地의 성립에 관해서는 大事十地와 本業十地, 그리고 華嚴十地와의 상관관계에서 논의해야 할 부분이 많다. 이 문제는 앞으로 계속해서 고찰하기로 하고, 지금부터는 般若十地說에 대해서 살펴보겠다.

(1) 無名十地

般若十地에는 無名十地와 有名十地의 두 종류의 十地說이 있다. 구마라집역 『大品般若經』 제20 「發趣品」에는 두 가지 十地가 설해져 있는데, 하나는 初地·二地·三地 ······ 十地라고 단지 숫자로만 설명된 十地가 있고, 또 하나는 乾慧地·性地·八人地·見地·薄地·離欲地·已作地·辟支佛地·菩薩地·佛地의 명칭이 있는 十地가 있다. 이 두 十地 중에서 十地의 내용이 자세히 언급되어 있는 것은 無名十地이다. 그러면 먼저 無名十地의 내용부터 살펴보겠다.

初地 : 깊고 견고한 마음, 일체중생에 대한 평등심, 보시를 베풀고, 선지식을 친근하고 스스로를 높이지 않고, 法을 구하고, 항상 出家하

---

221) 水野弘元, 「菩薩十地説の發展について」 『印度學佛教學研究』 1-2號(日本印度學佛教學會, 1953, 3), p.66.에서 水野弘元은 般若十地는 『十住斷結經』과 『菩薩瓔珞經』의 十住地의 영향을 받아서 발전하였음을 주장하고 있다. 먼저 修行項目에서 般若十地는 初地에서 十事를 행하고, 第二地에서 八法을 念하고, 第三地에서 五法을 행하고, 第四地에서 十法을 행하고, 第五地에서 十二法[또는 十法·八法]을 여의고, 第六地에서 六法을 구족하고, 第七地에서 二十法을 여의고, 第八地·第九地에서는 각 四法[또는 五法]을 구족하고, 第十地에서 二十法을 구족한다. 『十住斷結經』도 第二住地에서 八法을 닦고, 第三住地에서 五法을, 第五住地에서 二十法을, 第六住地에서 六法을 닦는다. 그리고 第十住地의 설명에서 『十住斷結經』·『菩薩瓔珞經』과 『般若經』은 第十住地를 佛位와 대등하게 그 보살은 佛如來라고 칭하고 있다.

고, 佛身의 愛樂, 法을 널리 펴고, 교만심을 파괴하고, 진실한 말 등의
十事를 행한다.

二地 : 戒의 淸淨, 은혜를 알고 은혜를 갚고, 忍辱의 힘에 머물고,
歡喜를 받고, 일체 중생을 버리지 않고, 大悲心에 들고, 스승을 믿고
공경하여 자문을 받고, 부지런히 모든 바라밀을 구한다 등의 八法을
항상 생각한다.

三地 : 학문에 싫증내지 않으며, 법보시를 깨끗이 하고 또한 스스로
를 높이지 않고, 불국토를 청정히 하고 또한 스스로를 높이지 않고, 세
간의 무량한 괴로움을 받더라도 싫어하지 않으며, 慚愧하는 곳에 머무
른다 등의 五法을 행한다.

四地 : 阿蘭若의 住處를 버리지 않고, 욕심이 적으며, 만족할 줄 알
고, 頭陀 공덕을 버리지 않고, 戒를 버리지 않고, 모든 욕심을 싫어하
고, 世間心은 싫어하고 涅槃心을 따르고, 일체의 소유를 버리고, 마음
이 침몰하지 않고, 일체의 재물을 아끼지 않는다 등의 十法을 받아 행
한다.

五地 : 五地보살은 다음과 같은 十二法을 멀리 떠난다. 세속인과 친
함을, 비구니를, 타인의 집을 탐하거나 아낌을, 무익한 담화를, 瞋恚를,
自大를, 蔑人을, 十不善道를, 大慢을, 自用을, 顚倒를, 음욕·성냄·어
리석음 등의 十二法을 멀리 떠난다.

六地 : 聲聞·辟支佛의 뜻을 짓지 않고, 보시하고 근심하지 않으며,
원하는 물건을 보았을 때 마음을 빼앗기지 않고, 가진 재물을 보시하
고, 보시한 후 마음으로 후회하지 않고, 깊은 法을 의심하지 않는다 등
의 六法 즉, 육바라밀을 구족한다.

七地 : 七地보살은 다음과 같은 我, 중생, 수명, 중생 數와 아는 것
보는 것, 斷見, 常見, 作相, 作因見, 名色, 五陰, 十八界, 十二入, 三界

등에 집착하지 않고, 著處, 所期處, 依處 등을 짓지 않고, 依佛見, 依法見, 依僧見, 依戒見에 집착하지 않는다 등의 二十法에 집착하지 않는다. 또한 다음과 같은 二十法을 具足한다. 空을 구족하고, 無相을 증득하고, 無作을 알고, 三分을 淸淨히 하고, 일체 중생에 대한 慈悲와 지혜를 구족하고, 일체 중생을 생각하지 않고, 일체 法을 평등이 관하고, 諸法實相을 알더라도 마음에 두지 않고, 無生法忍을 구족하고, 無生智를 구족하고, 諸法一相을 설하고, 分別相을 파하고, 憶想을 바꾸고, 見을 바꾸고, 번뇌를 바꾸고, 定慧地에 오르고, 뜻을 가지런히 하고, 心寂滅을 구족하고, 無閡智를 구족하고, 오염된 애착을 하지 않는다 등의 二十法을 구족하여 만족한다.

八地 : 衆生心에 들어가는 것에 수순하고, 모든 신통에 遊戱하고, 諸佛의 국토를 보고, 부처님의 국토를 본 것과 같이 스스로도 국토를 장엄하고, 佛身을 如實하게 관찰하여 스스로도 佛身을 장엄한다 등의 五法을 구족한다. 그리고 上下의 모든 근기를 알고, 佛國土를 청정히 하고, 如幻三昧에 들고, 항상 三昧에 들고, 중생이 응하는 善根에 따라 몸을 받는다 등의 五法도 구족한다.

九地 : 無邊世界의 중생을 제도할 만큼 받아들이고, 보살은 소원하는 대로 얻으며, 모든 하늘·용·야차·건달바의 말을 알아 설법하고, 태생의 성취, 집안의 성취, 출생의 성취, 신분〔姓〕의 성취, 권속의 성취, 出世의 성취, 出家의 성취, 莊嚴佛樹의 성취, 일체 모든 착한 공덕을 성취한다 등의 十二法을 원만히 구족한다.

十地 : 十地菩薩은 마땅히 佛과 같다. 여기서는 마음에 一切善根을 모으는 등의 佛事가 설해진다.[222]

---

222) 『大品般若經』(『大正藏』8, pp.256下~257下).

이상이 無名十地의 간략한 내용이다. 般若十地에 대한 전반적인 검
토는 다음 장에서 살펴보기로 하고 우선 無名十地와 有名十地의 상관
관계부터 살펴보겠다.

(2) 有名十地

有名十地에 대해서는 『大品般若經』에서 여러 차례 거론하고 있지
만 그 설명이 비교적 간단하다. 대략 열거해보면 다음과 같다.

> 乾慧地·性地·八人地·見地·薄地·離欲地·已作地·辟支佛地·菩薩
> 地를 지나, 이 九地를 지나면 佛地에 머무른다. 이것을 菩薩十地라고 한
> 다.[223]
> 부처님이 말씀하셨다. 보살마하살은 乾慧地·性地·八人地·見地·薄
> 地·離欲地·已作地·辟支佛地·菩薩地·佛地를 구족해야 한다. 이러한
> 地를 구족하면 아뇩다라삼먁삼보리를 성취한다.[224]
> 乾慧地·性地·八人地·見地·薄地·離欲地·已作地·辟支佛地를 지나,
> 菩薩位에 들어가고 나서 佛地를 구족한다.[225]

이상이 有名十地의 내용들이다. 여기서 살펴보아야 할 중요한 문제
는 바로 無名十地와 有名十地의 동일성에 관한 것이다. 이 두 十地의
동일성에 관한 여부는 많은 논의가 있었지만, 경전에서 그 분명한 실마
리를 찾아보기로 하겠다. 제20「發趣品」[226]에서 有名十地는 항상 無
名十地의 설명이 끝난 직후에 등장한다. 이것으로 보아 無名十地의 구
체적 명칭은 바로 有名十地를 가리킨다는 경전의 암시를 추측할 수 있

---

223) 위의 책, p.259下.
224) 위의 책, p.346中.
225) 위의 책, p.389上.
226) 위의 책, p.259下. "過乾慧地性地八人地見地薄地離欲地已作地辟支佛地菩
薩地 過是九地住於佛地"

다.[227] 또한 제21 「出到品」[228]에서도 無名十地의 본래 이름은 乾慧地 · 性地 · 내지 佛地라는 것을 입증하고 있다. 『大智度論』에서도 「發趣品」을 해석하면서 般若十地의 두 가지 十地에 대하여,

> 이 중에서 이것은 어떠한 十地인가. 地에는 두 종류가 있다. 첫째는 다만 菩薩地이고, 둘째는 共地이다. 共地는 소위 乾慧地 내지 佛地이다. 다만 菩薩地는 歡喜地 · 離垢地 · 有光地 · 增曜地 · 難勝地 · 現在地 · 深入地 · 不動地 · 善根地 · 法雲地이다. 이 地의 모습은 十地經에서 자세히 설한 바와 같다.[229]

라고 말하고 있다. 그리고 이 설명이 끝난 다음에 바로 無名十地의 각 地에 대해서 설명하고 있다. 이러한 점으로 보아도 두 가지 十地는 동일한 것임을 알 수 있다.

그러나 이 두 가지 十地를 무조건 동일하다고 볼 수 없는 점도 나타난다. 『大品般若經』의 無名十地의 내용과 『大智度論』의 有名十地說의 해석에서, 서로 상응하지 않는 차이가 보인다. 『大品般若』는 初地에서 第十地까지 연속적인 수행체계를 설하는 반면, 『大智度論』은 第七地에서 보살의 수행이 종료되는 것으로 설명하고 있다.

> 第七已作地는 聲聞人은 眞智 · 無生智를 얻어 아라한을 이루고, 보살은 佛智를 성취한다.[230]

---

227) 박상수, 「般若經의 十地 菩薩道」『한국불교학』20집(서울, 한국불교학회, 1995, 10), p.127.
228) 『大品般若經』(『大正藏』8, p.261上). "佛告須菩提 …… 復次須菩提 初地不可得故不可得 乃至 第十地不可得故不可得 畢竟淨故 云何爲初地乃至十地 所謂乾慧地性地八人地見地薄地離欲地已 作地辟支佛地菩薩地佛地"
229) 『大智度論』(『大正藏』25, p.411上中).
230) 위의 책, p.586上.

이와 같은 『大智度論』의 해석에 의하면 已作地에서 聲聞人은 아라한을 이루고, 보살은 佛智를 성취하여 모든 수행을 완성한다. 그러나 『大品般若』에서 已作地는 아직 수행이 완성된 경지가 아니며, 佛은 十地에서 이루는 것으로 되어 있다. 이러한 차이는 八地와 九地에서 더욱 확연히 드러난다.

> 第八辟支佛地는 先世에서는 辟支佛道의 인연을 심고, 今世에서는 작은 인연으로 출가하며, 또한 깊은 인연법을 관하여 成道하는 것을 辟支佛이라 이름한다.[231]
> 第九菩薩地는 乾慧地부터 離欲地까지이며, 위에서 설명한 바와 같다. 또한 菩薩地는 歡喜地부터 法雲地까지이며, 모두 菩薩地라 이름한다. 어떤 사람은 말하기를 一發心부터 金剛三昧까지 菩薩地라 이름한다고 한다.[232]
> 第十佛地는 一切種智 등 諸佛의 法이다. 보살은 自地에서는 行을 구족하고 他地에서는 觀을 구족하여, 두 가지 일을 갖추므로 具足이라 이름한다.[233]

『大智度論』은 初地乾慧地부터 第七已作地까지는 聲聞과 보살이 함께 각자의 수행을 하고, 第八辟支佛地에서는 오로지 辟支佛의 수행만 있고 보살의 수행은 포함되어 있지 않다. 그러나 『大品般若』의 無名十地에서는 보살이 八地에서 구족해야 할 五法을 두 부분으로 나누어, 모두 十法을 열거하고 있다. 그리고 그 十法의 내용은 중생들의 상황에 깊은 이해와 제도력을 갖추고, 한편으로는 수승한 부처님의 경계에 접근하는 것이다.

『大智度論』은 九地에서 菩薩地는 이미 六地에서 끝나고, 九地는 다만 그 이전까지의 모든 보살의 수행 단계를 통칭한 것에 지나지 않는

---

231) 위의 책, p.586上.
232) 위의 책, p.586上.
233) 위의 책, p.586上.

다. 또한 九地를 菩薩地라 이름하였지만 九地에 해당하는 별도의 수행은 없고, 그 이전의 六地까지의 보살의 수행을 모두 포함하여 그렇게 불렀다는 셈이다.

그러나 『大品般若』의 無名十地의 九地의 수행은 이 八地와 단절되어 독립적으로 구별되지는 않는다. 九地는 八地와 十地사이에서 九地로서의 수행 사항으로 되어 있으며, 九地의 바로 앞 단계인 八地를 제외한 初地부터 六地까지의 통합으로 설정되어 있지도 않다. 즉, 『大品般若』의 十地에서는 보살의 수행이 六地에서 마감되지 않고, 그 후로도 계속 이어져 十地에서 완결된다고 설해져 있다.

그래서 보살의 수행이 六地에서 마감되고 九地菩薩地는 初地부터 六地의 통합을 의미한다는 『大智度論』의 해석과 『大品般若』의 十地說은 제대로 부합하지 않는 결론이 나온다.[234] 그러므로 『大品般若』의 無名十地와 有名十地는 반드시 동일한 것이다라고만 할 수도 없다. 이것에 대해 平川彰은 『大品般若』의 十地와 『大智度論』의 有名十地에는 괴리가 있다고 간주한다.

平川彰은[235] 七地까지 성문과 보살이 함께 수행하지만, 그 七地에서 성문과 보살의 수행이 함께 완성되므로 이것으로는 十地가 성립되지 않을 것이라고 보며, 또 乾慧地부터 離欲地까지가 菩薩地라는 『大智度論』의 해석에 입각할 때, 보살의 수행을 乾慧地 등의 十地說에 해당시켜 설명하면 단층이 있기 때문에 성공하지 못한다고 한다. 그러나 필자는 이러한 平川彰의 견해에 반대의 주장을 피력하고자 한다. 필자는 『大品般若』의 無名十地의 전체적인 내용전개와 구성에서, 『大智

234) 박상수, 「般若經의 十地 菩薩道」 『한국불교학』20집(서울, 한국불교학회, 1995, 10), p.140.
235) 平川彰, 『初期大乘佛教의 研究』Ⅰ(東京, 春秋社, 1992), pp.497~498.

度論』의 有名十地說의 해석과의 일치점을 찾아보고자 한다.

앞에서 살펴본 『大品般若』의 無名十地에 근거해서 般若十地의 구성을 살펴보면, 六地에서는 聲聞·辟支佛의 뜻을 짓지 않고 육바라밀의 구족을 밝히고 있다. 그리고 七地에서는 我와 중생·十八界·十二入·三界 등 일체에 대한 無執着을 강조하고 있는데, 이것은 般若空의 분명한 의도를 드러낸 부분이라고 할 수 있다. 그리고 諸法實相을 알고 諸法一相을 설하고 無生法忍·無生智·心寂滅 등 二十法을 구족하여 만족한다. 八地에서는 衆生心에 들어가 모든 신통에 遊戱하고 諸佛의 국토와 佛身처럼 스스로도 국토를 장엄하고 佛身을 장엄한다. 九地에서는 無邊世界의 중생을 제도하고, 보살은 소원하는 대로 얻고 모든 중생의 말을 알아 설법하고, 일체 모든 착한 공덕을 성취한다. 十地에서 十地菩薩은 마침내 佛이 된다.

이러한 『大品般若』의 無名十地 내용에서 『大智度論』의 有名十地說 해석과 비슷한 점을 발견할 수 있다. 『大智度論』이 第七地에서 보살이 佛智를 성취하고 수행이 종료되는 것으로 설명하고 있는 것처럼, 『大品般若』의 無名十地의 七地에서도 보살이 無生法忍·無生智·心寂滅 등을 구족함으로써 수행을 완성한다는 의미가 강하다. 물론 실질적으로는 十地에서 보살은 佛을 이룬다.

그러나 그 전체적인 내용 전개를 꼼꼼히 살펴보면, 七地에서 보살로서의 수행을 마감하고 八地 이후부터는 중생교화를 펼치고 있다. 즉, 『大品般若』의 無名十地에서는 八地부터 十地까지는 보살이 衆生心에 들어가 無邊世界의 중생을 제도하고, 마침내 十地菩薩은 佛이 되어 一切善根의 佛事를 행하는 自利利他의 대승보살로서의 활동을 공통적으로 말하고 있다.

그래서 필자는 『大品般若』의 無名十地와 『大智度論』의 有名十地

說은 모두 第七地에서 보살의 수행이 완성되는 공통점을 보이고 있다고 생각한다. 그러나 『大品般若』의 無名十地에서는 八地부터 十地까지 중생교화를 펼치고 있지만, 『大智度論』에서는 八地부터 十地까지 각 보살의 명칭에 대해서만 설명하는 차이가 있다. 이 차이점에 대해서는 필자의 짧은 소견으로는 아직 분명한 이유를 찾지 못하겠다.

그러나 분명한 것은 『大品般若』의 十地와 『大智度論』의 有名十地에는 괴리가 있다고 간주한 平川彰의 주장과는 반대로, 『大品般若』의 無名十地의 전체적인 내용전개에서는 괴리가 보이지 않는다는 것이다. 왜냐하면 『大智度論』이 第七地에서 보살이 佛智를 성취하고 수행이 종료되는 것과 마찬가지로, 『大品般若』의 無名十地의 七地에서도 보살이 無生法忍·無生智·心寂滅 등을 구족함으로써 수행을 완성하는 의미가 강하기 때문이다. 그래서 필자는 결론적으로 般若十地의 無名十地와 有名十地는 동일하다는 의견에 무게를 둔다.

(3) 般若十地의 성격

지금까지 般若十地의 無名十地와 有名十地의 내용을 바탕으로, 두 十地의 동일성에 대한 상관관계를 살펴보았다. 이제부터는 般若十地에 대한 전반적인 검토를 해야 한다. 그리하여 般若十地의 성격을 파악하고자 한다. 먼저 살펴보아야 할 것은 『大智度論』에서 「發趣品」을 해석하면서 般若十地를 共地라고 한 것과 『般若經』에 벌써 華嚴十地가 나타나고 있는 것이다. 般若十地를 共地라고 한 이유는 『大智度論』의 해석을 보면 쉽게 의문이 풀린다.

> 乾慧地에는 두 종류가 있으니, 첫째는 聲聞이고 둘째는 보살이다. 聲聞人은 홀로 열반하기 위하여 열심히 정진하고 戒를 지키며…… 비록 지혜가 있어도 禪定水를 얻지 못하여 바로 得道할 수 없기 때문에 乾慧地라 이름한다.

보살은 初發心부터 내지 順忍을 얻기 전까지이다.[236]
性地는 聲聞人은 煖法에서 世間第一法까지이고, 보살은 順忍을 얻어서
諸法實相을 애착하여도 또한 삿된 견해를 내지 않으며, 禪定水를 얻는
다.[237]

　이와 같이 『大智度論』의 有名十地에 대한 해석을 보면, 聲聞과 보살
의 두 종류로 나누어서 설명하고 있다. 즉, 初地乾慧地부터 七地까지
는 聲聞과 보살의 두 부분으로 나누어 설명하고, 八地는 辟支佛, 九地
는 菩薩地, 十地는 佛地에 대해서 설명하여 八地부터 十地까지는 한
방면에서 해설하고 있다. 七地부터 十地까지의 經文은 無名十地와 有
名十地의 동일성에 대한 상관관계를 검토하면서 살펴보았으므로, 여기
서는 생략하였다. 般若十地를 共地라고 한 까닭은 般若十地에는 보살
뿐만 아니라, 성문과 벽지불의 수행도 함께 내포하고[238] 있기 때문이

---

236) 『大智度論』(『大正藏』25, pp.585下~586上).
237) 위의 책, p.586上.
238) 鈴木宗忠, 「般若의 修行觀과 華嚴의 修行觀」 『日本佛敎學協會年報』7年(日本佛敎學協會, 1935, 2), pp.87~89.에서 般若十地는 般若佛敎에서는 非正統派의 사상이라고 두 가지 관점에서 설명하고 있다. 첫째 經典史的인 면에서 『般若經』은 小品과 大品의 구분에서 小品이 그 원형에 속한다. 小品에는 十地思想이 나타나 있지 않다. 둘째 十地思想의 내용적인 면에서 般若佛敎는 菩薩乘의 대승불교로서 聲聞乘의 소승불교를 절대적으로 배척한다. 그러므로 修行에서도 철두철미하게 육바라밀을 주장한다. 그러나 十地思想은 순수하게 菩薩乘적이지 않다. 대승에 소승을 조화해서 그 總合의 위에 수행단계를 세우고 있다. 즉, 七地까지는 聲聞, 八地는 緣覺, 九地는 보살, 十地는 佛이다. 결국 三乘의 수행을 지나서 佛을 실현한다. 鈴木宗忠의 이러한 주장에 필자는 일부 공감하지만, 역사적인 발전의 의미에서 필자는 반대의 의견이 있다. 사상은 항상 고정되어 있지 않다. 『般若經』 또한 小品에서 大品으로 확대 발전하면서 小品과 大品은 모두 般若사상을 포함하고 있기 때문에, 正統과 非正統으로 구분할 수 없다고 생각한다. 그리고 十地思想의 내용에서 般若十地가 성문·벽지불·보살의 수행을 함께 포함하고 있는 이러한 경향은 華嚴十地에서도 비슷하게 나타나고 있다. 이것은 아마도 대승이 소승을

다. 즉, 보살과 二乘이 함께 수행하기 때문에 共地라고 이름한 것이다.

般若十地를 共地라고 하는 것에서 般若十地의 성격을 분명히 확인할 수 있다. 『般若經』의 보살은 아직 成佛하지 않은 보살이다. 成佛의 기별을 받아도 언제 成佛하는지 미래는 확실하지 않다. 오히려 衆生救濟를 위하여 無限으로 윤회의 세계에 머물 것을 결심한 보살이다. 어떤 면에서 成佛을 기대한 수행은 진정한 보살의 수행이 아니라고 말할 수 있다.

그래서 般若十地의 보살은 『大事』의 十地에서 이미 成佛한 석존의 前生의 因行을 나타내는 보살과는 분명한 차이가 있다. 즉, 같은 보살이라는 용어를 사용하고 있지만, 보살의 의미와 내용은 본질적으로 차이가 있다.[239] 그래서 般若十地는 대승보살의 수행도로서의 중요한 기틀을 세웠다고 할 수 있다.

그러나 般若十地는 聲聞乘과 緣覺乘을 포함한 二乘과 보살이 함께 수행하는 三乘共地이기 때문에, 대승보살의 독자적인 수행도라고 하기에는 부족한 면이 많다. 이것은 『般若經』이 초기대승경전으로서 아함과 부파불교의 교리를 많이 수용하였기 때문이다. 다시 말해서 般若十地는 聲聞地와 緣覺地를 除하면 般若十地는 성립되지 않는다.

앞에서 般若十地의 성립에 대해서 살펴보면서 간단히 검토해 보았지만, 『大品般若』에서는 四位說을 계승하면서도 그것에 만족하지 않고 般若 특유의 十地를 설하였다. 다시 말해 般若十地는 般若空觀에 입각한 깊은 수행과 정진을 통해서 중생제도를 위한 대승보살도를 표

기반으로 하여 그 기초에서 새롭게 흥기했다는 역사적인 연장선상에서, 十地 사상 또한 소승의 修行체계를 바탕으로 확대 발전할 수밖에 없었다고 필자는 생각한다.

239) 平川彰, 「地の思想の發達と三乘共通の十地」 『印度學佛敎學研究』13-2號 (日本印度學佛敎學會, 1965, 3), p.291.

방하고 있다. 그러나 般若十地의 내용을 보면 初地부터 第七地까지의 명칭과 의미가 모두 성문의 階位에 따라 책정된 의도가 많고, 七地까지의 수행과정이 모두 부파불교의 교리를 이용하고 있다.

그래서 般若十地가 비록 『般若經』의 제작자에 의해 조직되기는 하였어도, 그 七地까지는 이미 부파불교[240]에서 발달한 것을 그대로 차용한 것이라고 보아도 된다는 지적도[241] 나왔다. 그리하여 般若十地는 七地까지는 부파불교의 수행체계를 도입하고, 그 위에 辟支佛·菩薩地·佛地를 더하여 大乘菩薩十地를 완성하게 된다.

『般若經』의 가장 큰 공적은 空思想과 육바라밀을 체계화함으로써, 대승불교 흥기에 결정적인 역할을 한 것이다. 이것은 기존의 부파불교의 난해한 교학불교를 諸法皆空의 입장에서 모든 有思想을 논파하여, 佛敎史를 소승과 대승으로 구분하는 분기점이 되기도 하였다. 그러나 대승보살의 실천수행도로서 般若十地는 다소 미흡한 점이 많다.

般若十地에서 설하고 있는 보살의 수행내용은 주로 육바라밀說을 들어 6個條를 실천하라고 권장하고는 있지만, 그 個條의 상세한 내용의 설명은 없다. 그리고 七地까지의 수행과정이 모두 부파불교의 교리를 이용하고 있는 점과 一切에 대한 無執着의 空의 반복된 단순한 강조 등에서, 대승보살의 실천수행도로서는 그 완성도에 문제점이 많다고 할 수 있다.

---

240) 般若十地 이전에 성립된 地에 대해서 간단히 정리해 보면 다음과 같다. 『大毘婆沙論』에는 妙音의 薄地·離欲地·無學地의 三地說과 迦多衍尼子의 修行地·見地·薄地·離欲地·無學地의 五地說이 있으며(『大正藏』27, p.147中下), 『毘尼母經』에는 白業觀·種性地·八人地·見諦地·薄地·離欲地·已作地·獨覺·菩薩의 九地說이 나타나 있다.(『大正藏』24, p.801中) 여기서 『毘尼母經』의 九地는 般若十地와 매우 유사함을 알 수 있다.

241) 久野芳隆,「菩薩十地思想의 起源·展開 及び內容」『大正學報』6·7合倂號 (東京, 大正大學出版部, 1930), pp.67~68.

그래서 般若十地는 부파의 十地說을 계승하면서 般若 특유의 十地
를 설하여 대승보살도로 발전시켰지만, 순수한 대승보살의 華嚴十地
가 성립되자 般若十地는 보살과 二乘이 함께 수행하는 共地 즉, 小乘
과 공통된 十地라는 이유로 華嚴十地보다 격하되기도 하였다.

이제『華嚴經』이전에 성립한『般若經』에서 어떻게 벌써 華嚴十地
가 나타나고 있는 가에 대해서 살펴보고자 한다. 왜냐하면 歡喜 등의
華嚴十地는 小品에서도 大品에서도 보이지 않고, 玄奘의 新譯인『大
般若經』242)에서만 보이고 있기 때문이다.

『般若經』에 華嚴十地가 나타나고 있는 것에 대해서는 大事의 十地
와의 관련성과 華嚴十地 이전에 성립되었다고 생각되는 十住地說에
다, 내용의 변화 없이 시대적 배경에 의해 但菩薩地의 地名을 부여한
경우, 또는 新譯의 원본이 성립한 당시에 이미 성행하고 있었던 歡喜
등의 十地를 새로이 수용했다는243) 등의 다양한 의견이 있다. 필자는
般若十地의 성립과 대승보살도로서의 그 구성에 나타난 의미를 통해
서, 新譯의 원본이 성립한 당시에 이미 성행하고 있었던 歡喜 등의 十
地를 새로이 수용했다는 설이 가장 설득력이 있어 보인다.

지금까지『般若經』에 나타난 菩薩四位說과 般若十地에 대해서 살
펴보았다. 四位說과 十地說의 핵심은 大乘心을 일으킨 大乘菩薩이 般
若空觀에 입각한 육바라밀을 수행하여 佛을 이루는 것이다. 그러나 菩
薩四位說은 아함의 沙門四果와 비슷한 구조와 형식을 취하여, 새롭게
대승의 보살계위를 세웠지만 반야바라밀의 성취 외에는 사상적으로나
신앙적으로 아직 대승의 독자적인 보살행으로까지는 발전시키지 못하

242)『大般若經』(『大正藏』5, p.14上,『大正藏』7, p.230下,『大正藏』7, p.454中).
243) 장계환,「菩薩十地說의 전개」『한국불교학』15집(서울, 한국불교학회, 1990,
   12), p.236.

였다.

般若十地 또한 부파의 十地說을 계승하면서 般若 특유의 十地를 설하여 대승보살도를 표방하였지만, 전체적으로는 七地까지의 과정이 모두 부파불교의 교리를 이용하였다. 그래서 순수한 대승보살의 華嚴十地가 성립되자, 般若十地는 보살과 二乘이 함께 수행하는 共地 즉, 小乘과 공통된 十地라는 이유로 華嚴十地보다 격하되기도 하였다.

2 本業十地

1)『菩薩本業經』의 구성

吳의 支謙(222년~228년)이 번역한『菩薩本業經』은 또한『淨行經』으로도 칭해지고 있다.『菩薩本業經』은 第一「序品」・第二「願行品」・第三「十地品」의 세 品으로 이루어져 있는데,「序品」에서는 석존 成道의 광경을 간단히 서술하고 諸보살이 법회에 옴을 말한다. 또한 그 會衆은 일찍이 佛의 本業時에 교화하셨던 무리라고 설한다.

그리고「願行品」에서는 이 會衆에서 智首보살이 석존의 成道에 관해서 '本何修行成佛聖道'[244]라고 질문하고, 數首보살이 佛의 本業으로서 135願行을 설한다.「十地品」에서는 그 會座가 須彌山頂으로 옮기고 十方諸佛과 法意보살 등 諸보살이 법회에 온다. 거기서 法意보살이 無量會見三昧에 들어서 諸佛과 함께 석존의 摩頂과 勸說을 받들고 出定한다. 그리고 菩薩道로서의 十地法門을 밝히고 說法은 끝난다.

『菩薩本業經』은 보살의 修行道인 本業의 淨行을 설하는 데에 중점

---

244)『菩薩本業經』(『大正藏』10, p.447中).

을 두고 있다. 그래서 「序品」에서 佛의 本業인, 十地·十智·十行·十投·十藏·十願·十明·十定·十現·十印[245]의 十類가 설해지고 있다. 이 十類는 『本業經』의 요점을 나타내는 것으로, 이 十類 중에서도 특히 十地는 가장 중요한 보살의 行法이다. 이것이 곧 이 經의 마지막을 장식하는 「十地品」의 내용이다.

중간의 第二「願行品」은 이 보살행으로 들어가는 前提로서, 世間道를 말하는 것에서 十地의 준비단계가 틀림없다. 聶道眞은 『諸菩薩求佛本業經』을 번역했지만 이것은 이 「願行品」에 相應하는 것이다. 이미 3세기에 전해진 이 『諸菩薩求佛本業經』은 『菩薩本業經』의 「願行品」에서 다시 발전한 것이다.

그래서 그 내용도 풍부하게 되어 있지만, 出家의 수행도인 十地에 대해서 이것은 俗人의 수행도에 관한 연구 열기가 當代에서 높이 나타났던 것을 말하는 것이다. 다시 말해 「願行品」은 俗人을 위한 世間道德으로 보는 것이 좋겠지만, 보통 佛道를 이룬 뒤의 慈悲行도 「願行品」에서 설한 것보다 다르게 활동하는 의미는 아니다. 생각해보면 현실 인생의 일체 장애를 제거한 願行을 설하고, 「願行品」에서 그 후의 華嚴大本의 보현의 行이 설해지는 先驅로 인식하는 것도 좋을 것이다.[246]

이와 같은 구성에서 『菩薩本業經』은 명백히 보살의 本業에 대한 實踐道 즉, 十地가 그 중심 내용임을 알 수 있다. 『菩薩本業經』은 本業十地로서 대승보살의 수승한 보살도를 강조하고 있다. 本業十地는 전체적으로 本生菩薩인 석존의 전생을 그리고 있는 『大事』의 十地사상을 근간으로 해서, 支婁迦讖이 번역한 『兜沙經』과 支謙 譯의 『菩薩本

---

245) 『菩薩本業經』(『大正藏』10, p.446下).
246) 山田龍城, 『大乘佛敎成立論序說』(京都, 平樂寺書店, 1959), p.239.

業經』등의 本業系經에 그 원형을 두고, 十住地說을 표방한 것이라고
할 수 있다.

本業十地類는『本業經』의 직계로서「十住行道品」과「菩薩十住品」
이 되고『菩薩內戒經』등에 繼受되었다. 또한 방계의『斷結經』과『瓔
珞經』에 반영되는 것뿐만 아니라, 華嚴大經集成과 華嚴十地의 성립에
도 많은 영향을 주었다.

本生의 十地에 대해서『菩薩本業經』의 十地에 이르러서는 本生菩
薩의 실천단계를 설하는 것이 아니고, 명확히 대승보살의 수행단계를
의도하고 있다. 그럼『菩薩本業經』에 나타난 本業十地의 내용을 살펴
보면서, 本業十地의 특색에 대해서 좀 더 구체적으로 검토해보기로
하겠다.

2) 十地의 체계

第1. 發意地 : 發意는 처음 부처님을 뵙고 열 가지 공덕을 일으키는
단계이다. 보살은 부처님을 단정히 보고, 몸에 色相을 갖추고,
神足을 나타내고, 도덕을 깊고 오묘하게 하고, 儀法을 비교할
수 없게 하고, 사람의 생각을 알고, 經의 가르침을 밝게 나타내
고, 말의 이치를 알고, 生死의 괴로움을 보고, 佛法을 즐겁게
행한다 등의 十事를 행한다. 또한 마땅히 諸佛을 존경하고 섬길
줄 알고, 마땅히 보살의 德을 깨닫고 설하며, 마땅히 生死의 근
본을 자세히 깨닫고, ……마땅히 諸佛의 功德業을 배우고, 마땅
히 諸佛을 다시 뵙기를 원한다 등의 十學을 행한다.

第2. 治地 : 보살은 사람의 善을 생각하고, 마음을 정결히 하고, 생
각을 부드럽게 하고, 뜻을 안정되게 하고, 항상 보시하고, 慈愛
를 행하고, 天下를 이익되게 하고, 평등하게 도우고, 타인을 나

처럼 보고, 사람을 스승처럼 존경한다 등의 十事를 행한다. 또한 많이 經을 외우고, 고향을 멀리하고, 현명한 스승을 가까이 하고, 착한 말을 배우고, 때를 알고, 精進하고 등의 十學을 행한다.

第3. 應行地 : 보살은 無常을 보고, 生의 苦를 보고, 行의 空을 보고, 身이 아님을 보고, 머무름이 없음을 보고, 욕심낼 바가 없고, 집착할 바가 없고, 함이 없고, 하고자 함이 없고, 求함이 없다 등의 十事를 행한다. 또한 人·刹·法·地種·水種·火種·風種·欲界·色界·無色界 등을 생각하는 十學을 행한다.

第4. 生貴地 : 보살은 부처님의 行을 따르고, 邪道로 돌아가지 않고, 오로지 마음은 부처님을 향하고, 法意를 思惟하고, 功德行을 관하고, 사람이 化와 같음을 보고, 刹이 꿈과 같음을 보고, 재앙과 복이 空함을 보고, 諸法이 환상과 같음을 보고, 苦樂이 다르지 않고, 泥洹의 깨끗함을 안다 등의 十事를 행한다. 또한 지나간 佛意도 다가올 佛意도 지금의 佛意도 空함을 알아 생각하고, 지나간 佛法도 다가올 佛法도 지금의 佛法도 깨끗함을 알아 생각하고, 지나간 佛도 다가올 佛도 지금의 佛도 自然임을 알아 생각한다 등의 十學을 행한다.

第5. 修成地 : 보살은 사람을 위하여 方便을 쓰고, 사람을 편안히 하고 불쌍히 여기고, 天下의 사람을 구제하고, 일체를 사랑으로 생각하고, 중생을 불쌍히 여기고, 사람을 기쁘게 하고, 인물을 돕고 보살피고, 사람이 道를 닦기를 권하고, 淸淨을 나타나게 하고, 泥洹을 얻게 한다 등의 十事를 행한다. 또한 마땅히 중생은 要·種·數·造·正이 없음을 알고, 마땅히 중생은 가히 생각할 수 없고 등의 十學을 행한다.

第6. 行登地 : 보살은 佛의 칭찬과 헐뜯음에도 마음은 不動하고, 法의 칭찬과 헐뜯음에도 마음은 不動하고, 보살의 착함과 악함을 들어도 마음은 不動하고, 人相의 평론을 들어도 마음은 不動하고, 사람이 많고 적음을 들어도 마음은 不動하고, 經이 많고 적음을 들어도 마음은 不動하고, 生이 苦樂임을 들어도 마음은 不動하고, 人度가 어렵고 쉬움을 들어도 마음은 不動하고, 法이 興하고 衰함을 들어도 마음은 不動하고, 道를 만나고 만나지 못해도 마음은 不動한다 등의 十事를 행한다. 또한 마음에 想이 없으므로 想을 받아들이지 않고, 몸을 헤아리지 않고, 我·見·主·受가 없고 등의 十學을 행한다.

第7. 不退地 : 보살은 뜻이 굳고 강하여 佛·法·보살이 있다거나 없다는 말에도 不退轉하고, 佛을 求하고 求하지 않는다는 말에도 不退轉하고, 佛을 이루고 佛을 이루지 못해도 不退轉하고, 옛적에·지금·후에 聖道가 있고 聖道가 없어도 不退轉하고, 三塗가 같고 三塗가 다르다는 말에도 不退轉하고, 佛智가 다함이 있고 다함이 없다는 말에도 不退轉한다 등의 十事를 행한다. 또한 작은 지혜를 열어서 큰 지혜로 들어가고, 큰 지혜를 열어서 작은 지혜로 들어가고, 一法을 보아서 많은 經으로 들어가고, 많은 經을 보아서 一法으로 들어가고, 중생을 알아서 空要에 들어가고, 空要를 알아서 중생에 들어가고, 有想을 해석하여 寂定에 들어가고, 寂定을 해석하여 有想에 들어가고, 少淨을 설명하여 多想에 들어가고, 多想을 설명하여 少淨에 들어간다 등의 十學을 행한다.

第8. 童眞地 : 보살은 들어가는 곳에 따라 身口意를 범하지 않고, 일체 결점이 없고, 뜻은 하나에서 所生하고, 사람은 안에 사랑이

있음을 알고, 사람의 마음에는 믿음이 있음을 알고, 사람의 생
각에는 앎이 있음을 알고, 다른 복잡한 想을 받지 않고, 모든
利은 成敗가 있음을 알고, 神足은 빨리 두루 十方에 이르고, 두
루 諸法을 가득히 가진다 등의 十事를 행한다. 또한 佛世界를
배워 알고, 佛智의 능력을 배우고, 佛이 나타내는 神足行을 배
우고, 諸佛利의 장엄을 배운다 등의 十學을 행한다.

第9. 了生地 : 보살은 일체의 生은 어떤 道인가를 알고, 중생의 습관
과 속박을 알고, 사람은 본래 다시 옴을 알고, 사람이 행하는
바의 재앙과 복의 과보를 알고, 사람이 어떤 法을 받고 행하는
가를 알고, 사람의 마음에는 좋고 싫어함이 있음을 알고, 사람
의 생각에는 약간의 변화가 있음을 알고, 十方의 국토가 맑고
혼탁함을 알고, 三塗가 무량한 지혜임을 알고, 諦要를 마땅히
설할 줄 안다 등의 十事를 행한다. 또한 法王의 正行·禮儀·
興立·出入·周旋·威嚴·坐起·敎令·拜入·刹土巡行을 배
운다 등의 十學을 행한다.

第10. 補處地 : 보살은 마땅히 무수한 국가에 감동을 주어야 하고,
마땅히 무수한 국가에 빛을 나타내어야 하고, 마땅히 무수한
국가에 法을 세워야 하고, 마땅히 무수한 국가를 제도하여야
하고, 마땅히 무수한 국가를 이롭고 편안하게 하고, 마땅히 무
수한 사람들에게 깨달음을 가르치고, 마땅히 중생의 생각을
알아 관찰하고, 마땅히 중생의 끝없는 念을 알고, 마땅히 무수
한 사람을 法으로 들어가게 하고, 차례로 사람에게 지혜를 나
타낸다 등의 十事를 행한다. 또한 佛의 지혜가 三塗에 끝이
없음을 배우고, 諸佛이 具足한 法을 배우고, 諸法은 집착할
바가 없음을 배우고, 諸佛은 盛藏이 없음을 배우고, 신비로운

지혜가 刹을 이룸을 배우고, 광명이 十方을 비춤을 배우고,
佛定이 모든 국가를 감동함을 배우고, 方便道가 뜻을 따라 교
화함을 배우고, 두루 敎를 성취하게 하고, 法輪을 합하고 모
이고 굴리는 것을 배운다 등의 十學을 행한다.247)

3) 本業十地의 特色

(1) 十地의 의도

이와 같은 本業十地의 내용에서 本業十地의 가장 큰 특징을 두 가
지로 요약할 수 있다. 첫째, 本業十地는 각 단계마다 공통적으로 보살
의 수행방법으로 十事와 十學을 설하여 대승보살의 수행단계를 의도
하고 있다. 둘째, 대승보살 중에서도 특히 十方佛刹의 諸菩薩의 修行
道를 설하고 있다. 本業十地에서는 十事와 十學, 十方佛刹 등 十과 관
련된 수행이 많이 나타나고 있는데, 그래서 本業十地가 十方佛刹의
十에 착상하여 十位로 分位하여 성립하였다248)는 주장도 있다.

本業十地는 『大事』의 十地사상을 근간으로 해서 명확히 대승보살
의 수행단계를 의도하고 있다. 그러나 本業十地의 내용에서 대승보살
의 十地라고 하기에는 부족한 점이 많이 보인다. 十事와 十學에 나타
난 보살의 구체적인 수행방법에서, 本業十地보살은 아직 보살의 근본
行業을 배우고 익히는 단계에 머물러 있고, 일체 중생을 구제하는 대
승보살행으로까지는 이어지지 못하고 있는 것 같다.

그리고 十方佛刹에 있어서도 八地·九地·十地에서 十方國土의 의
미에만 한정되어 있고, 十方佛刹에 대한 구체적인 설명이라든지 十과

247) 『菩薩本業經』(『大正藏』10, pp.449下~450上中下).
248) 장원규, 「菩薩十地說의 展開에 對한 考察」『불교학보』2집(서울, 동국대학교
불교문화연구원, 1964, 12), p.110.

관련한 세부 언급은 보이지 않는다. 그래서 本業十地는 어디까지나 보살의 근본行業을 그 목적으로 하고 있을 뿐, 本業十地보살만의 특별한 수행이나 敎義는 보이지 않는다.

般若十地에서 반야보살은 般若空觀에 입각한 육바라밀을 중점적으로 수행하여, 佛을 이룸으로서 大乘心을 일으킨 大乘菩薩의 시작을 열었다. 그리고 『大事』十地는 전체적으로 本生菩薩인 석존의 전생을 그리고 있지만, 在家菩薩의 단계를 넘어서 중생의 利他行을 위한 出家菩薩의 단계로까지 보살의 범위를 확대시켜 大乘十地說의 효시가 되었다.

그러나 本業十地는 보살이 수행해야할 十事와 十學만 강조하고 있고 本業十地만의 특성은 보이지 않고 있다. 그러나 이러한 本業十地의 특성은 바로 本業十地의 성립에 대한 의문점을 풀어주는 중요한 열쇠가 되기도 한다. 왜냐하면 本業十地는 『大事』의 十地, 그리고 般若四位와 매우 긴밀한 상관관계가 있기 때문이다.

本業十地와 각 十地와의 관계는 十地의 성립에서 계속 검토해보기로 하고 본장에서는 本業十地만의 의의를 먼저 밝혀보고자 한다. 本業十地는 上述한 바와 같이 대승보살의 十地라고 하기에는 부족한 점이 많다. 그러나 本業十地는 각 단계마다 공통적으로 十事와 十學을 설하여, 보살의 근본行業을 잘 표현하였다. 이것은 어찌 보면 사소한 문제로 간과할 수도 있지만, 보살의 근본 行과 業을 정확하게 설명하고 정리하는 것은 아주 중요한 문제이다.

왜냐하면 잘못하면 겉으로 드러난 보살의 수행단계에만 집중하여, 정작 보살은 어떠한 마음과 정신 그리고 수행내용과 수행방법을 배우고 익히는가 하는 보살에 대한 내면적인 부분을 빠뜨리는 실수를 할 수 있기 때문이다. 다시 말해 보살의 근본行業에 대한 분명한 정리가

되어 있어야만, 그것을 기반으로 해서 일체중생의 구제를 위한 보살행
으로 나아갈 수 있기 때문이다.

般若의 四位說과 十地說은 大乘心을 일으킨 大乘菩薩이 般若空觀
에 입각한 육바라밀을 수행하여 佛을 이루는 새로운 대승의 보살계위
를 세웠지만, 반야바라밀의 성취 외에는 사상적으로나 신앙적으로, 아
직 대승의 독자적인 보살행으로까지는 발전시키지 못하였다. 즉, 般若
十地는 반야의 空사상에 지나치게 치중함으로서, 순수한 대승보살행
으로는 부족한 면이 많다고 볼 수 있다. 그러나 本業十地는 비록 般若
보살처럼 本業보살만의 특별한 수행이나 敎義는 보이지 않지만, 순수
하게 대승보살의 근본行業을 잘 설명하고 정리하여, 앞으로의 대승보
살행은 어떠한 방법과 태도로 나아가야 하는지 그 방향을 잘 나타내고
있다.

순수한 대승보살의 근본行業을 설하여 대승보살도의 기반을 다진
本業十地의 의의는 대승보살도의 완성인 華嚴十地 성립에 직접적인
영향을 주었다고 필자는 생각한다. 왜냐하면 衆生道를 버리고 菩薩道
에 들어가는 과정을 밝힌 『菩薩本業經』 중에서, 『華嚴經』의 「十住品」
에 해당하는 「十地品」은 十種사상의 전형으로서 華嚴十地의 선구적
형태를 이룬다.[249] 그래서 華嚴의 菩薩道 수행체계인 十住 · 十行 · 十
廻向 · 十地의 체제는 『菩薩本業經』의 내용이 기반이 되어, 「十住品」
을 전후로 하나의 會上을 이루고 이것을 기본으로 차례로 전개시켜 형
성하고[250] 있기 때문이다. 또한 本業系經典인 『兜沙經』은 바로 『原始
華嚴經』에 해당되기도 한다.

---

249) 板本幸男, 『華嚴敎學의 硏究』(京都, 平樂寺書店, 1956), pp.301~314.
250) 伊藤瑞叡, 「華嚴經의 成立」, 平川彰 編著, 정순일 譯, 『華嚴思想』(서울, 경
    서원, 1996), pp.64~68.

그러므로 本業十地와 華嚴十地는 十住와 十地의 관계에 있어서나,
經典上 교리적으로도 많은 상관관계가 있다. 이러한 『華嚴經』과 『菩
薩本業經』과의 문제는 華嚴十地에서 계속하여 고찰하기로 하겠다.

　(2) 十地의 성립
　그러면 本業十地와 각 十地와는 어떤 상관관계가 있는지 먼저 『大
事』의 十地와 本業十地를 살펴보겠다. 사상발달사의 관점에서 本業十
地는 譬喩文學의 十地를 계승하여 출현하였다[251]고 볼 수 있다. 『大事』
의 十地는 전체적으로 本生菩薩인 석존의 전생을 그린 것으로, 소승불
교시대의 本生譚을 정리한 것이면서도 莊嚴된 佛傳으로서 大乘十地
說의 효시가 되고 있다. 그리고 本業十地는 대승보살의 수행도를 설한
것으로 형식에 있어서는 『大事』의 十位를 계승하여 十地를 구성하였
지만, 내용적인 면에서는 『大事』의 十地와는 전혀 다른 점들이 보이고
있다.
　第一地에서 『大事』의 難登은 凡人은 追從할 수 없는 本生菩薩의
출발점이고, 本業의 發意는 대승보살이 수행에 들어가는 최초의 요건
으로 一般菩薩인 人間菩薩의 初發心이다. 그리고 第十地인 『大事』의
灌頂位는 譬喩文學으로서 석존의 생애를 그리면서 석존이 비로소 깨
달음을 성취하는 것을 나타낸다. 그리고 本業의 補處는 一般菩薩인
人間菩薩이 수행의 最高位에 이르러 佛이 되는 의미이다. 이러한 내
용적인 차이는 근본적으로 『大事』十地는 本生菩薩을 추구하고, 本業
十地는 대승보살을 추구하기 때문이다.
　그리고 『般若經』과의 관계를 살펴보면, 本業十地의 發意 · 治地 ·

---

251) 山田龍城, 『大乘佛敎成立論序說』(京都, 平樂寺書店, 1959), p.242.

不退 · 補處의 四位는 般若小品類의 初發意 · 久發意 · 不退 · 補處와 매우 유사하다. 『菩薩本業經』은 대승보살의 修行道를 설하기 위해, 譬喩文學 十地의 형식을 차용하였다. 그러나 더 나아가 『菩薩本業經』 은 대승보살에서도 十方佛刹의 諸菩薩의 修行道를 설하고자 하였고, 般若四位에서 설하는 一般菩薩보다 격조가 높을 것을 기대하였을 것 이다. 이미 『般若經』의 初發意는 대승운동을 대표하는 기치로서 널리 알려져 있다.

그러므로 『菩薩本業經』도 十地의 출발점으로서, 般若의 근본적 決 意라고 할 수 있는 第一位 初發心을 初地에 發意를 제시하였다. 發意 다음으로 특별한 실천에 진입하지 않으면 안 되므로, 『菩薩本業經』은 이것을 治地라고 하였다. 『般若經』은 第二位에서 특히 반야바라밀 수 행을 중시하였는데, 『菩薩本業經』에서는 반야바라밀을 행하는 것만으 로는 만족할 수 없다. 그래서 本業十地에서는 地를 治하는 수행 즉, 治地를 중시하고 강조한 것은 그 本意에 부합되는 것이다.

이어 本業十地는 譬喩文學의 형식을 계승하면서 本業十地 독자의 應行 · 生貴 · 修成 · 行登을 수립하고, 다음에 般若의 第三位 不退를 本業十地 第七地에 채용하였다. 그리고 그 다음에 本業十地는 재차 『大 事』十地의 八生緣과 九王子位를 第八童眞地 第九了生地로 설하였다. 그리고 마지막 補處는 『大事』의 灌頂位 대신, 般若의 第四位인 대승 보살도로서의 一生補處를 대체하였다.[252] 이와 같이 하여 보살의 근본 行業을 목적으로 하는 『菩薩本業經』은 특히 讚佛乘의 보살의 특색을 설시할 수 있었다.

지금까지 『大事』十地와 般若四位와의 상관관계에서 살펴본, 本業

---

252) 신성현, 『Mahāvastu의 十地思想 硏究』(서울, 동국대학교 대학원 석사학위논 문, 1987, 12), pp.44~45.

十地의 성립은 형식에 있어서는 『大事』의 十地를, 정신적으로는 『小品般若經』을 배경으로 성립했다고 볼 수 있다. 그럼 여기서 本業十地와 般若十地와의 선후 문제를 짚고 넘어가야 한다. 山田龍城은[253] 本業十地는 般若十地와 華嚴十地와 비교하면, 아직 유치함을 면하지 못한다고 결론내리고 있다.

그 이유를 山田龍城은 다음과 같이 설명하고 있다. 本業十地는 本生菩薩의 실천단계를 설한 것이 아니고 명확히 대승보살의 수행단계를 설하고 있으며, 또한 小品의 四位를 채용하여 성립하여 十地에 본질적인 변화를 보였다. 十位의 명칭과 그 各位의 수행내용도 本生菩薩의 十位보다 약간의 진보를 보이고 있고, 十位의 各其行法을 十德目에 통일하는 등 정돈되어 있다. 그러나 本業十地는 본생보살의 十位로부터 완전히 탈피한 것이 아니다.

왜냐하면 本業十地의 내용에는 대승의 요소가 없다고 단언할 수 없으나, 그렇다고 대승보살의 특색을 보이는 言句도 나타나지 않는다. 그러나 『大品般若』에 이르러서는 그렇지 않다. 大品의 般若十地에서는 十位의 명칭과 내용이 본생보살의 十地로부터, 인간의 보살의 修行道로 전환하고자 한 의도가 분명히 나타나고 있다.

필자도 앞에서 잠깐 언급했지만 本業十地에 나타난 수행내용에서 本業十地는 어디까지나 보살의 근본行業을 그 목적으로 하고 있을 뿐, 本業十地보살만의 특별한 수행이나 敎義는 보이지 않는다. 『般若經』은 空思想과 육바라밀을 체계화함으로써 대승불교 흥기에 결정적인 역할을 하였고, 般若十地 또한 완벽하지는 않지만 대승보살로서의 보살행이 분명히 드러나고 있다.

---

253) 山田龍城, 『大乘佛教成立論序說』(京都, 平樂寺書店, 1959), pp.270~271.

그러나 本業十地는 대승보살의 十地라고 하기에는 부족한 점이 많이 있다. 왜냐하면 本業十地보살은 아직 보살의 근본行業을 배우고 익히는 단계에 머물러 있고, 일체 중생을 구제하는 대승보살행으로까지는 이어지지 못하고 있기 때문이다. 그래서 필자는 本業十地가 般若十地보다 먼저 성립했다고 생각한다.

V

菩薩十地의 完成

1 華嚴十地

1) 華嚴大經의 성립

지금까지 보살의 수행계위인 十地를, 『大事』의 十地에서부터 대승 초기의 般若十地와 그리고 本業十地에 이르기까지 살펴보았다. 석존 의 過去因行時 석가보살에서 시작한 보살사상은 『大事』十地, 般若十 地, 本業十地를 거치면서 대승보살의 수행도인 十地說을 형성해 간다. 하지만 아직도 순수한 보살만의 十地를 온전히 갖추지 못하다가, 華嚴 十地에 이르러서 비로소 그 명칭과254) 내용이 순수한 대승보살의 修 行道에 상응하게 된다.

『般若經』에서 설하는 대승보살도는 반야바라밀의 行 즉, 지혜의 行 으로서 開顯되고 있다. 그러나 이러한 사상이 『華嚴經』에서는 利他에 의한 敎化 즉, 자비의 실천행으로 普賢行이라는 말로서 응축되고 있다. 『華嚴經』은 『般若經』과 같이 그 사상적인 입장을 같이 하면서도, 구체 적인 면에서는 『般若經』보다 더욱 실천을 강조하고 있다. 다시 말해서 불교에 있어서의 行[실천]은 지혜에 근거하고, 自利만으로 충족시킬 수 없는 자비의 行은 利他行으로 전개되는 곳에서 自利와 利他가 相卽 하고, 또한 悲智圓滿의 普賢行으로도 원만히 이루어진다고 한다.255)

---

254) 華嚴十地는 기존의 十地說과는 그 명칭에서부터 확연한 차이를 보이고 있다. 般若十地는 初地를 乾慧地라고 하여 지혜가 부족한 즉, 發心의 내용이 결여되 었음을 나타내고 있다. 또한 十地의 명칭에 已作地・辟支佛地와 같은 소승적 인 표현이 그대로 사용되고 있다. 本業十地도 대승보살이 수행에 들어가는 단계의 發意를 初地로 하고 있다. 그러나 華嚴十地는 오직 보살만의 十地로, 보살이 진리를 체득한 환희로 넘치는 歡喜地에서 시작하고 있다. 그리고 華嚴 十地의 청중은 순수한 菩薩衆으로 聲聞들은 제외시키고 있다. 이와 같은 점에 서 華嚴十地는 기존의 十地說과는 완전히 다른 입장을 취하고 있음을 짐작할 수 있다.

이와 같이 『般若經』이 오로지 空의 理法을 강조하기에만 몰두한데 대하여 『華嚴經』은 현실의 실천[菩薩行]을 강조하고 있다. 말하자면 眞空에서 妙有로 전개해 가는 모습을 보여주고 있다256)고 할 수 있다. 이러한 화엄의 실천행은 마침내 보살만행으로 이어져 『華嚴經』에는 수많은 보살행들이 나타나고 있다. 그래서 華嚴十地를 菩薩道의 精華 또는 大乘菩薩道의 완성이라고 한다.

華嚴十地는 종래의 모든 十地의 집대성으로 이런 사실은 다음과 같은 여러 각도에서 관찰할 수 있다. 本生十地에서는 初地에서 서원을 세워서 菩薩心을 發하고, 三地에서 身命을 바쳐 聞法하며, 八地에서 不退轉이 되며, 十地에서 灌頂을 받아 佛이 된다. 華嚴十地에서도 새로운 근본 진리에 근거하고 있기는 하나 이러한 요소들을 수행하고 있다. 般若十地에서는 初地에서 喜捨를 훌륭하게 완성케 되며, 二地에서 계율이 청정하게 되며, 三地에서 多聞을 구한다. 특히 七地에서 반야바라밀을 수행하면서 無生法忍을 체득하며, 八地에서 모든 중생의 근기를 알며, 불국토를 청정케 한다. 이러한 모든 요소도 華嚴十地에서 새로운 근본 진리에 바탕하여, 각각의 地에 수렴 전개되어지고 있는 것이다.

그러나 그러한 것들 보다는 本業十地야말로 그것이 바탕으로 하고 있는 근본적인 종교체험257)으로 보나, 거기에 현성되어 가는 근본진리

---

255) 長谷岡一也, 「善哉童子의 遍歷·入法界品의 思想」, 平川彰 編著, 정순일 譯, 『華嚴思想』(서울, 경서원, 1996), p.141.

256) 中村元, 양기봉 譯, 「華嚴經의 思想史的 意義」『亞細亞佛敎에 있어서 華嚴의 位相』(서울, 도서출판 東邦苑, 1991), p.4.

257) 『華嚴經』과 『菩薩本業經』은 다음과 같은 상관관계를 찾을 수 있다. 『兜沙經』에서는 시방의 무수한 佛國土의 모든 보살과 諸佛의 化身으로서 시방의 佛國土에서 도착한 문수사리보살 등은 모두 삼매에서 석가모니불을 보는 『華嚴經』의 근본 종교체험이 찬탄되고 있다. 즉, 佛의 세계를 觀想으로 現出하고

로 보아도 華嚴十地에 직접 선행하는 原經임은 두말할 나위도 없다. 즉, 『原始華嚴經』에 해당하는 支婁迦讖譯의 『兜沙經』은 바로 『菩薩本業經』의 「序品」이기도 하다. 여기서 『華嚴經』과 『菩薩本業經』, 本業十地와 華嚴十地와의 관계를 살펴보기로 하겠다.

『華嚴經』은 『大方廣佛華嚴經』의 준말로서 漢譯三大部로서는 60 · 80 · 40권 『華嚴經』이 있다. 이 중 『40華嚴』은 「入法界品」만의 別譯이고, 『60華嚴』과 『80華嚴』을 華嚴大經으로 일컫고 있다. 『60華嚴』은 東晉시대 佛陀跋陀羅가 418년~420년에 번역하였고 교정을 거쳐 421년에 역출되었다. 이를 晉本이라 하고 또는 華嚴大經 중 먼저 번역되었다 하여 舊經이라고도 부른다. 『80華嚴』은 大周(695~699)시대 實叉難陀가 번역하였고 이를 周本 또는 新經이라 한다. 『40華嚴』은 唐(795~798)의 般若가 번역하였으며 貞元本 『華嚴經』으로 불리고도 있다.

『華嚴經』은 처음부터 60권이나 80권의 大經으로 편찬되지 않고, 처음에는 『華嚴經』 중 한 品 또는 몇 개의 品이 합해진 小經으로 편찬되

동시에 설법회의 사람들이 모시고 있는 시방의 불국토로부터, 法慧보살이 설법회에 와서 무량방편삼매에 入定한다. 그 삼매에서 무수한 法慧佛로부터 十住位를 설법하라는 권장을 받고 法慧보살은 出定하여 十菩薩住位에 대해 설법한다. 이와 같이 『원시화엄경』에서는 설법회장에서 대승적 종교체험을 근거로 그 대승적 종교체험을 체득하도록 설한다. 그리고 『菩薩本業經』에서는 그 佛의 세계는 점차적으로 十의 菩薩住位를 향상하여 감으로써 실현된다고 예찬한다. 그리하여 그 佛의 세계를 있게 한 근본 진리는 열 단계의 점차적 향상 단계로 분석되어, 다시 구체적으로 여러 단계의 보살에 의해서 어떻게 실현되는가가 상세히 제시되고 있다. 그래서 『菩薩本業經』「十地品」은 계속하여 十菩薩住位 등에 대해서, '어떻게 十菩薩行 · 菩薩德을 체득하는가?' 또는 '어떻게 十菩薩學道를 닦는가?' 라는 것에 대한 예찬을 계속한다. 이와 같이 『華嚴經』과 『菩薩本業經』은 근본적으로 일맥상통한 종교체험을 바탕으로, 근본진리로 현성되어 가는 공통점이 있다. 荒牧典俊, 「十地思想의 成立과 展開」, 平川彰 編著, 정순일 譯, 『華嚴思想』(서울, 경서원, 1996), pp.117~123.

어 유통되었다. 이들은 別行經 또는 支分經이라 불리고 있는데[258] 후
에 이들 別行經들이 모아져 華嚴大經으로 편찬되었다. 大經의 편찬시
기에 대해서는 異說이 많으나, 대략 3~4세기 경 또는 400년 전후에
于闐을 중심으로 한 중앙아시아 지방에서 편찬된 것으로 추정되고 있
다.[259] 이와 같이 『華嚴經』은 많은 短經들이 먼저 성립되고 나중에 大
經으로 집성되었다.

華嚴大經의 성립에 대해서는 대체로 두 가지 견해가 있다. 첫째는
華嚴大經集成의 중심은 『十地經』이라는 견해와 둘째는 大經의 모체는
『兜沙經』이며 『菩薩本業經』이 선구적 형태라는 견해이다. 華嚴大經
集成의 중심이 『十地經』이라는 것은 經典史學의 입장에서 菩薩名을
기준으로 經의 성립에 대한 견해를 내세우고 있다.[260] 그래서 華嚴大
經은 보현사상에 의하여 통일된 문수경전과 보현경전의 조직이며, 「十
地品」을 중심으로 문수경전과 보현경전이 적절하게 배치되어 그 사이
에 모든 品이 삽입되고 덧붙여진 점이라는 것이다.

그리고 大經의 모체는 『兜沙經』이며 『菩薩本業經』이 선구적 형태
라는 것은, 本業十地는 『大事』의 十地를 계승하고 『般若經』의 四位를
받아들인 형태로 이루어졌다. 그리하여 十住의 이름에서 讚佛乘으로
전개하여, 大經을 집성할 때 「十地品」의 十地를 고정하였다는 생각을
할 수 있다[261]는 것이다. 또한 시방불토로부터 문수를 선두로 하는 독

---

258) 支分經에 대해서는 賢首法藏(643~712)의 『華嚴經傳記』(『大正藏』51, pp.
  155中~156中)에 36부 150권이 언급되어 있으며, 그리고 『大正藏』 화엄부에
  30부가 수록되어 있다. 또한 『60華嚴』 번역 이전에 유통되었던 현존하는 別
  行經은 木村淸孝, 『中國華嚴思想史』(京都, 平樂寺書店, 1992), p.12에 정리
  되어 있다.
259) 전해주, 『화엄의 세계』(서울, 민족사, 1998), pp.23~24.
260) 龍山章眞, 『梵文和譯十地經』(東京, 國書刊行會, 1982), p.10.
261) 山田龍城, 『大乘佛敎成立論序說』(京都, 平樂寺書店, 1959), p.246.

자적인 수행내용을 가진 諸菩薩이 모여 들어 광명을 발하는, 佛의 위신력을 찬탄한다는 大經 說相의 원형적인 요소가 『兜沙經』의 문맥에 보여 지기 때문이다.[262]

그래서 大經 중의 「如來名號品」, 「光明覺品」에 해당하는 『兜沙經』은 화엄사상이 전개되는 계기가 될 수 있는 원초적인 요소를 가지고 있으며, 『菩薩本業經』의 모체가 되었다. 『兜沙經』과 大經 중의 「淨行品」에 해당하는 부분을 기초로 하고, 「菩薩十住品」에 해당하는 부분을 중심으로 하고, 「昇須彌山頂品」, 「昇須彌山頂上偈讚品」에 해당하는 부분을 매개로 하여 집성되었다고 보이는 『菩薩本業經』은 반야에서 화엄으로 향하는 과도적 단계에 있으면서도 화엄쪽에 가까운 것이다.

이것은 또한 중생도를 버리고 보살도에 드는 과정을 밝힌 것이다. 역점이 되었던 本業十地는 大經 집성에 앞서 십종사상의 전형이 되어, 華嚴十地사상의 하나의 전제가 된 것으로 볼 수 있다. 그러므로 大經 집성에 있어서 그 선도적 형태로서 동기가 되었다. 大經 집성에 있어서는 이를 원형으로 하고 여러 品을 증보하여 반야를 초월하려 한 의도가 엿보이기도 한다.

그래서 華嚴大經은 經典史學적으로 『菩薩本業經』에 동기를 두고, 보살의 因行[263]을 설하는 근본으로서 『十地經』을 정점에 배치하였다.

---

262) 伊藤瑞叡, 「華嚴經의 成立」, 平川彰 編著, 정순일 譯, 『華嚴思想』(서울, 경서원, 1996), p.73.

263) 『華嚴經』은 부처님이 도달한 正覺의 모습과 위요함을 그 因行으로써 설명하고자 하였다. 그래서 因行으로서의 보살도를 十地의 체제로 조직하였다. 즉, 成道라고 하는 果에 도달한 覺者가 자기가 도달한 이 果의 因을 반성할 때, 그 因이 十地로서 파악되었다. 화엄에서는 發心만 하면 바로 正覺을 이룬다고 하여, 처음 發心할 때가 바로 正覺을 성취하는 때[初發心時便成正覺]라고 말한다. 그러므로 『華嚴經』에서 시설하고 있는 발심보살의 보살행은 成佛로 향해가는 因行이라기보다, 正覺 후의 果行이며 佛行이다. 즉, 因果가 둘이

그리고 불타의 果德을 설하는 대표로 『如來興顯經』의 「如來性起品」
즉, 「如來出現品」을 뒷부분에 두고 그 전후에 諸品을 배치하여 전반부
를 구성하였다. 또한 전반부에 있어서의 因行果德의 복잡하면서도 질
서 정연한 순서를, 현재의 것과 같이 통합하는 結分으로서 「入法界品」
을 후반부에 두었다.[264] 이와 같이 하여 華嚴大經이 집성된 것이다.

 그러나 大經 편찬의 근본입장을 「如來性起品」으로 보았을 때, 『菩
薩本業經』이 華嚴大經의 原型으로서 華嚴大經의 편찬에 중대한 기여
를 하였지만, 그 내용에 있어서는 큰 차이점이 있다. 華嚴大經은 毘盧
舍那와 蓮華藏世界를 중심 내용으로 설하고 있지만, 『菩薩本業經』은
석존의 成道에 관한 本業을 밝히고 있다. 즉, 佛의 本業으로서 菩薩道
의 願行・淨行을 설한다. 華嚴大經의 편찬에 있어서 『菩薩本業經』이
一連의 菩薩道經典의 編入의 元型이었던 것은 확실하지만, 大經 전체
의 結構에서 보았을 때 편찬의 근본입장은 「如來性起品」에서의 如來
와 세계의 開示라고 하는 입장을 계승하고 있다.

 華嚴大經에서 會座의 上昇은 忉利天에서 他化天으로 점차 상승한
다. 이것은 동시에 보살도의 계위에도 똑같이 설해지고 있다. 大經의
설법 會衆의 형식은 일체의 諸天을 안으로 담고 있는 입장이다. 반면
『菩薩本業經』은 석존의 成道에 관한 本業을 밝히고 다음에 十地法門
을 설하면서, 이것을 당시의 佛敎徒들이 일상적으로 사용했던 須彌山
說을 따랐다. 수미산의 頂上 즉, 도리천에서 설법한다. 석존이 敎化하
셨던 一佛刹[忍世界] 中 一須彌界를 중심으로 佛法의 無上性을 나
타내고 있다.

 아닌 因果交徹의 因行이며 果行이다.
264) 伊藤瑞叡, 「華嚴經의 成立」, 平川彰 編著, 정순일 譯, 『華嚴思想』(서울, 경
 서원, 1996), p.89.

　　그러나 여기서 주의해야 할 것은 「如來性起品」의 내용이다. 「如來性起品」은 如來의 出現과 그 세계의 성립을 말하면서 須彌山說을 비유로 세계의 성립을 말하고 있다. 須彌山說은 중생의 業力에 의한 세계의 성립을 말한다. 그러나 「如來性起品」의 입장은 여래의 출현에서 眞의 세계의 성립을 설하고 있다.265)

　　이와 같이 華嚴大經과 『菩薩本業經』의 차이는 大經은 毘盧舍那와 蓮華藏世界를 중심으로 설하고, 『菩薩本業經』은 석존의 成道에 관한 本業을 밝히는 것이다. 그리고 「性起品」과 『本業經』이 모두 須彌山說을 따라 설하고 있지만, 「性起品」에서는 여래의 출현에서 眞의 세계의 성립을 설하는 것이다.

　　이상과 같은 여러 면에서 華嚴十地와 本業十地, 그리고 『華嚴經』과 『菩薩本業經』은 經典上에서나 교리적으로 밀접한 관계가 있다. 그러나 그 내용에서는 근본적인 차이점도 발견할 수 있었다.

2) 十住와 十地

　　華嚴十地는 『大事』의 十地와 般若十地 그리고 本業十地를 계승하면서도, 종래의 初發心 내지 灌頂의 十住地說을 十住로서 간주하여 보살수행의 최초의 단계에 두었다. 그리고 그 위에 十行·十廻向의 수행단계를 첨가한 후, 마지막으로 보살수행의 최고의 단계로서 화엄 독자의 歡喜地 내지 法雲地의 수행계위를 조직화함으로써, 종전보다 한층 발전된 보살도로 성립하게 된다.

　　華嚴十地說을 설한 경전으로는 3세기 『漸備一切智德經』, 4세기 『60華嚴經』, 5세기 『十住經』, 7세기 『80華嚴經』, 8세기 『十地經』 등 5本

---

265) 小林實玄, 「菩薩本業經の意圖」 『印度學佛敎學硏究』 7-1號(日本印度學佛敎學會, 1958, 12), pp.168~169.

이 있다. 그런데 이 5本의 十地에 대한 명칭에 있어서 다소 차이가 있다. 『漸備一切智德經』에서는 十住菩薩이라 칭하고, 『十住經』에서도 華嚴十地를 설하면서 十住〔經〕란 표현을 쓰고 있다. 그리고 華嚴大本에서는 十住·十地가 각각 설해지고 있다. 이러한 점에서 華嚴十地는 발생 처음부터 十地로 성립된 것은 아닌 것 같다. 즉, 華嚴十地는 十住의 명칭에서 시작하여 十地로 정착되어 갔다고 볼 수 있다.[266] 그러면 華嚴十地에 대한 고찰에 앞서 十住에 대한 이해가 먼저 있어야 하겠다.

十住는 十地와 원래는 동일하다는 것이 학계의 정설로 되어 있다. 『華嚴經』의 작자 또는 편집자가 華嚴十地의 위상을 높이기 위하여, 그 앞에 十住·十行·十廻向을 덧붙였다고 보기 때문이다. 山田龍城은 『大乘佛教成立論序說』에서 보살의 수행도를 나타내는 말로서 가장 오래된 것은 『兜沙經』의 '十法住'[267]라고 하였다. 그러나 『菩薩本業經』의 성립에 의하여 보살의 수행위로서 '地'(bhumi)가 채용되었다[268]고 밝히고 있다.

十住를 설하고 있는 대표적인 대승경전으로는 般若十地類와 本業十地類, 華嚴十地類가 있다. 般若十地類 경전에서는 一住·二住·三住 ……十住[269] 또는 六住地·七住地 ……九住地[270]라고 하여, 일관

---

266) 十住와 十地의 발생설에 대하여 여러 異說이 있다. 첫째는 十住와 十地가 동시에 성립했다는 說, 干潟龍祥, 「菩薩の總願について」 『印度哲學と佛教の諸問題』(東京, 岩波書店, 1951, 12), p.25. 둘째는 十地가 빠르다는 說, 久野芳隆, 「華嚴經の成立問題·特に入法界品に就て」 『宗教研究』新7-2(宗教研究發行所, 1931, 5), p.99. 셋째는 十住說이 빠르다는 說, 水野弘元, 「菩薩十地說の發展について」 『印度學佛教學研究』1-2號(日本印度學佛教學會, 1953, 3), p.63.

267) 『兜沙經』(『大正藏』10, p.445上).

268) 山田龍城, 『大乘佛教成立論序說』(京都, 平樂寺書店, 1959), p.252이하.

269) 『光讚經』(『大正藏』8, pp.196中~197上).

270) 『放光經』(『大正藏』8, p.27上~下).

된 十住는 아니다. 그러나 3세기 성립의 『菩薩本業經』에서는 菩薩十住에 대해서 설하면서 十地住 · 法住[271)가 함께 쓰이고 있으며, 또한 4세기 성립의 『十住斷結經』에서는 住地[272)를 자주 설하고 있을 뿐만 아니라, 經 이름에 十住가 명칭되어 있다. 그리고 華嚴十地類에는 위에서 살펴보았듯이 『漸備經』과 『十住經』에서 十住가 나타나고, 華嚴大本에서도 十住가 설해지고 있다.

이와 같이 대승경전에 나타난 十住說에서 보살의 修行階位를 표시할 경우, 十住와 十地의 양자간에 엄밀한 구별을 설정하지 않고 혼합하여 사용한 것 같다. 階位에 중점을 두면 地를 표면에 내세우고 修道의 내용에 마음을 둘 때는 住로 표현하였음을[273) 알 수 있다. 그럼 華嚴十住의 유래를 살펴보기 위해, 『大事』十地, 本業十地, 華嚴十住를 비교해 보겠다.

『大事十地』	『菩薩本業經』	「十住品」
1. 難登地	1. 發意地	1. 初發心住
2. 結慢地	2. 治地	2. 治地住
3. 華飾地	3. 應行地	3. 修行住
4. 明輝地	4. 生貴地	4. 生貴住
5. 廣心地	5. 修成地	5. 方便具足住
6. 具足地	6. 行登地	6. 正心住
7. 難勝地	7. 不退地	7. 不退住
8. 生緣地	8. 童眞地	8. 童眞住
9. 王子位地	9. 了生地	9. 法王子住
10. 灌頂位地	10. 補處地	10. 灌頂住

---

271) 『菩薩本業經』(『大正藏』10, p.449下, p.450中).
272) 『十住斷結經』(『大正藏』10, p.967下).
273) 장원규, 「菩薩十地說의 展開에 對한 考察」 『불교학보』2집(서울, 동국대학교 불교문화연구원, 1964, 12), p.118.

이상의 각 階位에서 상당한 유사점을 발견할 수 있는데,『大事』의 8地는 十住의 4住,『大事』의 9地는 十住의 9住에,『大事』의 10地는 十住의 10住에 해당한다. 그리고 本業十地는 華嚴十住와 거의 동일하다. 이렇게 華嚴十住는『大事』十地와 유사한 관계가 있고, 本業十地는 華嚴大本에서는 十住에 해당하고 있음을 알 수 있다. 따라서『大事』十地→本業十地→華嚴十住의 단계로 발전되었음을 추측할 수 있다. 이것으로『大事』十地와 華嚴十住, 本業十地와 華嚴十住와의 상관관계는 어느 정도 짐작할 수 있다.

그러면『大事』의 十地와 本業十地는 어떤 관계가 있는지 살펴보기로 하겠다.『大事』의 十地와 本業十地의 관계는 本業十地에서 살펴보았지만 이해를 돕기 위하여 다시 잠깐 서술하도록 하겠다. 사상발달사의 관점에서 本業十地는 譬喩文學의 十地를 계승하여 출현하였다.『大事』의 十地는 전체적으로 本生菩薩인 석존의 전생을 그린 것으로, 소승불교시대의 本生譚을 정리한 것이면서도 莊嚴된 佛傳으로서 大乘十地說의 효시가 되고 있다. 그리고 本業十地는 대승보살의 수행도를 설한 것으로 형식에 있어서는『大事』의 十位를 계승하여 十地를 구성하였지만, 내용적인 면에서는『大事』의 十地와는 전혀 다른 점들이 보인다.

第一地에서『大事』의 難登은 凡人은 追從할 수 없는 本生菩薩의 출발점이고, 本業의 發意는 대승보살이 수행에 들어가는 최초의 요건으로 一般菩薩인 人間菩薩의 初發心이다. 그리고 第十地인『大事』의 灌頂位는 譬喩文學으로서 석존의 생애를 그리면서, 석존이 비로소 깨달음을 성취하는 것을 나타낸다. 그리고 本業의 補處는 一般菩薩인 人間菩薩이 수행의 最高位에 이르러 佛이 되는 의미이다. 이러한 내용적인 차이는 근본적으로『大事』十地는 本生菩薩을 추구하고, 本業

十地는 대승보살을 추구하기 때문이다.

이상에서 華嚴十住는 本業十地로부터, 本業十地는 『大事』의 十地로부터 유래·발전되었음을 알 수 있다. 그리고 여기서 十住는 독립된 最高階位로 十住 위에 또 다른 菩薩階位가 없다. 그런데 華嚴大本에서는 十住·十行·十廻向·十地의 순서를 두었으며 十地를 十住의 상위에 두고 있다. 이것은 아마도 『華嚴經』의 우월성을 강조하고 기존의 대승경전에서 설하고 있는 十地와의 차별을 두고자 한 이유가 아닐까 생각한다.

3) 十地의 체계

大方廣한 佛의 세계를 꽃으로 장엄한 『華嚴經』은 菩薩道의 실천을 통해서 부처님의 세계를 구현해 나아가는 것을 설하고 있다. 『華嚴經』은 菩薩道의 精華이고 華嚴十地는 대승보살도의 완성이라고 할 수 있다. 華嚴十地는 처음부터 十地로 형성된 것이 아니고 十住의 명칭에서 발전된 것이다. 『漸備經』에서 十住菩薩[274]이라 칭하는 것이나, 『十住經』의 經名에서도 華嚴十地는 十住에서 발전한 것임을 짐작할 수 있다. 또한 本業十地를 華嚴十住에 위치시킴으로써, 기존의 十地說과는 엄격한 차이를 두어서 華嚴十地의 우월성을 강조하고 있다.

그러면 『60화엄』에서는 華嚴十地에 대해서 어떻게 정의하고 있는지 살펴보면,

> 비유하면 일체의 文字는 모두 初章에 포섭되고, 初章이 근본이 되기 때문에, 어떤 文字도 初章에 들어가지 않는 것이 없다. 이와 같이 佛子님 十地는 모든 佛法의 근본이 되는 것이므로, 이 十地를 具足하고 행하는 보살은,

---

274) 『漸備經』(『大正藏』10, p.491下).

일체 지혜를 얻을 수 있을 것입니다. 그러므로 佛子님 그 이치를 말씀해 주십시오. 모든 부처님은 그들을 보호하고 그들에게 神力을 주어, 그 들은 것을 믿고 받들어 깨뜨릴 수 없을 것입니다.[275]

라고 하고 있다. 이것은 解脫月보살이 金剛藏보살에게 十地法門을 간청하면서 十地에 대한 전체적인 이치를 밝히는 부분이다. 여기서 華嚴十地는 모든 佛法의 근본이 되고 十地를 구족하면 일체 지혜를 증득할 수 있다. 이처럼 『60華嚴經』은 「十地品」 서두에서 華嚴十地의 중요성과 그 위치를 분명하게 나타내고 있다. 이제 華嚴十地는 과연 어떤 내용과 조직으로 구성되어 있기에 대승보살도의 완성이라고 하는지, 『60화엄』에 근거하여 華嚴十地의 명칭과 내용을 살펴보도록 하겠다.

第1. 歡喜地 : 보살이 菩提心을 일으켜서 기쁨을 성취하는 地位로, 어떠한 두려움도 떠나는 단계이다. 歡喜地에서 보살은 열 가지 큰 서원을 세운다. ①供養願 : 모든 부처님께 공양한다. ②受持願 : 佛法을 받아 따르고 지킨다. ③轉法輪願 : 모든 부처님께 법륜 굴리기를 청한다. ④修行願 : 모든 바라밀을 六相으로 수행하여 일체중생을 교화하고 그들이 받아 실행토록 한다. ⑤成就願 : 일체중생이 佛法의 일체 지혜에 머물게 한다. ⑥承事願 : 시방세계를 잘 분별하게 한다. ⑦淨土願 : 佛土에 청정한 지혜를 갖춘 중생이 가득하게 한다. ⑧不離願 : 자재한 신통을 얻어 一切生處에 모두 태어나고 不可思議한 큰 지혜를 지니고 보살행을 구족한다. ⑨利益願 : 보살도를 행하여 중생을 이롭게 한다. ⑩成菩提願 : 일체세계에서 아뇩다라삼먁삼보리를 얻

---

275) 『60華嚴經』(『大正藏』9, p.543下).

어 중생들이 깨달음을 얻게 한다.[276]

이러한 十大願[277]으로 보살은 끝없는 보시바라밀을 실천한다. 歡喜地는 華嚴十地가 목적하는 전체적인 지향점을 나타내고, 또한 순수 대승보살도의 출발을 선언하는 중요한 階位이다. 그래서 初地는 모든 地의 전제가 되고 十地는 이 初地의 발전[278]으로 볼 수 있다.

第2. 離垢地 : 보리심을 일으킨 보살이 수행으로, 惡趣의 더러움을 없애고 몸을 깨끗하게 하는 단계이다. 歡喜地에서 離垢地로 들어가려면 ①부드러운 마음 ②조화된 마음 ③견디어 받는 마음 ④방일하지 않는 마음 ⑤고요한 마음 ⑥진실한 마음 ⑦잡되지 않는 마음 ⑧탐하거나 인색하지 않는 마음 ⑨훌륭한 마음 ⑩큰마음의 열 가지 곧은 마음〔十種直心〕을[279] 가져야 한다. 특히 離垢地에서는 十善業道에 의한 身口意 三業을 청정히 하는 地로서, 일체의 살생을 떠나 성내는 마음이 없어지게 된다. 여기서는 지계바라밀이 강조된다.

第3. 明地 : 보살도를 수행해 나아가는 중에 자기 안으로부터 지혜의 광명이 나타나는 단계이다. 離垢地에서 明地로 들어가려면 ①깨끗한 마음 ②씩씩하고 예리한 마음 ③싫어하는 마음 ④욕심을 떠난 마음 ⑤물러나지 않는 마음 ⑥견고한 마음 ⑦매우

---

276) 위의 책, pp.545中~546上.
277) 法藏은 『探玄記』에서 十大願을 自利行과 利他行으로 구분해서 설명하는데, 처음의 二願은 自利行을 나타내고, 다음의 五願은 利他行을 나타내고, 마지막 三願은 自利行과 利他行에 의한 이익의 果를 나타낸 것이라고 설명하고 있다(『大正藏』35, p.306下).
278) 장계환, 「菩薩十地說의 전개」『한국불교학』15집(서울, 한국불교학회, 1990, 12), p.239.
279) 『60華嚴經』(『大正藏』9, p.548下).

밝은 마음 ⑧만족이 없는 마음 ⑨훌륭한 마음 ⑩큰마음의 十
種深心280)을 일으켜야 한다. 보살은 明地에서 모든 有爲法의
如實한 모양을 관찰하여 無常, 苦, 無我, 不淨 등을 관한다. 그
리하여 四禪·四無色定을 닦고 四無量心과 四攝法을 행하여
五神通을 얻는다. 明地에서는 십바라밀 중 인욕바라밀이 강조
된다.

第4. 焰地 : 치성한 지혜의 불꽃으로 번뇌를 태워버리는 단계이다.
明地에서 焰地로 들어가려면 衆生界, 法界, 世界, 虛空界, 識
界, 欲界, 色界, 無色界, 勝信解界, 大心界를 바르게 관찰하는
十法明門281)을 닦아야 한다. 焰地의 중심과제는 三十七助道
品을 수행하는 것으로, 끝없는 정진바라밀이 강조되고 있다.

第5. 難勝地 : 聲聞·緣覺은 수행하기 어려운 계위이다. 焰地에서
難勝地로 들어가려면 ①過去의 佛法에 평등 ②未來의 佛法에
평등 ③現在의 佛法에 평등 ④戒에 청정하고 평등 ⑤마음에
청정하고 평등 ⑥소견과 의혹과 뉘우침을 없애는 데에 청정하
고 평등 ⑦道와 非道에 청정하고 평등 ⑧行과 知見에 청정하
고 평등 ⑨모든 菩提의 法이 더욱 훌륭하여 청정하고 평등 ⑩
衆生을 교화하는 일에 청정하고 평등한 十種平等心282)을 닦아
야 한다. 難勝地에서는 이와 같은 열 가지 平等心으로, 眞諦와
俗諦를 조화하는 어려운 행을 성취하고 四諦를 깨닫는다. 그래
서 難勝地에서는 四諦를 배워서 俗諦·第一義諦·相諦·差別
諦 내지 如來智의 成就諦 등의 種種의 諦智를 성취한다.283)

그리고 여기서는 선정바라밀이 강조되고 있다.

第6. 現前地 : 十二因緣을 관찰하여 空, 無相, 無願의 三解脫門이
現前하는 단계이다. 難勝地에서 現前地로 들어가려면 또한 一
切法이 無性, 無相, 無生, 無滅, 本來淸淨, 無戱論, 不取不捨,
幻夢影響水中月, 有無不二이므로 평등하다는 十種平等法[284]
을 닦아야 한다. 現前地에서는 보살이 十二因緣을 따라 관하
면서, 대자비심으로 有爲法에 머물면서도 有爲法에 걸림 없이
중생을 버리지 않으면, 반야바라밀의 광명이 現前한다. 특히『華
嚴經』의 唯心思想을 드러내는 '三界虛妄但是心作'이 여기서
설해지고 있다. 이 唯心說은 후세에 唯識學派에 의해서 분석
적이며 체계적으로 전개된다. 여기서는 반야바라밀이 강조되
고 있다.

第7. 遠行地 : 三界를 버리고 멀리 法王位가 가까워지는 단계로, 現
前地에서 遠行地로 들어가려면 十種妙行을 일으켜야 한다. ①
空・無相・無願을 잘 닦으면서도 자비심으로 중생과 함께 한
다. ②諸佛의 평등법을 따르면서도 諸佛을 공양하기를 버리지
않는다. ③항상 空에 대한 지혜의 門을 思惟하면도 복덕의 資
糧을 닦아 모은다. ④三界를 멀리 떠나면서도 三界를 장엄한
다. ⑤끝내 모든 번뇌의 불길을 없애면서도, 중생을 위하여 貪
恚癡의 번뇌 불길을 끊는 法을 일으킨다. ⑥모든 法이 환상과
같고 꿈과 같고 물속의 달과 같아서 두 모양이 아님에 순응하
면서도, 분별하는 갖가지 번뇌를 일으켜서 業의 과보를 받는다.
⑦모든 불국토가 空하기 허공과 같아서 모양을 떠난 것을 알면

---

283) 平川彰,『初期大乘と法華思想』(東京, 春秋社, 1991), pp.196~197.
284) 『60華嚴經』(『大正藏』9, p.558中).

서도, 국토를 청정하게 하는 行을 일으킨다. ⑧모든 부처님의
法身은 형상이 없음을 알면서도, 色身을 일으켜 三十二相 八
十種好로서 장엄한다. ⑨諸佛의 음성은 말할 수 없는 寂滅相
임을 알면서도, 중생에 따라 갖가지 장엄한 음성을 일으킨다.
⑩諸佛은 一念에 三世를 통달하면서도, 갖가지 相과 時와 劫
을 알아 아뇩다라삼먁삼보리를 얻어, 중생의 信·解를 따라 여
러 방편을 설한다.285)

大乘敎로서의 修行道를 강조하는 遠行地는 그 行이 二乘보다
뛰어나다. 그래서 여기서 처음으로 육바라밀에 方便·願·
力·智를 더하여 십바라밀이 설해지고 보살은 十地의 行을 具
足한다. 四攝法, 三十七助道品, 三解脫門과 일체 아뇩다라삼
먁삼보리를 돕는 모든 法을 구족해서, 원만한 功德行으로 지혜
신통의 道에 들어간다. 이처럼 遠行地는 앞의 六地와 뒤 三地
를 구분하는 分岐點286)이라 할 수 있다. 그래서 遠行地는 有功
用行의 마지막 地이기도 하다. 그리고 여기서는 方便바라밀이
강조된다.

第8. 不動地 : 지혜가 不動하여 다시는 동요하지 않는 단계로, 깨뜨
릴 수 없는 地位이다. 不動地에서 보살은 功力을 들이지 않는
無功用으로, 無生法忍에 證入하여 命自在, 心自在, 財自在, 業
自在, 生自在, 願自在, 信解自在, 如意自在, 智自在, 法自在의
十自在를287) 얻는다. 이러한 十自在는 십바라밀의 과보로 이

285) 위의 책, p.561上中.
286) 권탄준, 「華嚴과 解深密經의 十地說 比較」 『한국불교학』9집(서울, 한국불교
학회, 1984, 12), p.108.
287) 『60華嚴經』(『大正藏』9, p.565下).

루어진 것으로, 初地에서 서원한 十大願이 여기서 결실을 맺는다. 그리하여 諸佛이 十力, 四無畏, 十八不共法을 얻을 것을 권한다. 보살은 물러나지 않는 不動의 힘으로 끝없는 세계에서 중생들을 위해 다양한 보살도를 행한다. 여기서는 願바라밀이 강조되고 있다.

第9. 善慧地 : 十力을 얻어 중생의 근기에 따라 善巧로 설법하는 地位로, 智慧가 더욱 밝게 증가하는 단계이다. 善慧地에서 보살은 善·不善·無記·有漏·無漏·世間·出世間·思議·不思議·聲聞·辟支佛·菩薩道·如來地·有爲法·無爲法 등의 法行을 如實하게 안다. 그래서 大法師가 되어 모든 부처님의 法 창고를 수호한다. 그리고 法과 뜻, 말, 즐겁게 말하는 것에 걸림이 없는 四無礙智를288) 얻어, 자유자재로 중생들에게 설법하고 교화한다. 특히 일체 세계와 팔만사천 중생의 무량한 차별을 四無礙智로 걸림 없이 설법함으로써, 보살행을 원만하게 성취하여 간다. 善慧地에서는 力바라밀이 강조된다.

第10. 法雲地 : 모든 부처님의 큰 法의 광명의 비를 잘 받는 地位로, 보살이 감로의 法雨로 중생의 번뇌의 불꽃을 멸해주는 단계이다. 法雲地에서 보살은 大法明雨를289) 受持하여 歡喜地에서 善慧地까지 무량한 지혜로서 관찰하고, 능히 無生法忍을 초월한 一切智에 든다. 보살은 드디어 法雲地에서 十力을 갖추어 부처님의 類에 들고, 무량한 삼매에서 보살의 理想을 실현한다. 여기서는 智바라밀이 강조되고 있다.

---

288) 위의 책, p.568下.
289) 위의 책, p.573中.

4) 十地의 성립과 문제점

이상의 華嚴十地의 명칭과 내용에서 華嚴十地는 지금까지 살펴본 共의 十地나 從來의 十地說의 명칭과는 공통된 것은 발견되지 않는다. 이러한 점에서 華嚴十地는 華嚴十地說이 조직되어진 때에, 十地의 명칭도 새롭게 지어진 것은 아닐까라고 생각할 수 있다.

그러나 華嚴十地가 從來의 十地說과 전혀 관계가 없는 것은 아니다. 약간의 연결이 보이고 있다. 그 하나는 第七地에서 '無生法忍'을 얻는 것이고, 둘째는 第八不動地의 別名에 '童眞地'가 설해져 있는 것이다. 그리고 셋째는 第十法雲地를 '灌頂地'라고 부르는 것이다. 이것들은 別名이지만 다른 十地說에도 설해져 있는 것에서 그 관계를 고찰하고자 한다.

그리하여 이러한 華嚴十地와 종래의 十地說과의 연결 관계에서, 華嚴十地의 성립에 기존의 十地說과의 관련성을 검토해 보고자 한다.

(1) 無生法忍

華嚴十地에서는 無生法忍을 얻는 것에 대해서 第七遠行地와 第八不動地에서 다음과 같이 설하고 있다.

> 第七地에서 보살은 깊은 大悲의 힘을 얻었기 때문에, 聲聞・辟支佛地를 지나 佛의 智地에 나아간다. 보살은 이 地에 머무르면서 無量한 身口意의 無相行이, 바로 보살의 淸淨行이기 때문에 無生法忍을 얻는다.[290] 보살이 無生法忍을 얻으면 第八地 不動地에 들어간다.[291]

이것에 의하면 無生法忍은 聲聞・辟支佛 즉, 소승불교를 초월함으

290) 위의 책, p.562中.
291) 위의 책, p.564中.

로써 성취되는 것이다. 또한 無生法忍을 완전히 갖추면, 그것에 의해서 第八地에 나아가는 것이 가능하다.

그리고 第八地를 不退地라고 설하고 있다. 이것은 無生法忍을 성취함으로써, 智의 不退가 얻어지는 것을 의미한다.[292] 八地 이상은 無功用의 行이기 때문에, 有功用의 입장에서 수행은 第七地에서 완료한다는 의미이다. 그러므로 華嚴十地에서 無生法忍은 有功用의 수행의 완성에 의해서 얻어지는 것이다. 즉, 매우 높은 경지임을 알 수 있다.

華嚴十地에서는 第六現前地에서 十二緣起를 관하고 三界唯心의 이치를 깨달아 第六地에서 '順忍'을 얻는다. 다시 말해 第六地에서 無生法忍이 비록 現前하지 않았다 하더라도, 心에는 이미 明利한 順忍을 성취했다고 말하고 있다.[293] 順忍은 無生法忍 앞에서 성취되는 것이다.

無生法忍은 대승불교에서 일찍부터 알려진 중요한 교리로 『般若經』에서도 이미 설해지고 있다. 그런데 般若十地에서는 無生法忍이 第三 八人地에서 얻어지는 것으로 나타나 있다. 즉, 매우 낮은 단계에서 성취되는 것이다.

『大智度論』에서는 共의 十地說에 대해서,

> 乾慧地에는 두 종류가 있으니, 첫째는 聲聞이고 둘째는 보살이다. 聲聞人은 홀로 열반하기 위하여, 열심히 정진하고 戒를 지키고 心淸淨하고 道를 받아서 堪任한다. 혹은 觀佛三昧를 닦고 혹은 不淨觀을 닦고 혹은 慈悲·無常 등의 觀을 행하고 분별해서, 모든 善法을 모으고 不善法을 버린다. 비록

---

292) 『60華嚴經』(『大正藏』9, p.565下); 『80華嚴經』(『大正藏』10, p.200下); 『漸備經』(『大正藏』10, p.483下); 『十住經』(『大正藏』10, p.522中); 『十地經』(『大正藏』10, p.561中).

293) 『60華嚴經』(『大正藏』9, p.558中). "第六地 無生法忍雖未現前 心已成就明利 順忍"

지혜가 있어도 禪定水를 얻지 못하여, 바로 得道할 수 없기 때문에 乾慧地라 이름한다.

보살은 初發心부터 내지 順忍을 얻기 전까지이다. 性地는 聲聞人은 煖法에서 世間第一法까지이고, 보살은 順忍을 얻어서 諸法實相을 애착하여도, 또한 삿된 견해를 내지 않으며 禪定水를 얻는다. 八人地는 苦法忍에서 道比智忍에 이르기까지의 十五心이다. 보살은 곧 이 無生法忍에서 菩薩位에 들어간다.[294]

라고 설하여 共의 十地에는 聲聞의 證悟의 階位와 보살의 階位가 함께 포함되어 있음을 밝히고 있다. 그래서 般若十地에서는 第二性地에서 順忍을 얻고, 第三八人地에서는 無生法忍을 얻어서 菩薩位에 들어간다. 그리고 第四見地에서 聲聞은 須陀洹果를 얻고 보살은 阿鞞跋致地[不退地]이다.[295]

般若十地에서는 第五薄地·第六離欲地·第七已作地·第八辟支佛地·第九菩薩地·第十佛地로 되어 있고, 無生法忍을 얻는 八人地에서도 辟支佛地가 높은 階位이다. 華嚴十地에서는 第七地에서 無生法忍을 얻고 第八不動地에 나아간다. 더구나 無生法忍을 얻고 聲聞·辟支佛地를 超過하게 되지만 般若十地에서 第七已作地는 阿羅漢으로 聲聞의 最高位이다. 그 위에 第八辟支佛地가 있다. 그리고 無生法忍의 획득은 第三八人地에 배당되어 있다. 그러므로 無生法忍을 성취하는 地에 대해서는 般若十地와 華嚴十地는 크게 다름이 있다.[296] 즉, 兩者는 無生法忍에 대한 이해와 평가가 다르다.

이와 같은 점에서도 般若十地와 華嚴十地는 교리적 기반이 다름을 알 수 있다. 그러나 『大智度論』에는 無生法忍을 여러 가지로 설명하

---

294) 『大智度論』(『大正藏』25, pp.585下~586上).
295) 위의 책, p.586上.
296) 平川彰, 『初期大乘と法華思想』(東京, 春秋社, 1991), p.205.

면서,

> 또 다시 말하길 능히 聲聞·辟支佛의 智慧를 지나는 것을 無生忍이라고 이름한다.[297)]

라고 말하고 있다. 이것은 華嚴十地와도 같은 해석이다. 또한『大品般若』의「不退品」[298)]에도 이 阿惟越致菩薩摩訶薩은 이 自相空法으로써 菩薩位에 들어가고 無生法忍을 얻는다고 말하고 있다. 즉, 阿惟越致는 不退位와 無生法忍을 함께 하는 位이다.

이와 같이 華嚴十地는 第七地에서 無生法忍을 얻어 第八地에 진입하고, 第八地에서는 無生法忍을 성취함으로써 智의 不退를 얻어 不退地를 이룬다. 즉, 華嚴十地에서 無生法忍은 聲聞·辟支佛의 소승불교를 초월함으로써 성취되는 것이다. 마찬가지로 般若十地에서도 無生法忍은 聲聞·辟支佛의 智慧를 지나서 성취되는 것이다.

이러한 점에서 華嚴十地가 비록 從來의 十地說의 명칭과는 공통된 것은 발견되지 않지만, 無生法忍을 성취하는 시점과 조건에서 般若十地와 비슷한 점이 보이는 것에서 華嚴十地는 從來의 十地說과의 연결관계가 있다고 하겠다.

(2) 童眞地

다음은 華嚴十地에서 第八不動地를 童眞地라고 부르는 것이다. 華嚴十地에서는 第八不動地에 대한 十種의 명칭을 다음과 같이 설하고 있다.

---

297) 『大智度論』(『大正藏』25, p.662下).
298) 『大品般若經』(『大正藏』8, p.341中).

모든 佛子들이여 보살의 이 地는 무너뜨릴 수 없기 때문에 不動地라고 이름
한다. 智慧를 굴릴 수 없기 때문에 不轉地라고 이름한다. 일체 世間이 능히
헤아려 알 수 없기 때문에 威德地라고 이름한다. 色欲이 없기 때문에 童眞
地라고 이름한다. 뜻대로 태어나기 때문에 自在地라고 이름한다. 다시 짓지
않기 때문에 成地라고 이름한다. 결정코 알기 때문에 究竟地라고 이름한다.
大願을 잘 일으키기 때문에 變化地라고 이름한다. 파괴할 수 없기 때문에
住持地라고 이름한다. 먼저 善根을 닦았기 때문에 無功力地라고 이름한다.
보살은 이와 같은 智慧를 얻었기 때문에 佛境界에 들어간다라고 이름한
다.[299]

이상의 引用은 『60華嚴』의 번역이지만, 『80華嚴』[300]에는 ①不動地
②不轉地 ③難得地 ④童眞地 ⑤生地 ⑥成地 ⑦究竟地 ⑧變化地 ⑨
力持地 ⑩無功用地라고 설하고 있다. 여기서 第五地의 自在地의 번역
은 合致하지 않지만 다른 것은 대체로 모두 合致한다.

이와 같은 不動地의 十種의 異名에서 '童眞地'는 華嚴十住의 第八
住에도 사용되고 있다. 童眞은 色欲이 없기 때문에 童眞地라고 이름
하는데, 이것은 禁欲을 지키는 사람을 나타낸다. 이 의미의 童眞은 『般
若經』에서도 중요시 되었는데, 문수보살을 童眞으로 칭하고 있다.[301]
그리고 초기대승불교에서는 出家修行者를 童眞으로 칭하였는데,[302]
童眞은 대승불교에서 중요한 의미를 지니고 있다.

이와 같이 華嚴十地의 童眞地는 華嚴十住와도 『般若經』과도 관계
가 있음을 확인할 수 있다.

---

299) 『60華嚴經』(『大正藏』9, pp.565下~566上).
300) 『80華嚴經』(『大正藏』10, p.200下).
301) 제Ⅲ장 제2절 1) 菩薩의 修行階位와 十地 참조.
302) 平川彰, 『初期大乘佛敎의 硏究』Ⅰ(東京, 春秋社, 1992), p.459이하.

(3) 灌頂地

다음은 華嚴十地의 第十法雲地를 灌頂地(abhiṣeka-bhūmi)로 칭하고 있는 점을 살펴보도록 하겠다. 華嚴十住에서도 第十住를 灌頂住라고 하고 있는 것에서 이들의 연결을 알 수 있다. 그런데 漢譯에서는 abhiṣeka-bhūmi를 '受職地' 혹은 '職位'303) 등으로 번역하고 있다.

예를 들면 『80華嚴』에서는 法雲地를 설명하는 첫 머리에,

> 第九地 보살은 그때까지 얻었던 무량한 智慧로 잘 思惟修習하고 잘 白法을
> 만족하고, 無邊의 助道法을 모아서 大福德과 智慧를 增長한다. 널리 大悲
> 를 행하고 世界의 차별을 알고, 衆生界의 稠林에 들어가 如來의 所行處에
> 들어간다. 如來의 寂滅行을 隨順하고, 항상 如來의 十力·四無所畏·十八
> 不共佛法을 관찰한다. 이름하여 一切種과 一切智智를 受職하는 位를 얻었
> 다고 한다.304)

라고 설하고 있다. 즉, 九地보살은 지혜에 의해서 잘 思惟修習하고 이하의 十事를 관찰하고, 一切種智와 一切智智의 灌頂(abhiṣeka)을 얻는 地이다. 즉, 法雲地를 얻은 것을 말하고 있다. 이 경우 漢譯의 '受職位'는 梵文에는 "abhiṣeka-bhūmi"(灌頂地)로 되어 있다.

다만 여기서는 아직 第九地에서 第十地로 나아가는 최초이기 때문에, 成佛의 灌頂을 받는 자격을 갖춘 것을 나타낼 뿐이다. 이것은 第十地의 입구이다. 그래서 漢譯에서는 '受職地'로 번역하지 않고 '受職位'로 번역한 것이다. 여기서부터 灌頂의 의식을 행하고 이 의식을 완료하

---

303) 『60華嚴經』(『大正藏』9, p.572中); 『80華嚴經』(『大正藏』10, p.205中下·
    p.206上); 『漸備經』(『大正藏』10, p.490上)에는 "阿惟顔(abhiṣeka)로 音譯하
    고 있다. 『十住經』(『大正藏』10, p.529上); 『十地經』(『大正藏』10, p.567中下)
    에는 "灌頂地"로 나타나 있다.
304) 『80華嚴經』(『大正藏』10, p.205上中).

면 第十法雲地가 되는 의미이다. 그래서 王子의 灌頂이 완료되면 王이
되는 것처럼, 보살의 경우도 成佛의 灌頂이 완료되면 佛이 된다는 뜻이
다. 그러므로 第十法雲地는 成佛의 灌頂을 받을 자격을 얻은 것에서부
터, 이 의식이 완료하기까지의 간격으로 이해하면 좋을 것 같다.

이어서 『80華嚴』에는 계속해서,

> 佛子여 보살마하살은 이와 같은 지혜로써 受職地에 들어감을 마쳤다.[305]

라고 설한다. 여기에서는 受職地로 번역되고 梵文과도 합치하고 있
다.[306] 이상은 『80華嚴』의 경우이지만 『十住經』[307]에도 '一切智慧位',
'佛位地에 가깝다' 등으로 번역하고, 『60華嚴』[308]에는 '一切智位', '佛
位地에 가깝다'로 번역되어 있다.

그러나 華嚴十地에서는 第十地의 다른 곳에서도 受職位에 대해서
설하고 있다. 이 경우 『十住經』[309]에도 '成就受職'을 설하고 一切十方
佛의 광명이 이 보살의 頂에 들어갈 때를 이름하여 職을 얻었다고 하
고, 이름하여 諸佛의 경계에 들어간다라고 설하고 있다. 계속해서 受
職의 때에 諸佛은 智水로써 이 보살의 頂에 灌하고 灌頂法王이라고
이름한다고 말하여 受職의 譯語를 사용하고 있다.

『60華嚴』[310]에도 이와 같은 道를 행하여 成就受職하고 一切十方諸
佛의 광명이 이 보살의 頂에 들어갈 때를 이름하여 職을 얻었다고 하
고, 이름하여 諸佛의 경계에 들어간다고 설하고 있다. 계속해서 受職

305) 위의 책, p.205中.
306) J. Rahder, *Daśabhūmika sūtra*(Paris, 1926), p.82.
307) 『十住經』(『大正藏』10, p.528中).
308) 『60華嚴經』(『大正藏』9, p.571下).
309) 『十住經』(『大正藏』10, p.529上中).
310) 『60華嚴經』(『大正藏』9, p.572上中).

의 때에 諸佛은 智水로써 이 보살의 頂에 灌하고 灌頂法王이라고 이름한다고 말하고 있다. 이와 비슷한 문장은 梵本[311]에도 보이고 있다.

이와 같이 華嚴十地의 第十法雲地를 灌頂地(abhiṣeka-bhūmi)로 칭하는 것을 살펴보았다. 灌頂地는 『大事』十地에서는 第十地를 灌頂位地로, 華嚴十住에서는 第十住를 灌頂住로 표현하고, 『十住經』에도 비슷한 용례가 보이고 있다. 이러한 점들에서 華嚴十地와 종래의 十地說과의 연결 관계를 파악할 수 있다.

이상으로 華嚴十地와 從來의 十地說과의 관련성을 검토해 보았다. 華嚴十地는 十地의 명칭에서 共의 十地나 從來의 十地說의 명칭과는 공통된 것은 발견되지 않고, 또한 교리적 기반도 확연히 다르다. 그러나 無生法忍을 성취하는 시점과 조건에서 般若十地와 비슷한 점이 보이고, 第八不動地의 異名인 童眞地는 華嚴十住와도 『般若經』과도 관계가 있음을 확인하였다. 또한 第十法雲地를 灌頂地로 칭하는 別名에서 『大事』十地, 華嚴十住, 『十住經』과의 관련성을 파악할 수 있었다.

5) 菩薩道의 완성

이와 같이 『華嚴經』「十地品」에 설해진 十地菩薩道는 대승보살도의 으뜸[312]이라고 할 만큼 보살만행의 내용과 수행의 체계는 매우 완벽하다. 이제 十地의 수행체계를 다시 한 번 정리하여서 華嚴十地의 구성내용의 기본적 特相을 고찰해보고자 한다. 그리하여 華嚴十地가 어떠한 구조에서 菩薩道를 완성해 나가는지, 華嚴十地의 가장 큰 특징이라고 할 수 있는 보살의 願과 菩薩萬行에 대해서 살펴보고자 한다.

---

311) J. Rahder, *Daśabhūmika sūtra*(Paris, 1926), pp.84~85.
312) 전해주, 「華嚴經의 菩薩道에 대한 考察」 『太空宋月珠華甲紀念論叢』(서울, 조계종출판사, 1997), p.364.

(1) 有功用과 無功用

第一地는 初發心하여 十大願을 일으키고 十淨地法을 낸다. 第二地는 十善業道의 戒에 安住하고 다른 모든 것에도 安住한다. 第三地는 세간의 명예를 버리고 靜慮, 내지 四禪·四無色定·四無量心·四攝法·五神通의 等至를 닦고 행한다. 第四地는 부처님께 무너지지 않는 淨信으로써 三十七助道, 특히 八正道를 修習한다. 第五地는 方便·神通〔四無量心·四無色定〕으로써, 중생이익을 세간에 행하게 하는 작용을 성취하는 世間智를 성취한다. 第六地는 緣起를 관찰하고 三解脫門을 일으켜 반야바라밀이 現前한다. 第七地는 實際의 住에 머물러서 방편·반야의 智力의 任持를 얻고 覺慧에 의한 思擇으로 善巧를 행한다. 第八地는 無功用의 法性인 寂靜한 해탈의 住에 도달해, 보살의 自在性으로써 大莊嚴의 성취를 나타낸다. 第九地는 甚深의 해탈·世間行을 통달해서 四無礙智로써 끝없이 說法하는 大法師의 行을 갖춘다. 第十地는 如來와 다르지 않는 力·無畏·不共佛法·智를 얻어서 如來의 法照의 大雲水를 받고 만족하지 않고, 보살의 理想을 실현해 나간다.

이상의 華嚴十地의 구성과 特相에서 華嚴十地를 해석하는 방법에는 다양한 입장이 있다. 전통적인 해석은 『十地經論』에서 고찰한 방법으로 第二地를 戒, 第三地를 定, 第四 내지 第六地를 慧學으로 적용한 三學이다. 伊藤瑞叡도[313] 華嚴十地는 대소승의 諸種의 行目과 德目이 戒定慧 三學에 의한 실천과정이라고 밝히고 있다.

다음은 『攝大乘論』[314]의 해석으로 無著은 第六地까지는 無分別智, 第七地 이후는 後得智로 이해한다. 마찬가지로 십바라밀을 前육바라

---

313) 伊藤瑞叡, 『華嚴菩薩道の基礎的研究』(京都, 平樂寺書店, 1988), p.237.
314) 『攝大乘論』(『大正藏』31, p.126中).

밀은 無分別智로, 後사바라밀은 後得智로 보는 해석은 특히 근대학자
들에게 큰 영향을 주었다.

이 외에 近代的 해석으로는 크게 두 종류가 있다. 첫째는 第六現前
地를 結節点으로 하는 것으로 이것은 價値的으로도 중요시하는 것이
다. 즉, 반야바라밀·無分別智에 무게를 두고 第六現前地의 '三界唯
心'의 一文에 의거한 것이다. 그러나 이것은 後世의 해석·價値 판단
에 기초한 것이고 經典의 근거는 희박하다. 둘째는 有功用·無功用에
서 第七地를 중요시하는 것으로 이것은 다시 그 근거로 滅盡定을 第
七地로 無生法忍을 第八地로 들고 있다.315)

필자도 有功用·無功用의 입장에서 華嚴十地를 구분하지만 여기서
結節点은 第七地가 아니고 第八地에 두고자 한다. 왜냐하면 지금까지
의 菩薩十地의 전개에서 가장 중심문제는 어떻게 하면 不退轉이 될 것
인가?316) 다시 말해서 어떻게 하면 윤회전생 중에서 무수한 보살행을
하여 다시는 윤회적 존재로 '退轉'하지 않게 될 것인가? 하는 문제였다
고 할 수 있다.

그래서 『大事』의 十地에서도 前七地는 退轉·在家菩薩, 後三地인
八地 이상은 不退轉·出家菩薩로 구분하였다. 그리하여 第八地 이상
의 보살이 진정한 의미의 보살로 利他的인 大悲心을 일으킨다고 보았
다. 般若十地도 '無生法忍'에 의하여 不退轉菩薩이 되어, 七地에서 보
살로서의 수행을 마감하고 八地 이후부터는 중생교화를 펼치고 있다.

華嚴十地에서도 第七地에서 보살은 四攝法·四加持處·三十七助
道品·三解脫門 등의 一切助道를 구족하여, 染에서 淨으로 일대 비약

---

315) 丘山新,「十地經の思想的研究」Ⅰ 『印度學佛教學研究』25-1號(日本印度學
　　 佛教學會, 1976, 12), pp.154~155.
316) 荒牧典俊,「十地思想의 成立과 展開」『華嚴思想』(서울, 경서원, 1996), p.93.

을 한다. 이 비약은 아주 어려운 일이므로, 특히 第七遠行地에서 십바
라밀의 구족을 설한다. 그래서 第七地의 難行을 넘으면 다음의 청정한
三地는 쉽게 無功用으로 성취된다.[317]

그리하여 第七地에서는 보살행의 노력에 의한 有功用이었지만, 第
八地에서는 어떠한 노력도 없는 無功用으로, 다음과 같은 無生法忍을
성취하게 된다.

> 한량없는 지혜의 道를 수행하여 諸法이 본래 無生이며, 無起無相이며, 無
> 成無壞이며, 無來無去이며, 처음도 중간도 나중도 없는 경지에 들어간다.
> 또 如來의 智에 들어가 일체의 心·意·識·憶想·分別에 집착이 없으므
> 로, 일체 法은 허공의 성품과 같음을 안다. 이것을 보살이 無生法忍을 얻어
> 第八地 不動地에 들어간다고 한다.[318]

이와 같이 第八地에서 無生法忍을 얻기까지 보살은 스스로의 노력
으로 보살행을 실천하였지만, 第八地부터는 無量無邊의 無功用으로
無礙自在하게 보살행을 완성시켜 간다.

그래서 마치 어떤 사람이 배를 타고 大海를 건너려 할 때, 그 바다
에 들어가기 전에는 많은 功力을 쓰지만, 바다에 들어가서는 바람의
힘으로 아무 어려움 없이 항해하게 된다. 第八地에서도 보살은 다음
과 같이,

> 보살마하살이 第八地에 이르면 큰 방편과 지혜에서 생기는 無功用心으로
> 菩薩道에 있으면서, 모든 부처님의 지혜의 힘을 생각하고는 세계의 生滅成
> 壞를 다 안다.[319]

---

317) 『60華嚴經』(『大正藏』9, pp.561中~562上).
318) 위의 책, p.564中.
319) 위의 책, p.565上.

어떠한 노력의 加行도 없는 無功用心으로 일체 세계의 生滅成壞를 깨닫게 된다. 그래서 第八地를 無功用地, 또는 물러나지 않는 모양을 얻었으므로 不動地라고 이름한다.[320)

이처럼 華嚴十地도 다른 菩薩十地와 마찬가지로 前七地와 後三地의 二重 構造로 구분하여, 有功用과 無功用의 特相을 나타내었다고 필자는 생각한다.

菩提樹 아래 寂滅道場에서 시작한 『華嚴經』은 七處八會에 걸쳐 菩薩思想을 설하고 있다. 어리석은 중생이 菩提心을 내어 마침내 成佛하여 중생을 구제하려면, 無限時劫에 菩薩道를 닦아야 한다. 菩薩道는 보살이 보살행을 수행해 가는 과정으로 보살은 菩薩道를 통해서 수많은 願을 세우고 그 願을 실천해 간다. 이제 華嚴十地의 가장 큰 특징이라고 할 수 있는 보살의 願과 菩薩萬行에 대해서 살펴보도록 하겠다.

(2) 願과 菩薩萬行

華嚴十地의 說主는 金剛藏보살이다. 운집한 보살들을 대표하여 解脫月보살이 金剛藏보살에게 十地의 法門을 요청하고 이에 금강장보살이 說法하는 형식으로 구성되어 있다. 般若十地가 三乘共의 十地라면 華嚴十地는 보살만의 十地로, 이러한 기존의 十地說과 華嚴十地와의 확연한 차이는 十地法門의 출발에서부터 나타나고 있다.

> 어떤 것이 보살마하살의 지혜의 자리인가. 보살마하살의 지혜의 자리에는 열 가지가 있으니, 과거 · 미래 · 현재의 모든 부처님이 말씀하셨고 장차 말씀하실 것이요, 지금 말씀하시는 것입니다. 그러므로 그 자리를 위해 나도 이렇게 말하는 것입니다. 그 열 가지란 첫째는 歡喜요, 둘째는 離垢요, 셋째는 明이요, ……열째는 法雲입니다. 이 十地는 보살의 최상의 묘한 길이요,

---

320) 위의 책, p.566上.

최상의 밝고 깨끗한 法門으로서, 이른바 十地의 일을 분별하는 것이기 때문입니다.321)

여기서 말하고 있는 十地는 보살의 智地 즉, 지혜의 자리이다. 華嚴十地에는 智地(jñāna-bhūmi)라고 하는 특이한 用語가 보이고 있다. 智地는 華嚴大本의 몇 品에서도 보이고 있지만 그 意義 및 用語가 반드시 동일한 것은 아니다. 智地의 용례는 주로 ①智地가 十菩薩地를 총칭하는 경우 ②智地가 十地 중에서 第八菩薩地만을 지칭하는 경우 ③智地가 佛地를 지칭하는 경우의 세 측면에서 설명되고 있다.322)

위 인용문의 智地는 十菩薩地를 총칭하고 또한 十地의 각각을 지적하는 것으로, 여기서 華嚴十地는 보살의 지혜의 자리를 열 단계로 구분하여 말하고 있다. 華嚴十地에서 十地에 도달하기까지의 전체적 構想은 菩薩道의 妙智 즉, 智地에서 生하는 것이다. 그래서 玄奘譯의

321) 위의 책, pp.542下~543上.
322) ①智地가 十菩薩地를 총칭하는 것은 『60華嚴經』(『大正藏』9, pp.542下~543上, p.544上); 『80華嚴經』(『大正藏』10, p.180下)에, ②智地가 第八菩薩地만을 칭하는 것은 『60華嚴經』(『大正藏』9, p.563中, p.565上); 『80華嚴經』(『大正藏』10, p.199下, p.200下)에 나타나 있다. 여기서는 有功用性인 第七地에 대해서 無功用性인 第八地의 特定意義에 관련하여 지칭되는 것이다. 第八地는 보살이 一切智智의 근본적 屬性인 無功用을 본질로 하는 智의 작용에 住하는 것으로, 一切智智를 반드시 받아들이는 그것에 능히 가까운 地이다. 또는 第八地의 十種의 異名에서 이것이 보살의 第八의 智地이고 智가 不退轉하기 때문에 究竟地이다. 그래서 智地란 智가 不退하는 地, 智에 의해서 결택을 잘하는 地라는 의미를 생각할 수 있다. 또한 第八地는 완성의 경계에 도달한 것으로 보여 지고 있다. 그래서 智地가 十地 중에서 第八菩薩地만을 지칭하는 경우의 智地의 智는 第八地에서 성취되지 않으면 안된다. 그러므로 여기서 智地의 智는 一切智智의 근본적 屬性인 無功用을 본질로 하는 智를 지적하고 있는 것으로 추측된다. ③智地가 佛地를 칭하는 것은 『80華嚴經』(『大正藏』10, p.181中)에 나타나 있다. 보살이 第一地에 머무르고 歡喜를 내는 이유를 밝히는 부분에서, 第一地는 凡夫地에서 멀리 떠나 智慧地에 가까운 곳으로 智地는 佛地를 가리킨다.

『攝大乘論釋』323)에서는 "初地의 眞智를 얻으면 모든 地에 빨리 도달해 이룬다"라고 설하고 있다. 다시 말해 華嚴十地는 보살의 지혜의 자리인 智地에서 菩薩道 전체를 구성하고 있으며, 菩薩地의 漸進過程 또한 智地에 바탕하고 있는 것이다.

大事十地는 전체적으로 석존의 전생을 그린 것이고, 般若十地는 보살과 二乘이 함께 수행하는 共地이다. 그러나 華嚴十地는 오직 보살만의 十地로 보살이 진리를 체득한 환희로 넘치는 歡喜地에서 시작하고 있다. 이처럼 이미 진리를 체득한 경지에서 初地를 시작하는 것에서 華嚴十地의 특색을 읽을 수 있고, 또한 華嚴十地의 지향점을 짐작할 수 있다.

그러면 華嚴十地에서 보살의 지향점은 무엇인가! 이것은 歡喜地에서 보살이 十大願을 성취하기 위해, 다시 十願으로 끝없는 精進을 誓願하는 것에서 정확히 확인할 수 있다.

첫째는 중생이 끝나지 않고, 둘째는 세계가 끝나지 않고, 셋째는 허공이 끝나지 않고, 넷째는 법계가 끝나지 않고, 다섯째는 열반이 끝나지 않고, 여섯째는 부처님이 세상에 나심이 끝나지 않고, 일곱째는 諸佛의 지혜가 끝나지 않고, 여덟째는 마음의 반연이 끝나지 않고, 아홉째는 일어나는 지혜가 끝나지 않고, 열째는 세간의 진전과 法의 진전과 지혜의 진전이 끝나지 않는다. 만일 중생이 끝나면 내 소원도 끝날 것이나, 세계와 허공·법계·열반 ……일어나는 지혜와 모든 진전 등은 실로 끝나지 않을 것이다. 그러므로 내 모든 願의 善根도 끝날 수 없는 것이다.324)

이처럼 끝이 없는 보살의 精進은 十大願의 성취에 있고 十大願은 결국 광대무변한 보살행의 실천으로 이어진다. 그리고 보살행의 실천

323) 『攝大乘論釋』(『大正藏』31, p.424下). "得初地眞智 諸地疾當成"
324) 『60華嚴經』(『大正藏』9, p.546上).

은 그 밑바탕에 반드시 願이 자리 잡고 있다. 그래서 보살의 行은 願과 함께 합일되어진 상태가 아니면 진정한 보살행이라 할 수가 없다. 다시 말해 願을 근거로 하여 이루어지는 行이 바로 大乘菩薩道의 실천인 것이다. 이러한 보살의 願은 上求菩提하고 下化衆生하는 四弘誓願[325]으로 대표된다고 할 수 있다.

『華嚴經』에는 願과 願力의 중요성이 도처에 설해지고 있지만,[326] 佛敎史에서 誓願의 중요성이 단적으로 드러난 것은 燃燈佛授記說話[327]이다. 여기서 석존의 前身이었던 바라문 청년은 燃燈佛을 뵙고 존경심을 내어 꽃을 공양하고 머리카락을 진흙 위에 펴 드리면서, '나도 반드시 부처님이 되겠다'고 誓願을 일으킨다. 그때 연등불께서는 너는 미래세에 석가모니불이 될 것이라고 授記를 주신다.

燃燈佛授記說話에서 하나의 중요한 의미를 발견할 수 있는데, 그것은 바로 석존께서 誓願을 일으킴으로써 깨달음을 얻었고 授記를 받았

---

325) 『天台四敎儀』(『大正藏』46, p.777中)에는 보살의 四大願으로 衆生無邊誓願度・煩惱無盡誓願斷・法門無量誓願學・佛道無上誓願成을 설하고 있다.

326) 『華嚴經』은 특이하게 佛이 설하지 않고 여러 보살들이 佛을 대신하여 설하고 있다. 이때 보살들은 盧舍那佛의 本願力으로 三昧에 들어갔다 나와서 說法을 하는데, 三昧가 가능한 것은 바로 盧舍那佛의 本願力과 보살들이 부처님 처소에서 닦은 淸淨行과 願力 때문이다.(「盧舍那佛品」, 『大正藏』9, p.408中) 그래서 『華嚴經』에는 願을 강조하는 品이 많은데 정리해보면 다음과 같다. 「初發心菩薩功德品」(『大正藏』9, p.458下)에서 法慧보살은 三世의 모든 부처님을 친견하고자 하면, 보리심을 일으킴과 동시에 견고한 誓願을 세워야 한다고 말한다. 「菩薩雲集妙勝殿上說偈品」(『大正藏』9, p.442上)에서도 보리심을 내어 佛을 구하고자 하면, 먼저 淸淨願을 세우고 보살행을 닦아야 한다고 말한다. 그리고 「明法品」・「十廻向品」・「十地品」・「離世間品」, 『40華嚴』의 「普賢行願品」 등에는 十大願이 구체적으로 설해져 있다. 또한 「淨行品」(『大正藏』9, pp.430下~432下)에는 일상생활의 身口意業에 대한 140願이 나타나 있다.

327) 『佛本行集經』(『大正藏』3, p.667下).

다는 것이다.328) 즉, 誓願이 成佛의 道의 출발임과 동시에 또한 成佛이 보장되는 것임을 의미한다. 『大品般若經』329)에서도 모든 보살마하살은 큰 誓願으로 莊嚴하고, 허공과 같은 중생들을 위하여 큰 誓願으로 莊嚴하고, 중생을 구하고자 하는 것은 허공을 들어 올리는 것과 같으며, 모든 보살마하살은 큰 精進力을 얻어 중생을 제도하려고 하기 때문에, 아뇩다라삼먁삼보리를 일으킨다고 설하고 있다.

여기서 誓願은 중생구제의 下化衆生임과 동시에 아뇩다라삼먁삼보리를 일으키는 上求菩提의 근거이다. 이외에도 『大品般若經』「夢行品」330)에는 30願을 설하여 육바라밀과 『般若經』특유의 無自性・空・無執着을 설명하고 있다. 이러한 보살의 誓願과 願은 보살행의 기초가 되고 또한 보살의 원동력이 되어서 마침내 華嚴十地에서 菩薩道를 완성하는 願力이 된다. 즉, 華嚴十地에서 보살의 지향점은 끝없는 誓願과 願力의 보살행을 실천하는 것이다.

그래서 初地 歡喜地에서 보살은 供養願・受持願・轉法輪願・修行願・成就願・承事願・淨土願・不離願・利益願・成菩提願의 十大願을 일으키고, 十大願 끝에는 金剛藏보살이 다시 十不可盡法331)을 일으킨다. 그리하여 중생이 끝나지 않고 세계가 끝나지 않고 허공이 끝

---

328) 권탄준, 「華嚴經의 誓願思想小考」 『한국불교학』11집(서울, 한국불교학회, 1986, 12), p.424.

329) 『大品般若經』(『大正藏』8, p.309中).

330) 『大品般若經』(『大正藏』8, pp.347中~349中) 그리고 『大品般若經』의 「序品」(『大正藏』8, pp.218下~221上)에는 ①보살의 念願 全般의 70種 ②無上菩提 證得까지의 念願 3種 ③無上菩提時의 念願 7種이 설해져 있는데, 이러한 念願을 성취하려면 반드시 반야바라밀을 배워 실천해야 함을 강조하고 있다. 그래서 『般若經』에 나타난 誓願思想의 특징은 般若 특유의 無自性・空・無執着을 깨닫고, 반야바라밀을 철저히 실행하는 것이라고 할 수 있겠다.

331) 『60華嚴經』(『大正藏』9, p.546上).

나지 않기 때문에, 내 誓願도 끝이 없다는 간절한 발원이 이어지는 것
이다.

　이와 같이 華嚴十地는 보살의 十大願의 發心에서 시작하여, 成道에
이르기까지의 과정으로 여기서 十地는 보살의 智地이다. 결국 華嚴十
地는 지혜의 성취와 완성에 있다고 할 수 있다. 그러면 華嚴十地의 목
적이 지혜의 완성에 있다면 그 지혜의 완성은 어떠한 과정을 통해서
성취되는가. 이것은 각 地에 설해진 보살의 수행덕목과 바라밀 등을
살펴보면 쉽게 파악할 수 있다.

十地	修行德目	十波羅蜜	受生
1. 歡喜地	十大發願	布施	閻浮提王
2. 離垢地	十善業道・戒律	持戒	轉輪聖王
3. 明　地	三法印・四禪八定	忍辱	三十三天王
4. 焰　地	三十七菩提分法	精進	須夜摩天王
5. 難勝地	四聖諦	禪定	兜率陀天王
6. 現前地	十二因緣・唯心思想	智慧	善化天王
7. 遠行地	十波羅蜜・三十七菩提分法	方便	自在天王
8. 不動地	無生法忍	願	大梵天王
9. 善慧地	四無礙智	力	大梵天王
10. 法雲地	大法明雨	智	摩醯首羅天王

　이와 같이 十地에 설해진 敎義에는 大小乘의 모든 敎義가 나타나
있다. 華嚴十地에 있어서 지혜의 완성은 결국 大小乘의 모든 敎義를
수행함으로서 성취된다. 華嚴十地가 비록 순수 보살만의 十地를 표방
하고 있지만, 각 地에 설해진 大小乘의 모든 敎義에서 華嚴十地說은
大小乘의 모든 敎義를 大乘정신 아래 綜合統一시켰음을[332] 알 수 있
다. 다시 말해 華嚴十地는 初地에서 진리를 체득한 歡喜로 넘치는 보

살로 시작했지만, 그 보살이 수행하는 德目은 大小乘의 모든 敎義였던 것이다.

하지만 華嚴十地說이 기존의 十地說과 방향을 달리하는 가장 중요한 점은 앞에서도 살펴보았듯이 보살의 광대무변한 보살행이다. 보살이 成佛을 위해 大小乘의 모든 敎義를 거치고 있지만, 중생들을 향한 끝없는 菩薩萬行은 華嚴十地만의 특징이 아닐까 생각된다. 그래서 華嚴十地에서 보살의 成佛은 궁극적으로 菩薩萬行으로 성취된다고 할 수 있다.

般若十地가 空의 理法을 강조하여 菩薩行의 논리를 보여주고 있다면, 華嚴十地는 현실적인 실천의 菩薩行을 강조하고 있는 것이다.333) 華嚴十地에 나타난 지극히 현실적인 보살행을 소개하면,

> 보살은 중생을 이롭게 하기 위해, 세간의 모든 經書와 技藝와 文章과 算數와 金石의 모든 성질을 안다. 병을 다스리는 약방문으로, 소갈증과 문둥병과 귀신에 잡힘과 벌레의 독 등을 다 고친다. 음악과 노래와 춤과 웃음거리와 오락 등을 잘 알고, 국토의 城郭과 촌락 · 주택 · 동산 · 못 · 누각 · 꽃 · 과실 · 약초 등을 잘 안다. 금과 은과 유리 · 산호 · 호박 · 자거 · 마노 등, 모든 보물의 무더기를 보인다. 해와 달과 다섯 개 별과 스물 여덟 개 별들을 관찰하며, 길하고 흉한 것과 지진과 꿈 징조와 몸에 있는 모든 모양을 다 점쳐 잘 안다. 보시와 계율로 그 마음을 껴잡고, 禪定과 神通과 四無量心과 四無色定으로 모든 괴로움과 산란함을 없앤다. 중생을 편안하게 하고 중생을 가엾이 여기기 때문에, 이와 같은 法을 내어 諸佛의 無上의 法에 들어가게 한다.334)

332) 山田龍城, 『大乘佛敎成立論序說』(京都, 平樂寺書店, 1977), p.279.
333) 이봉순, 「菩薩思想 成立史의 硏究」(서울, 동국대학교 대학원 박사학위논문, 1997), p.267.
334) 『60華嚴經』(『大正藏』9, p.556下).

라고 하고 있다. 이 인용문은 第五難勝地에 설해져 있는 보살행으로,
여기서 보살은 세간의 모든 학문과 철학·기술·예술·의학·천문·
과학뿐만 아니라, 점성술까지 해박하다. 또한 禪定과 神通·四無量
心·四無色定까지 다 갖추어 중생을 편안케 하고, 그리고 중생을 諸佛
의 無上의 法에 들게 한다. 여기에 나타난 보살행은 중생의 지극히 현
실적인 생활을 보살피고 보호할 뿐만 아니라, 궁극적으로는 중생을 부
처의 세계에 들게 하고 있다. 이것은 華嚴十地의 보살행의 의미를 단
적으로 나타내고 있다고 해도 과언이 아닐 것이다.

　이러한 華嚴十地의 광대무변한 보살행은 마침내 십바라밀로 체계화
되어 대승보살도를 완성하게 된다. 『般若經』이 육바라밀을 대승보살
의 수행실천도로 강조하였다면, 『華嚴經』은 십바라밀로서 모든 보살
도를 포섭하고 있다.335) 「十地品」에서는 各地에 하나씩 바라밀을 배
당하고 있는데, 十地와 십바라밀은 둘이면서도 하나인 것으로 보지 않
으면 안 될 정도로336) 밀접한 관계이다. 이것은 各地에서 설하는 보살

---

335) 『般若經』과 『華嚴經』은 모두 대승경전으로서 菩薩乘이라는 점에서, 그리고
　　보살의 실천행으로 육바라밀을 중심으로 하고 있다는 점에서도 동일하다. 그
　　런데 육바라밀을 바라보는 관점에서 『般若經』과 『華嚴經』은 많은 차이가 있
　　다. 『般若經』은 『般若經』이라는 그 명칭에 나타난 것처럼 육바라밀을 설하
　　고 있지만, 육바라밀 각각을 동등하게 보지 않고 반야바라밀을 특히 중요시한
　　다. 즉, 반야바라밀이 다른 오바라밀에 대해서 우위를 점하고 있으며, 반야바
　　라밀이 다른 오바라밀을 포함하고 있다. 반야바라밀에 의해서 보살은 顚倒夢
　　想을 멀리 여의고 열반을 究竟한다. 그래서 『般若經』은 菩薩乘으로서 般若
　　一바라밀의 가르침이라고 할 수 있다. 그러나 『華嚴經』은 一바라밀의 가르침
　　이 아니고 多바라밀의 가르침이다. 『華嚴經』에서는 육바라밀을 모두 동등하
　　게 취급할 뿐만 아니라, 다시 육바라밀을 늘여서 십바라밀로 하고 있다. 『華
　　嚴經』은 그 어디에서도 육바라밀을 동등하게 그 가치를 인정하고 있다. 다시
　　말해서 『般若經』과 『華嚴經』은 공통적으로 육바라밀을 그 수행의 기초로 설
　　하고 있지만, 『般若經』은 육바라밀을 一바라밀로 歸入하고 『華嚴經』은 육바
　　라밀을 열어서 십바라밀로 연장하고 있다.

행이 모두 십바라밀을 포함하고는 있지만, 특히 치우쳐 닦는 바라밀을
華嚴十地에서는 설하고 있다.

그럼 第七遠行地에 설해져 있는 십바라밀에 대한 설명을 살펴보겠다.

> 보살은 찰나 찰나에 십바라밀과 十地行을 具足한다. 왜냐하면 보살은 생각
> 생각에 大悲를 머리로 삼고 佛法을 닦아 익혀, 一切를 大智慧에 회향하기
> 때문이다. 십바라밀이란 보살이 佛道를 구하기 위해 닦는 善根을 일체 중생
> 에게 주는데 이것은 布施바라밀이다. 모든 번뇌의 뜨거움을 없애는데 이것
> 은 持戒바라밀이다. 慈悲를 머리로 삼아 일체 중생에 대해 해치려는 마음이
> 없는데 이것은 忍辱바라밀이다. 善根을 구하되 만족하지 않는데 이것은
> 精進바라밀이다. 道를 닦는 마음이 산란하지 않고 항상 一切智로 향하는
> 이것은 禪定바라밀이다. 諸法의 不生門을 아는데 이것은 般若바라밀이다.
> 無量한 지혜의 門을 일으키는데 이것은 方便바라밀이다. 더욱 수승한 지혜
> 를 구하는데 이것은 願바라밀이다. 모든 악마와 외도가 무너뜨리지 못하는
> 데 이것은 力바라밀이다. 모든 법의 모양을 如實히 말하는데 이것은 智바라
> 밀이다. 이와 같이 생각 생각에 십바라밀을 완전히 갖춘다. 보살이 십바라밀
> 을 완전히 갖출 때는, 四攝法・三十七品・三解脫門과 아뇩다라삼먁삼보리
> 를 돕는 모든 法도, 모두 생각 생각에 완전히 갖춘다.[337]

이것은 십바라밀의 총론적이고도 구체적인 설명으로 第七遠行地에
서는 중점적으로 실천해야 하는 주된 수행덕목이다. 여기서 十地와 십
바라밀은 둘이면서도 하나인 不二의 관계이다. 십바라밀의 실천은 결
국 十地의 성취이고 十地의 실천은 결국 成佛로 이어진다. 이러한 십
바라밀은 화엄의 보살계위 十住・十行・十廻向・十地의 40位 각각에
四重의 십바라밀을 설하고 있을 정도로, 화엄에서는 대표적인 菩薩道

---

336) 川田熊太郎,「佛陀華嚴」, 中村元 外, 석원욱 譯,『華嚴思想論』(서울, 운주
    사, 1990), pp.44~45.
337)『60華嚴經』(『大正藏』9, p.561中下).

이다. 특히 十이라는 數는 화엄에서는 일체를 포섭하는 圓滿數이다. 그러므로 十地와 십바라밀로 총섭되는 『華嚴經』의 菩薩道는 대승보살행뿐 아니라 근본교설에서 부파불교시대까지의 모든 수행법도 총망라하고 있다[338]고 할 수 있겠다.

이렇게 華嚴十地는 순수보살만의 大乘菩薩道로 출발하였지만 華嚴十地의 敎義는 大小乘의 모든 敎義를 포함하고 있다. 하지만 華嚴十地는 원대한 誓願과 광대무변한 보살만행을 중심으로, 십바라밀을 체계화하면서 기존의 十地說과는 분명한 차이를 나타내고 있다. 그리하여 華嚴十地說은 마침내 菩薩道의 精華로서 大乘菩薩道를 완성하게 된다.

6) 修行行位로서의 華嚴十地

그런데 『華嚴經』에서는 十地외에도 十地 앞에 十住·十行·十廻向의 30位를 두고 있다. 보살의 修行階位說로는 42位說 혹은 52位說이 일반적이지만, 『華嚴經』 자체에서 설해지고 있는 보살의 修行階位는 十住·十行·十廻向·十地의 40位이다. 十信 등과 等覺·妙覺의 十二位는 후에 『仁王般若經』과 『菩薩瓔珞本業經』 설을 華嚴祖師들이 채용한 것이다.

42位說 혹은 52位說에 대한 것은 十地의 다양한 변천과정에서 검토하기고 하고, 본장에서는 『華嚴經』에서 설하고 있는 40位에 대해서만 살펴보고자 한다. 즉, 十地와 十地 앞에 설해진 30位는 어떤 상관관계가 있으며, 각각의 位는 어떤 인과관계가 있는지? 그리고 일부 학계에서 지적하고 있는, 華嚴十地가 과연 깨달음의 구체적인 修證의 行位라

---

338) 전해주, 「大乘佛敎의 自力修行과 他力信仰에 관한 硏究」 『彌天睦楨培博士華甲記念論叢; 未來佛敎의 向方』(서울, 도서출판 장경각, 1997), p.491.

고 할 수 있는가! 하는 문제에 대해서 정리해보고자 한다.

필자는 十住와 十地의 관계에서 十地를 十住의 상위에 둔 것은 아마도 『華嚴經』의 우월성을 강조하고, 기존의 대승경전에서 설하고 있는 十地와의 차별을 두고자 한 이유에서라고 밝힌 바 있다.

『華嚴經』에 설해진 十住·十行·十廻向·十地는 어디까지나 각기 다른 會座의 설법이므로, 거기서는 十住라던가 十行 등 그 會座에 해당하는 것 하나만이 보살수행의 전부이므로 다른 것을 겸하지 않는다. 다시 말하면 『華嚴經』에서는 十住 내지 十地가 각각 독립된 階位일 뿐, 낮은 경지에서 높은 경지로 진전하는 상하적인 것이 아니라, 전부 깨달음의 聖位인 것이다.[339] 결코 十住·十行·十廻向 등이 十地보다 하위의 수행과정이라는 입장은 아니다.

十住·十行·十廻向의 내용에서도 「十地品」의 수행법과 거의 비슷하다. 十住·十行·十廻向·十地가 한결같이 십바라밀에 다 포섭되고 있는 것처럼, 각각의 階位는 독립된 階位로 이들 사이에 어떤 별다른 인격적인 차이가 보이지 않는다. 이것은 『華嚴經』이 여러 短經을 종합하여 大本으로 성립된 것이기 때문이다. 그래서 『華嚴經』에 설해진 40位는 모두 독립된 평등한 보살의 階位로, 각 階位 사이에 어떤 인과관계나 필연적인 상관관계가 보이지 않는다.

그리고 일부 학계에서 지적하고 있는 華嚴十地가 과연 깨달음의 구체적인 修證의 行位라고 할 수 있는가? 라는 비판에 대해서 살펴보도록 하겠다. 神林隆淨은[340] 華嚴十地에 대해서 華嚴十地는 보살수행의 行位를 밝힌 것이 아니고 佛敎의 敎義를 나열한 것이라고 하면서, 보

---

339) 장계환, 「大乘佛敎의 菩薩思想」 『大乘佛敎와 戒律』(서울, 도서출판(사법), 1994), p.194.

340) 神林隆淨, 『菩薩思想の研究』(東京, 日本圖書センタ, 1976), p.274.

살수행의 行位는 斷惑證理의 進程이 명쾌하게 나타나지 않으면 안 된
다고 주장한다. 그러나 華嚴十地에서는 이런 시도조차 보이지 않으며,
보살과 覺體와의 관계가 밝혀지지 않았다. 覺體란 佛性 · 法性 · 眞
如 · 如來藏識 · 淨菩提心 등을 의미하는데, 이것들과 보살 자신과의
관계가 밝혀지지 않았음을 주장하고 있다.

華嚴十地가 佛敎의 敎義를 나열하고 있는 것은 이미 앞장에서 華嚴
十地의 각 地에는 大小乘의 모든 敎義가 설해져 있으며, 華嚴十地說
은 大小乘의 모든 敎義를 大乘정신 아래 綜合統一시켰음을 확인하였
다. 뿐만 아니라 十地와 십바라밀로 총섭되는 『華嚴經』의 菩薩道는
대승보살행뿐 아니라, 근본교설에서 부파불교시대까지의 모든 수행법
도 총망라하고 있다.

그래서 필자는 華嚴十地는 보살이 成佛을 위해 大小乘의 모든 敎義
를 거치고 있지만, 중생들을 향한 끝없는 菩薩萬行은 華嚴十地만의 특
징이며, 華嚴十地에서 보살의 成佛은 궁극적으로 菩薩萬行으로 성취
된다고 하였다. 般若十地가 空의 理法을 강조하여 菩薩行의 논리를
보여주고 있다면, 華嚴十地는 현실적인 실천의 菩薩行을 통한 成佛의
길을 강조하고 있다.

이제 華嚴十地에는 斷惑證理의 進程이 명쾌하게 나타나지 않으며,
佛性 · 法性 · 眞如 · 如來藏識 · 淨菩提心 등의 覺體와 보살 자신과의
관계가 밝혀지지 않았기 때문에, 華嚴十地는 보살의 修行行位라고 할
수 없다는 비판에 대해 살펴보기로 하겠다.

修行行位로서의 華嚴十地를 논하기 위해서는 먼저 菩薩地로서의
地(bhūmi)의 의미와 槪念을 살펴서, 十地의 의미를 정리해야 한다. 그
리고 世親의 견해를 살펴서 修行行位로서 十地를 고찰해 보고자 한다.

bhūmi(=ākara)인 女性名詞의 語源에 대해서는 M. Mayrhofer가 여

러 가지로 추측하고 있지만, 어근 Bhū에서 온 것이라고는 명확한 단정을 내리고 있지는 않다. Bhū를 어근으로 하는 bhū인 여성명사인 형용사로서 becoming, produced, from, being을 의미하는 점을 고려하면, 이 bhūmi인 말에는 '존재하는 것', '발생하는 것'이라고 말하는 原意를 想定하는 것이 허용된다. 그런데 bhūmi는 원래 earth를 의미하지만,[341] earth는 『十地經』에서는 어떻게 생각하고 있을까. 현존 최고 譯의 『漸備一切智德經』에 나타난 용례에 따르면, '무엇을 살리고[生] 활용[活]시키는 작용'[342]이 특질로서 중시되고 있다.

그런데 bhūmi는 世親의 『十地經論』에서는 初地의 해석에서 佛智를 성취하는 所依[343]로 보고 있다. 또한 bhūmi에 관한 총합적인 견해가 『十地經論』의 初地 해석에서 十地에 대한 註解[344]에 나타나 있다. 특히 十菩薩地의 分位가 障을 구족하는 것이므로, 胎藏에 住하는 分位에 佛陀의 分位가 一切의 所知의 行境을 覺知領納하는 것이므로, 그래서 出生의 分位에 각각 비유되어지고 있는 것을 주의해야 한다.

이 비유는 bhūmi를 佛陀의 出生하는 胎(garbha)로 보는 bhūmi와 garbha와의 觀念連合을 基調로 하고 있다. 이것은 佛陀의 과정에 있는 十地에서의 보살의 점진적인 성숙의 모양이 『十地經論』의 같은 곳에서 胎藏內의 十位(daśâvasthā, 十時)에, 비유되어지고 있는 점에서도 明瞭하다.

이와 같이 bhūmi는 『十地經』에서 자신의 존재[有]하는 기본적인

---

341) 伊藤瑞叡, 『華嚴菩薩道の基礎的研究』(京都, 平樂寺書店, 1988), pp.167~168.
342) 『漸備經』(『大正藏』10, p.497上). "猶如百穀 草木果實 衆藥皆因地生 菩薩如是 行此十住 自致成佛度脫十方"; (『大正藏』10, p.459上). "活一切猶如地".
343) 『十地經論』(『大正藏』26, p.127上). "十地生成佛智住持故"
344) 위의 책, p.127上.

의미 · 개념으로 照應해서 다른 어휘로 換言되고 있다. bhūmi는 智者의 無漏인 行境,[345] 勝한 覺慧의 對境,[346] 不可思議의 住處,[347] 十方에 相應하는 無著인 善逝의 行路,[348] 智의 生處, 無量한 勝者의 勝法의 生處[349]로 열거되고 있다.

또한 bhūmi는 보살의 無上의 行,[350] 淸淨한 行,[351] 보살의 所行,[352] 最上이면서 最勝한 寂靜의 法[353]으로, 분별을 떠나고 心地를 떠난 行境[354]으로 설명되고 있다. 그래서 bhūmi는 心의 行境이 아니고[355] 불타의 知이며, 思惟와 心의 道를 떠난 것으로 心에 의한 了解가 아니고 意에 의한 思慮가 아니다.[356]

---

345) 『十住經』(『大正藏』10, p.499上). "從佛智慧出"; 『80華嚴經』(『大正藏』10, p.179下). "出生佛境界"; 『十地經』(『大正藏』10, p.536下). "智者境界純無漏"

346) 『漸備經』(『大正藏』10, p.460上); 『十地經』(『大正藏』10, p.537上 · p.543下); 『80華嚴經』(『大正藏』10, p.180中).

347) 『漸備經』(『大正藏』10, p.459下). "不可思議"; 『十住經』(『大正藏』10, p.499中). "不思議法"; 『80華嚴經』(『大正藏』10, p.180上). "不思議法"; 『十地經』(『大正藏』10, p.537上). "不思議處"

348) 『漸備經』(『大正藏』10, p.460中). "祐行"; 『十住經』(『大正藏』10, p.499下); 『80華嚴經』(『大正藏』10, p.180中). "十方無礙善逝"; 『十地經』(『大正藏』10, p.537中). "十方相應無礙善逝"

349) 『漸備經』(『大正藏』10, p.460上); 『十住經』(『大正藏』10, p.499中); 『80華嚴經』(『大正藏』10, p.180上); 『十地經』(『大正藏』10, p.537上).

350) 『漸備經』(『大正藏』10, p.459中). "諸菩薩之業"

351) 『80華嚴經』(『大正藏』10, p.180中).

352) 『漸備經』(『大正藏』10, p.459上 · p.478下); 『十地經』(『大正藏』10, p.536下 · p.543上); 『80華嚴經』(『大正藏』10, p.179下).

353) 『漸備經』(『大正藏』10, p.459中); 『十住經』(『大正藏』10, p.499上); 『80華嚴經』(『大正藏』10, p.180上).

354) 『漸備經』(『大正藏』10, p.459上); 『十住經』(『大正藏』10, p.498下); 『80華嚴經』(『大正藏』10, p.179下); 『十地經』(『大正藏』10, p.536下).

355) 『漸備經』(『大正藏』10, p.461上); 『十住經』(『大正藏』10, p.500中); 『60華嚴經』(『大正藏』9, p.544上); 『80華嚴經』(『大正藏』10, p.181上); 『十地經』(『大正藏』10, p.538上).

다시 말해 bhūmi는 智의 所引이고 蘊·處·界에 의해서 나타나는
것이 아니다. bhūmi는 智에 趣入하는 것,357) 일체의 불법을 證成하는
근본,358) jñāna를 淨化해서 bodhi를 證得하는 것,359) 佛位의 佛에 있
는 狀態를 성취하는 것이다.360) 그러므로 bhūmi는 行에 의해서 圓成
하는 것이고, 自然智를 달성하는 것이고, 一切佛法의 최초이고 최후인
것으로 一切佛法의 근본이다.

이와 같이 bhūmi는 無分別·自性空·非言辭所說 등 諸法皆空의
表明에 慣用된 定形句에 따라서 形容되었던361) 것이기 때문에, 空思
想의 관점에 기초하고 있다는 것을 알아야 한다. 이 같은 관념을 基調
로 해서 모든 뜻을 존재[有]하는 bodhisatva-bhūmi의 bhūmi는 bod-
hisatva-bhūmi라는 완성된 technical term(학술상의 술어)로서, 대승보
살행을 표명하는 근본체계인 daśa-bhūmi(十地)라는, 一連의 系列에
완전히 정착했다고 보여진다.362)

이상으로 지금까지 고찰한 地의 의미와 槪念을 바탕으로 十地

---

356) 『漸備經』(『大正藏』10, p.460下); 『十住經』(『大正藏』10, p.500上); 『十地經』
(『大正藏』10, p.537下); 『80華嚴經』(『大正藏』10, p.180下).
357) 『漸備經』(『大正藏』10, p.461上); 『十住經』(『大正藏』10, p.500中); 『60華嚴
經』(『大正藏』9, p.544下); 『80華嚴經』(『大正藏』10, p.181上).
358) 『漸備經』(『大正藏』10, p.459中); 『十住經』(『大正藏』10, p.499中); 『十地經』
(『大正藏』10, p.537上); 『80華嚴經』(『大正藏』10, p.180上).
359) 『漸備經』(『大正藏』10, p.459中); 『十住經』(『大正藏』10, p.499上); 『80華嚴
經』(『大正藏』10, p.180上).
360) 『十住經』(『大正藏』10, p.498下); 『60華嚴經』(『大正藏』9, p.543上). "諸佛之
根本"; 『十地經』(『大正藏』10, p.536下). "由此佛地有修證"; 『80華嚴經』(『大
正藏』10, p.179下). "最上諸佛本"
361) 『漸備經』(『大正藏』10, p.460下); 『十住經』(『大正藏』10, p.500上); 『60華嚴
經』(『大正藏』9, p.544中); 『十地經』(『大正藏』10, p.537下); 『80華嚴經』(『大
正藏』10, p.180下).
362) 伊藤瑞叡, 『華嚴菩薩道の基礎的研究』(京都, 平樂寺書店, 1988), p.177.

(daśa-bhūmi)의 의미를 정리해보면 다음과 같다. 十地는 佛智363) 또는 一切智性을 근원적 사실로 한 주체적인 것으로, 十地는 佛智가 般若로써 인식한 佛智의 차별인364) 방편으로서 施設된 것이다. 즉, 十地는 佛智〔불타의 無漏智가 般若를 基調로 한 四無礙智에 의해서 適正한 比例로 서서히〕가 분별된 것이다. 그러므로 十地는 一切智性으로부터 生起한 것이다. 十地는 구체적으로 사실적인 방면에서는 大法師의 自覺있는 자의 입장에서〔佛智〕, 四無礙智에 의해서 決擇되어 분별된365) 것으로 잠재적으로 생각되고 있다.

또한 十地는 일체의 行相에서 항상 스스로의 主體的인 것으로서, 佛智에 隨行하는 것으로 관계하고 있다. 十地는 보살의 無上의 行으로, 보살이 점차로 成滿해서 佛性을 성취하는 작용을 가지고 있다. 그러나 佛位를 목적으로 볼 때 十의 단계의 뜻을 가지고 있다. 그러나 十地는 勝義에서는 처음부터 주체적인 것인 一切智性이라고 하는 합목적 작용을 구현하고 있었기 때문에, 실체적으로 十의 단계로서 고집해야할 것은 아니다.

이상의 검토에서 十地는 佛智가 즉, 불타의 無漏智가 般若를 基調로 한 四無礙智에 의해서 適正한 比例로 서서히 분별된 것임을 알 수 있다. 이것은 바로 斷惑證理의 과정이 드러난 것이다. 그리고 十地는 보살의 無上의 行이고, 佛智를 生成하는 곳이고, 一切智性이다. 여기

---

363) 『十地經』(『大正藏』10, p.572上). "諸菩薩十地依因佛智而得顯現"
364) 『十住經』(『大正藏』10, p.532上); 『60華嚴經』(『大正藏』9, p.574下); 『80華嚴經』(『大正藏』10, p.208下).
365) 『漸備經』(『大正藏』10, p.460上). "以分別辯故造行 唯願當演上道法"; 『十地經』(『大正藏』10, p.537中). "無礙解決擇 說殊勝十地"; 『60華嚴經』(『大正藏』9, p.543下). "說是十地義……無礙智本行"; 『80華嚴經』(『大正藏』10, p.180中). "辯才分別義 說此最勝地"

서 無上의 行·佛智를 生成하는 곳·一切智性은 바로 佛性·法性·
淨菩提心 등을 의미하는 覺體라고 할 수 있다.

그래서 華嚴十地에는 斷惑證理의 進程이 명쾌하게 나타나지 않으
며, 佛性·法性·眞如·如來藏識·淨菩提心 등의 覺體와 보살 자신
과의 관계가 밝혀지지 않았기 때문에, 華嚴十地는 보살의 修行行位라
고 할 수 없다는 비판은 재고의 여지가 있다고 필자는 생각한다.

2 華嚴祖師들의 十地說

1)『搜玄記』의 十地

智儼의 사상핵심으로는 그의 敎判觀과 法界緣起사상을 들 수 있는
데,『搜玄記』에 나타난 華嚴經觀에서도 이러한 사상은 확연히 드러나
고 있다. 智儼은『搜玄記』에서 먼저 漸·頓·圓의 三敎判을 세웠는
데,366) 이는 地論宗의 慧光367)에서 유래한 것으로 보인다. 왜냐하면『華
嚴經傳記』에 나오는 慧光傳의 기사와도 매우 유사하기 때문이다. 그
리고 小乘·三乘·一乘의 三乘敎判도 세웠는데, 이것은『攝大乘論』에
서 나온 것이다.368) 또한 智儼은 同·別이나 共·不共의 二敎判으로
도 구분했는데,369) 이것은『法華經』三車說의 비유에 의한 방편적인
가르침과 궁극적인 가르침의 會三歸一에서 유래한 것이다. 이외에도

---

366)『搜玄記』(『大正藏』35, p.13下).
367)『華嚴經傳記』(『大正藏』51, p.159中). "有疏四卷 立頓漸圓三敎 以判群典 以
　　 華嚴爲圓敎 自其始也"
368)『搜玄記』(『大正藏』35, p.14中). "依眞諦攝論 一者一乘二者三乘三者小乘"
369) 위의 책, p.14中下.

智儼은 小乘·初敎·終敎〔熟敎〕·頓敎·圓敎〔一乘〕의 五敎判[370)]
으로 구분하여, 『華嚴經』을 圓敎와 一乘에 배치시키고 있다.

『搜玄記』의「十地品」또한 이와 같은 敎判觀에 의하여 주석하였음
을 智儼은 밝히고 있다.

> 이상은 一乘의 圓通한 佛法에 의거해서, 敎의 分齊를 기준으로 한 것이
> 다.[371)]

「十地品」은 궁극적으로 一乘圓敎의 원통한 佛法에 의해서 주석되
고 있다. 그러나 十地는 三乘·熟敎·一乘·大乘을 총체적으로 포함
하고 있음이 第八不動地에 자세히 나타나 있다.

> 第八地인데 이 이하는 出世間을 벗어난 善法이라 이름한다. 이로 인해서
> 上下의 모든 地와, 一乘·三乘·人天·起信·生解·漸次·同異의 法門을
> 料簡하는 것이다. 初地 중에서 十願은 一乘과 三乘이 공통으로 행하는 法
> 이며, 信 등의 十法은 三乘의 개별적으로 행하는 法과 人天이 의거하는
> 것이다. 二地의 戒行은 三乘과 小乘과 人天이 의거하는 것이고, 三地의
> 禪定은 三乘과 小乘과 人天이 익히는 것이고, 四地의 道品 등은 三乘과
> 小乘이 얻는 것이고, 五地의 四諦는 一乘과 三乘과 小乘이 공통으로 행하
> 는 法이고, 六地의 緣生은 一乘과 三乘과 小乘이 공통으로 행하는 法이고,
> 第七地 方便의 雙行 등은 大乘이 행하는 法이고, 八地와 九地와 十地는
> 一乘과 大乘이 익힌 法이다.[372)]

이처럼 智儼은 철저히 敎判에 입각하여「十地品」을 一乘圓敎[373)]의

---

370) 『孔目章』(『大正藏』45, p.537上中·p.542下·p.548下·pp.558下~559上).
371) 『搜玄記』(『大正藏』35, p.73上).
372) 위의 책, p.70下.
373) 高峯了州, 장계환 譯, 『華嚴思想史』(서울, 보림사, 1988), p.132.에서 智儼의
    同別二敎의 의미에 대해서, 前五會 및「十明品」부터「不思議品」까지는 一

입장에서 三乘으로 구분하여 논하고 있음을 알 수 있다. 이러한 敎判
觀에서 智儼은『十地經論』을 중심으로 한 地論系와 眞諦系의 舊唯識
을 바탕으로 玄奘의 新唯識도 일견 수용하면서,[374] 그 위에서 자신의
사상체계를 세워 화엄교학을 조직하였음을 알 수 있다. 智儼의 法界緣
起說 또한 華嚴宗 내부에서 독창적으로 만들어진 것이 아니라, 地論南
道派의 系譜[375]에서 그 태동을 보인 것으로 智儼은 이 학파에서 적지
않은 영향을 받고 있다.

智儼의 法界緣起說은 第六現前地의 주석에 나타나고 있다. 智儼은
「十地品」에서 第六現前地에 가장 많은 내용의 주석을 할애하고 있는
데, 現前地에는 法界緣起說 뿐만 아니라 性起說·唯心說·六相說 등
智儼의 중요한 사상들이 거의 나타나 있다.『60華嚴』에서 「十地品」
第六現前地는 十二因緣을 관찰하여 空, 無相, 無願의 三解脫門이 現
前하는 단계로, 一切法이 평등한 十種平等法을 닦아 難勝地에서 現前
地로 들어간다. 특히『華嚴經』의 唯心思想을 드러내는 '三界虛妄但是
心作'이 여기서 설해지고 있다.

그래서 智儼은 現前地에서 먼저 十二因緣 즉, 緣起에 대해서 다음
과 같이 언급하고 있다.

> 法界緣起는 여러 가지가 있으나, 이제 要門으로 간략히 섭수하면 두 가지가
> 된다. 첫째는 凡夫의 染法을 기준으로 해서 緣起를 변별한 것이며, 둘째는
> 菩提의 淨分을 기준으로 해서 緣起를 밝힌 것이다.[376]

乘別敎를 三乘에 따라 설했고, 「十地品」은 一乘圓敎를 三乘에 따라 一乘別
敎를 드러냈으며, 普賢·性起의 二品은 一乘別敎로서 一乘의 文義를 밝혔
고, 「離世間品」 이하의 二會는 敎·義 모두 一乘으로 논하고 있다고 밝히고
있다.
374) 정병삼,『義湘 華嚴思想 硏究』(서울, 서울대학교출판부, 1998), p.67.
375) 장계환,『中國華嚴思想史硏究』(서울, 불광출판부, 1996), p.271.

여기서 法界緣起를 菩提淨分〔淨門〕과 凡夫染法〔染門〕으로 나눈 후, 淨門을 다시 本有 · 本有修生 · 修生 · 修生本有의 四門으로 나눈다. 그리고 本有에 대해서,

本有는 緣起의 本實로서 體가 謂情을 여읜 것이다. 法界에 顯然하여 三世에 不動하기 때문에, 性起品에서는 중생의 마음 속에 未盡의 經卷이 있고 菩提大樹가 있다고 한 것이다. 많은 성인이 함께 증명하고, 사람의 증명은 먼저와 나중으로 동일치 않지만, 그 나무는 別異를 나누지 않기 때문에, 本有임을 아는 것이다. 또 이 緣生文 十二因緣은 곧 第一義이다.[377)]

라고 설하고 있다. 本有는 緣起本實로서 바로 法界顯然이다. 즉, 本有는 衆生心에 있는 淨性을 四門으로 설명하는 것이다. 그래서 智儼은 未盡의 經卷이 菩提大樹가 衆生心에 있듯이, 중생 중에 如來智가 갖추어져 있다고 하고, 또한 一切智慧의 나무는 한결같이 如來智의 大藥王樹를 所依로 하여, 그 본질로 한다는 「性起品」[378)]을 인용하고 있다. 그런데 智儼은[379)] 四門 중에서 修生과 修生本有만이 現前地에 해당하고 本有와 本有修生은 「性起品」에 있다고 설하고 있다.

이 二門이 「性起品」에 있다고 한 것에 대해 해주는[380)] 智儼이 이 「性起品」의 性起의 입장에서 모든 緣起說을 攝하고 集成하려고 추정되며, 이 점이 바로 智儼 法界緣起의 특성이라고 밝히고 있다. 또한 『十地經』과 『十地經論』을 소의로 하는 地論宗에의 비판[381)]으로 보는

---

376) 『搜玄記』(『大正藏』35, p.62下).
377) 위의 책, pp.62下~63上.
378) 『60華嚴經』(『大正藏』9, pp.623上~624上).
379) 『搜玄記』(『大正藏』35, p.63上).
380) 전해주, 『義湘華嚴思想史硏究』(서울, 민족사, 1994), p.53.
381) 石井公成, 「智儼の性起說」『フィロソフィア』67호(東京, 早稻田大學 哲學會, 1979), p.139.

견해도 있다.

그리고 智儼은 十二因緣이 곧 第一義諦임을 밝혀 法界緣起의 절대적 진리성을 나타내고, 또한 法界緣起가 華嚴學의 了旨이고 華嚴學 전체에 통하는 중심사상임을 보여 주고 있다고 할 수 있다. 그리고 緣起的인 실천의 입장으로 本有修生을 설하고 계속하여 修生과 修生本有를 설명한다. 이러한 法界緣起의 菩提淨分의 四門의 구별은[382] 本有라는 근본적 진실이 그 자체에 유지되어 현실화하여 가는, 깨달음의 緣起的인 진상을 네 가지의 측면에서 파악한 것으로 볼 수 있다.

그리고 智儼은 法界緣起의 凡夫染法을 緣起一心門과 依持一心門의 二門으로 나눈 후, 緣起一心門을 다시 眞妄緣集門 · 攝本從末門 · 攝末從本門의 三門으로 세분하고 있다. 緣起一心門은『60華嚴』「十地品」第六現前의 "三界虛妄但是心作 十二緣分是皆依心"[383]에서, 一心을 三門으로 해석한 것이다.

眞妄緣集門에 대해서,

> 緣集이라 말한 것은 總相에서 논한, 十二因緣과 하나의 근본 識의 지음인데, 眞妄의 구별이 없는 것은 論에서 설한 것과 같다. 一心法에 의거하면 두 종류의 門이 있으니, 이 두 門이 서로 여의지 않기 때문이며, 또 이 經에서 오직 마음의 굴러감이라 말하기 때문이다. 또 論에서 설한 것처럼 眞妄和合을 이름하여 阿梨耶라고 한다. 오직 眞만으론 生하지 못하고 妄 단독으로 이루질 못하니, 眞妄이 화합해야 바야흐로 하는 바가 있는 것이다. 마치 꿈속과 같으니, 아는 것과 자는 것이 합해져야, 바야흐로 集起할 수 있는 것이다. 이것이 眞妄緣集門이다.[384]

---

382) 장계환,『中國華嚴思想史研究』(서울, 불광출판부, 1996), p.275.
383)『60華嚴經』(『大正藏』9, p.558下).
384)『搜玄記』(『大正藏』35, p.63中).

라고 설하여 緣集이란 十二因緣과 一本識의 作임을 밝히고 있다. 즉, 一心法에 의지하여 眞妄和合에 의해서만 集起하므로, 本識을 眞妄和合識으로 보는 입장이다. 그리고 攝本從末門은 十二因緣이 현실적으로 生死의 本을 섭수해서 末을 따르기 때문에 妄心作으로 파악하고, 攝末從本門은 十二因緣이 오직 眞心作으로 파악한다. 攝末從本門이 眞心作인 이유에 대해서는 『大般涅槃經』385)의 "五陰과 十二因緣과 無明 등의 法이 모두 佛性이다"와 『60華嚴』「十地品」의 "三界虛妄但是心作 十二緣分是皆依心"의 經文과 『十地經論』386)의 "第一義諦"를 각각 인용하여 증명하고 있다.

　그런데 智儼은 여기서 다시 攝末從本이 마땅히 淨品인데, 어찌하여 染門에서 분별하는가? 라는 의문을 제시한다. 그 이유에 대해서 攝末從本이 理로는 淨品의 緣生에 있지만, 지금은 染에 대해서 染이 幻과 같음을 나타내기 때문에 染門에 있는 것이라고 말한다. 그러면서 一切淨法이 모두 染에 대해서 妄을 나타낸 것이라면, 어찌하여 攝末從本이 홀로 그 뜻을 분별하고 染의 緣生에 있는가? 라는 의문에 대해서 다음과 같이 그 답을 밝힌다.

　　일반적으로 淨品緣起를 논하는 데는 두 종류가 있다. 첫째는 染을 대함으로써 妄法을 나타내는 것으로, 이 때문에 經에서는 모든 諦의 第一義를 진실하게 아는 것만 못하기 때문이라고 말한 것이다. 둘째는 다만 淨品緣起를 나타낸 것으로, 곧 이 理를 나타낸 門으로 普賢品과 性起品 등이 이에 해당한다. ……이 攝末從本이 곧 不空如來의 藏이며, 이 중에서도 空의 뜻이 있어서 自體空이 된다.387)

---

385) 『大般涅槃經』(『大正藏』12, p.768上中下・p.818下).
386) 『十地經論』(『大正藏』26, p.169上).
387) 『搜玄記』(『大正藏』35, p.63中下).

즉, 淨品緣起에는 眞心과 妄心을 상대적·방편적으로 설한 것 외에, 오직 淨品緣起만을 설한 「普賢品」과 「性起品」이 있다고 말한다.

그리고 凡夫染法의 또 다른 一門인 依持一心門에 대해서는 『大乘起信論』[388]과 『十地經論』[389]의 글을 인용하면서, 依持一心門은 六識과 七識 등으로 梨耶에 의지하여 성립함을 밝힌다. 그리하여 梨耶緣起의 입장을 나타내고 있다.

이와 같이 凡夫染法〔染門緣起〕은 모두 如來藏의 입장에서 해석되고 있음을 볼 수 있다. 眞妄緣集門은 不生不滅인 여래장이 生滅과 화합한 眞妄和合識인 아뢰야식의 입장이며, 攝本從末門은 一心의 二門 중 生滅門인 妄心의 입장이며, 攝末從本門은 不生滅 淨門인 여래장 眞心의 입장에서 논해지고 있는 것이다. 이러한 연기설은 地論의 해석, 특히 南道의 慧遠의 해석을 이은 것으로 추정된다.

그러나 智儼은 如來藏사상을 표방하는 모든 經論에 의지하여, 여래장사상을 그대로 이어받으면서도, 이 여래장연기를 모두 染門緣起로 설하고 있다. 慧遠에 있어서 眞心作의 입장은 淨緣起의 면이 강함에 반해, 智儼은 가능성으로서의 淨緣起의 면이 있음을 인정하면서도, 眞心과 染法을 대치하여 染法이 眞心에 의한 허망한 것임을 제시하는 목적으로 染門에서 논하고 있다. 이것은 智儼의 독특한 法界緣起사상으로, 이러한 法界緣起의 染法의 입장은 性起에 대한 非性起의 입장을 통일 조직한 것이다.[390] 즉, 慧遠의 여래장연기를 이어받으면서도, 如來藏적인 테두리를 벗어나 法界緣起적 기틀을 형성하는 근저에 性起가 있었던 것이다.

---

388) 『起信論』(『大正藏』32, p.577中).
389) 『十地經論』(『大正藏』26, p.169上·p.170下).
390) 전해주, 『義湘華嚴思想史研究』(서울, 민족사, 1994), p.52.

이처럼 智儼은 『搜玄記』에서 「十地品」을 주석하면서 十二因緣 즉, 緣起를 一心에 바탕하여 法界緣起391)로 체계화시켰다. 그러나 여기서의 法界緣起는 아직 화엄종의 독자적인 緣起說에는 미치지 못하고, 十二緣起 전체를 포괄하는 개념의 法界緣起이다. 즉, 일체 染淨의 緣起를 총칭한 것으로 事事無礙 등의 法界緣起는 언급되지 않고 있다. 화엄의 독자적인 緣起說은 智儼의 만년의 저작인 『孔目章』392)에서 '一乘法界緣起分之際'라는 一乘의 말이 언급되면서, 一乘의 無盡緣起로서의 相卽相入의 法界緣起는 法藏에서 완성된다고 할 수 있다.

또한 智儼은 「十地品」 第六現前地에서, 緣起의 성립을 因緣의 六義로 분석해서 논하고 있다.

因은 決定의 用이 있고 緣은 果를 發하는 能이 있어서 바야흐로 法이 生함을 얻는다. 만약 因力이 果를 發하는 能을 반연하는 것이 없다면, 그 因의 六義는 現前하지 못한다. 무엇이 六義가 되는가? 첫째는 念念滅로, 이 滅이 空으로 有力이 외부의 緣을 기다리지 못한다. 둘째는 俱有空으로, 有力이 緣을 기다리는 것이다. 셋째는 쫓음을 따라서 治際에 이르는 것으로, 有無力으로 緣을 기다리는 것이다. 넷째는 決定으로, 이것은 有力이 緣을 기다리지 않는 것이다. 다섯째는 觀因緣이 바로 空으로, 無力이 緣을 기다리는 것이다. 여섯째는 가령 自果를 이끌어서 나타내는 것으로, 이것은 有力이 緣을 기다리는 것이다.393)

---

391) 智儼의 法界緣起를 도식화하면 다음과 같다. 『搜玄記』(『大正藏』35, pp.62下~63下).

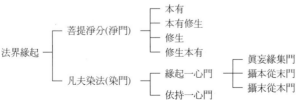

392) 『孔目章』(『大正藏』45, p.580下).

즉, 念念滅은 空有力不待緣, 俱有는 空有力待緣, 隨逐至治際는 有
無力待緣, 決定은 有有力不待緣, 觀因緣은 空無力待緣, 引顯自果는
有有力待緣으로 해석하고 있다. 이 六義는 『瑜伽師地論』의 因의 七
相394)에 기초하여, 『攝大乘論』에서는 이것을 種子의 六義395)로서 설
했다. 智儼은 『攝大乘論』에 의해 阿賴耶識의 種子로서의 六義를 一切
法의 因이 지니는 보편적인 의미로 해석했다.396) 즉, 種子說로서의 심
리적·현상적 의미를 완전히 因의 論理的·演繹的 의미로 바꾸어 놓은
것이다. 그러나 그것은 단순한 因緣의 논리가 아니라, 구체적인 緣起成
立의 기초이다. 그러므로 一乘에 의하면 法을 따라 因을 말하는 것이
어서, 하나하나의 因緣·理事가 제각기 法界와 동일한 입장이다.

그리하여 智儼은 이러한 六義와 因果 理事가 相成하는 보편적 의미
는 구체적으로 總·別 등 六相으로서 緣起의 개별적인 法相, 그 자체
에서 이해되어야 한다고 보았다. 그럼 『搜玄記』에 나타난 그의 六相
說에 대해서 살펴보도록 하겠다.

> 六相에는 두 가지 뜻이 있다. 첫째는 理를 수순하는 것이고, 둘째는 事를
> 수순하는 것이다. 이 두 가지 뜻 중에서 理를 수순하는 뜻은 드러남[顯]이
> 고, 事를 수순하는 뜻은 은미함[微]이다. 아는 까닭은 因緣의 果를 낳고,
> 法이 미혹을 일으키는 뜻이 드러나기 때문이다.397)

이처럼 智儼은 六相을 順理와 順事의 二義에 의해서 논하면서, 順
理는 顯으로 順事는 微로 나타내고 있다. 「十地品」에 나타난 六相說

---

393) 『搜玄記』(『大正藏』35, p.66上中).
394) 『瑜伽師地論』(『大正藏』30, p.302中).
395) 『攝大乘論』(『大正藏』31, p.115下).
396) 高峯了州, 장계환 譯, 『華嚴思想史』(서울, 보림사, 1988), pp.141~142.
397) 『搜玄記』(『大正藏』35, p.66中).

은 매우 간단하지만, 六相은 總·別의 二相에 의해서도 그 圓融의 의
미가 충분히 이해될 수 있다. 이외에도『搜玄記』에는「光明覺品」398)
에서, 六相을 數錢의 비유로써 事相的 설명을 하고 있지만 지극히 간
단한 내용으로 되어 있다.

이와 같이 智儼은「十地品」第六現前地에서 '三界虛妄但是心作 十
二緣分是皆依心'을 주석하면서,『大般涅槃經』·『十地經論』·『大乘
起信論』·『攝大乘論』등 많은 經論에 의거하여, 一心을 총체적으로
淨門緣起와 染門緣起의 法界緣起로 체계화하였다. 이러한 智儼의 독
특한 法界緣起는 慧遠의 如來藏緣起를 이어받으면서도 如來藏적인
테두리를 벗어나, 法界緣起的 기틀을 형성하는 근저에 性起가 있었다.
그러면서 緣起의 성립을 因緣의 六義로 분석하여 六義와 因果 理事가
相成하는 보편적 의미로 개발하고, 다시 이러한 보편적 의미는 구체적
으로 總·別 등 六相으로서 緣起의 개별적인 法相 그 자체에서 이해되
어야 한다고 보았다. 그리하여 智儼은 철저히 敎判에 입각하여,「十地
品」을 一乘圓敎의 입장에서 三乘으로 구분하여 논하였다.

2)『探玄記』의 十地

法藏도 智儼과 마찬가지로『探玄記』에서 十地品을 주석하면서, 철
저히 敎判에 입각하여 "三界虛妄但是心作"의 一心을 法界緣起로 설
명하고 있다. 결론적으로 말하면 法藏의 敎判은 智儼이 제창한 여러
가지 敎判 중에서 五敎를 중심적인 敎判으로 삼고, 계승·정비하여
다시 새롭게 일어난 法相宗의 八宗의 敎判을 조직하여 五敎 十宗399)

---

398) 위의 책, p.27中. 智儼의 다른 저술에서도 六相說에 대한 설명은 비교적 빈약
하다. 특히 六相章이 현존하지 않는 상태에서 智儼의 六相의 조직적 해석과
六相成立의 이론적 의미는 충분히 살펴볼 수 없다.

의 敎判을 확립했다[400]고 할 수 있다. 法藏은 『華嚴經』을 완전히 圓敎이자 別敎一乘으로 규정하여, 圓敎一乘으로서의 華嚴의 독단적 우위를 천명한 五敎와 十宗 敎判을 세움으로써, 華嚴宗主의 평가를 얻게 되는 것이다.

『華嚴經』을 圓敎一乘에 배대시키는 것은 智儼의 五敎[401]에서도 이미 나타나고 있다. 그러나 智儼은 漸頓圓의 三敎判에서는 頓圓二敎[402]에 해당시키고 있다. 여기서 法藏과 智儼의 敎判觀에 뚜렷한 차이를 발견할 수 있다. 智儼이 『華嚴經』을 圓敎와 頓敎에 배치한 것은 남북조시대로부터 수당시대에 이르는 『華嚴經』에 대한 관점이었다. 따라서 法藏은 소위 남북조시대의 『華嚴經』에 대한 관점으로부터 탈피하였다[403]고 말할 수 있다.

여기서 十宗判에 대해서 살펴보면 澄觀[404]은 窺基의 八宗에 의거하고 있다고 밝히고 있다. 五敎는 敎를 내용적 단계로부터 五種으로 나눈 것이고 十宗은 敎가 나타내는 理에 의해 새롭게 개창한 것이다. 즉, 十宗은 智儼에게는 보이지 않는 法藏의 독창적인 교판이다. 法藏은 五敎 외에 새롭게 十宗을 세운 것에 분명한 이유를 밝히지 않았지만, 대체로 학자들은 다음과 같은 견해를 보이고 있다.

첫째는 敎判의 완벽을 기하기 위함이고, 둘째는 唯識에 대해 대처하기 위한 것이라 한다.[405] 즉, 華嚴교학의 존재와 그 우월성을 드러내기

---

399) 『探玄記』(『大正藏』35, pp.115下～116中).
400) 木村淸孝, 「華嚴宗의 成立」, 中村元 外, 석원욱 譯, 『華嚴思想論』(서울, 운주사, 1990), p.223.
401) 제Ⅴ장 제2절 1) 『搜玄記』의 十地 참조.
402) 『搜玄記』(『大正藏』35, p.14中).
403) 장계환, 『中國華嚴思想史研究』(서울, 불광출판부, 1996), p.238.
404) 『演義鈔』(『大正藏』36, p.107中). "此十宗前六全同大乘法師 大乘則有八宗"
405) 石井敎道, 『華嚴敎學成立史』(京都, 平樂寺書店, 1964), pp.361～362.

위해서 唯識교학에 대해 어떠한 명확한 규정이 필요했기 때문이라고
거론하고 있다. 또한 천태의 法華지상주의에 대한 자신의 華嚴에 대한
입장표명이라는 의도를 가진 것이라고도[406] 하고 있다. 왜냐하면 法藏
에게 있어 가장 큰 목표는 華嚴圓敎의 고양이었다. 그래서 同別二敎
判에서『法華經』은 同敎一乘에『華嚴經』은 別敎一乘에 해당시킴으
로써, 華嚴의 우월성을 드러내었다. 그리하여 法藏은 唯識과 法華를
모두 華嚴 아래에 敎判하여 남북조시대의『華嚴經』에 대한 관점으로
부터 탈피하게 되는 것이다.

그럼『探玄記』「十地品」에 나타난 華嚴圓敎一乘을 살펴보면, 法藏
은 三乘과 圓敎의 관계를 다음과 같이 설명하고 있다.

> 만일 三乘에 의하면 佛果는 오직 第十地에만 있지만, 만일 圓敎에 나아가면
> 佛果는 하나하나의 地마다 통해 있다. 그러므로 한 地에 一切地를 거두는
> 것이다.[407]
> 앞에서는 三乘의 입장에서 地의 차별을 나타냈지만, 뒤에서는 一乘의 입장
> 에서 地가 같음을 밝히는 것이다. 이른바 一地가 곧 一切地이며, 一切地가
> 곧 一地라고 하는 것이 이러한 뜻이다.[408]

圓敎의 입장에서 一地를 證得했으면 이미 佛果를 얻었는데 왜 다시
十地를 설하는가? 그 이유는 三乘의 차별 때문이다. 즉, 점차의 근기를
이끌기 위해서며, 十地는 三乘 차별의 位에서 설하기 때문이라고 法藏
은 밝히고 있다. 진실의 입장에서 同觀하면 오직 一乘일 뿐이지만 방
편의 입장에서 성품을 달리하면 三乘이 있는 것이다. 그래서 이치로는
一乘이지만 방편으로 三乘五種性의 諸乘差別密을 설하게 되는 것이

---

406) 장계환,『中國華嚴思想史硏究』(서울, 불광출판부, 1996), p.245.
407)『探玄記』(『大正藏』35, p.296中).
408) 위의 책 p.313下.

다. 이러한 해석은 法藏의 탁견으로 華嚴一乘의 입장을 잘 드러내고 있다고 볼 수 있다.

그리고 더욱 구체적으로 三乘과 一乘을 구분한다.

앞의 三地는 世間과 같으며, 뒤의 四地는 三乘法이며, 第八地 이상은 一乘을 나타내는 것이다.[409]

이와 같은 三乘과 一乘의 차별에서 「十地品」이 差別因果를 중심으로[410] 설해지고 있음을 짐작할 수 있다. 이러한 입장은 法藏이 「十地品」의 근본사상은 十地의 깨달은 행〔證行〕으로, 宗을 삼는 十義에서도 확연히 나타난다.

첫째 本에 대하면 果海는 不可說의 性. 둘째 깨달은 바에 의해서 말하면 離垢眞如. 셋째 智에서는 根本 · 後得의 三智. 넷째 번뇌를 끊는데 의하면, 二障의 種子가 現行을 여의는 것이다. 다섯째 닦는 내용에 의하면, 初地는 願, 二地는 戒, 三地는 禪, 四地는 道品, 五地는 諦, 六地는 緣生, 七地는 菩提分, 八地는 淨土, 九地는 說法, 十地는 受位를 닦는다. 여섯째 닦아서 이루는 것에 의하면, 初地는 信樂, 二地는 戒, 三地는 定, 四地 이상은 모두 慧이다. 慧行에서 가운데 四 · 五 · 六地는 二乘의 慧이고, 七地 이상은 보살의 慧이다. 일곱째 位를 나타내면, 證位와 阿含位의 二位. 여덟째 乘法에 의해서 말하면, 初二三地는 世間人天乘, 四五六地는 出世間三乘, 八地 이상은 出出世間一乘이다. 아홉째 位에 해당하는 行에 의해서 말하면, 十地에서 보시 등 十度를 성취한다. 열째 報에 의한 것으로, 十王의 일들을 나타낸다.[411]

---

409) 위의 책, p.358下.
410) 高峯了州, 장계환 譯, 『華嚴思想史』(서울, 보림사, 1988), pp.173~175.에서 「十地品」은 差別因果의 입장에서 「性起品」은 平等因果의 입장에서 설하고 있다고 밝히고 있다.
411) 『探玄記』(『大正藏』35, p.277中下).

이러한 十義를 法藏은 다시 六義412)로 요약하여 「十地品」을 可說
과 不可說의 因果二分으로 해석하고 있다. 즉, 첫째는 所依果海, 둘째
는 所證法界, 셋째는 能證의 根本智, 넷째는 隨事起行의 後得智, 다섯
째는 諸地加行에서 일어나는 바의 行解, 여섯째는 法에 의지하여 나타
나는 諸地의 차별이다. 이러한 六義에서 앞의 셋은 所詮의 義大를 가
리키며, 뒤의 셋은 能詮의 說大의 입장을 가리키는 것으로, 義도 說도
모두 可說과 不可說의 의미이다. 그래서 法藏은 첫째 果海는 緣을 여
의므로 不可說, 所證은 緣에 따르므로 可說, 둘째 所證은 修가 아니므
로 不可說, 能證은 修起이므로 可說, 셋째 能證은 相을 여의므로 不可
說, 後得은 相을 띠고 있으므로 加說 등으로 설명하고 있다.

이와 같은 可說과 不可說의 因果二分의 해석은 法藏의 기본적인 華
嚴經觀으로 일찍이 『五敎章』에서도 자세히 나타나 있다. 『五敎章』「建
立一乘」413)에서 一乘敎義에는 別敎와 同敎의 두 가지가 있다고 하면
서, 『華嚴經』 고유의 別敎一乘에 대하여 이것에는 十佛의 경계인 果
로서의 진리 그 자체인 세계라는 방면[性海果分]과 보현의 경계인 因
으로서의 緣起의 세계라는 방면[緣起因分]이 있다. 그리고 이 양자는
파도와 물처럼 둘이 아니고 서로 자연스럽게 다른 쪽에 섭수된다는 논
리이다.

즉, 『華嚴經』을 因果라는 可說과 不可說의 시점에서, 그 궁극의 모
습을 파악하고 있음을 알 수 있다. 法藏의 이러한 因果二分은 智儼의
敎證, 혹은 敎義二大를 因果二分으로 해석한 사상을414) 완성한 것이

---

412) 위의 책, p.295中.
413) 『五敎章』(『大正藏』45, p.477上).
414) 『孔目章』(『大正藏』45, p.562中). 法藏은 기본적으로 智儼의 사상을 계승·
　　정비하여 새롭게 완성하였다고 볼 수 있다. 『華嚴經』을 因果의 可說과 不可
　　說로 보는 관점뿐만 아니라, 十佛說을 法報應의 三身과 十身을 三乘과 一乘

라고 할 수 있다. 이처럼 法藏은 智儼의 사상을 바탕으로 화엄교학을 새롭게 제창하고 있다.

그럼 法藏이「十地品」에서 法界緣起를 어떻게 새롭게 체계화하고 있는지 살펴보도록 하겠다. 앞에서 살펴보았듯이 智儼은 法界緣起를 染分緣起와 淨分緣起의 二門으로 나누었다. 그러나 法藏은 染法 · 淨法 · 染淨合說[415)]의 三門을 주장한다. 그리고 染法緣起는 緣集一心門 · 攝本從末門 · 攝末從本門 · 本末依持門의 四門으로 나누고, 淨法緣起는 本有 · 修生 · 本有修生 · 修生本有의 四門으로 나눈다. 染淨合說에서는 翻染現淨門 · 以淨應染門 · 會染卽淨門 · 染盡淨泯門의 四門을 세운다.

이와 같은 法藏의 染法 · 淨法 · 染淨合說의 法界緣起는 如來藏緣起의 사상으로「十地品」에서 '一心'을 해석한 十重唯識에서 더욱 분명해진다.

十門의 唯識道理에서 앞의 三門, 相見俱存 · 攝相歸見 · 攝數歸王은 初敎이다. 다음의 四門, 以末歸本 · 攝相歸性 · 轉眞成事 · 理事俱融은 終敎 · 頓敎이다. 뒤의 三門, 融事相入 · 全事相卽 · 帝網無礙는 圓敎 중 別敎이다. 모두 十門을 갖추고 있으니, 同敎의 입장에서 설한 것이다.[416)]

여기서 初敎의 三門은『攝大乘論』·『唯識論』·『解深密經』·『二十唯識論』·『觀所緣論』·『大乘莊嚴經論』에 의해 이해되고, 終頓二敎의 四門은『楞伽經』·『勝鬘經』·『寶性論』·『起信論』에 의해 이해

에 배대하여, 一乘의 十身은 法報應으로 나눌 수가 없다고 하는 점도 智儼을 계승하고 있다. 大谷光眞,「法藏のビルシャナ佛觀」『佛の硏究』(東京, 玉城康四郎博士還曆記念集, 1977), p.365.

415)『探玄記』(『大正藏』35, p.344上中).
416) 위의 책, p.347中下.

되고, 그리고 圓敎의 마지막 三門은 『華嚴經』으로 이해된다. 즉, 전자는 阿賴耶識사상의 입장이며 중간은 如來藏사상의 입장이다. 그리고 후자는 『華嚴經』에서 앞의 二門을 融會한 第三의 입장으로 法藏의 독자적인 法界緣起說이다.

다시 말해 法藏의 法界緣起는 阿賴耶識연기와 如來藏연기를 모두 華嚴圓敎一乘의 法界緣起 속에서 체계화 한 것으로, 이 양자를 종합한 것이라고 할 수 있다. 그럼 法藏은 어떤 교학조직에 근거해서 法界緣起를 설하고 있는가? 그것은 三性同異義에 근거한 性相融會이다. 시대적으로 法藏은 玄奘의 唯識學을 단순히 부정하거나 무시할 수 없는 상황에서,[417) 오히려 자신의 화엄체계 속에 포용하여 다시 이를 초월해야만 하는 입장이었다. 그래서 敎判에서 法相唯識을 大乘始敎로 판정하였으며, 또한 法相宗에 대한 대항의식을 가지고 三性說을 섭취 · 개혁하여, 화엄교학의 중심사상의 하나로 정리하였다.

> 三性에는 두 뜻이 있다. 眞實性에는 不變과 隨緣, 依他性에는 似有와 無性, 遍計所執性에는 情有와 理無의 의미이다. 이 중에서 眞實性의 不變과, 依他性의 無性, 遍計所執性의 理無의 의미에 의해, 三性은 동일한 범주이고 차이가 없다. 이것이 현상을 파괴하지 않고, 항상 본질인 진실 그 자체인 것이라고 하는 것이다. ……또 眞實性의 隨緣과, 依他性의 似有, 遍計所執性의 情란 의미에 의해, 三性에는 마찬가지로 차이가 없다. 이것이 본질을 움직이지 않고, 항상 현상으로 나타난다고 하는 것이다. ……이렇게 어느

---

417) 柏木弘雄, 「中國 · 日本에 있어서 大乘起信論研究史」 『如來藏と大乘起信論』(東京, 春秋社, 1990), p.305.에서 唐 太宗 貞觀(627~649) · 永徽(650~655) 연간은 玄奘 · 窺基의 唯識學이 한 시대를 풍미한 시기였으며, 玄奘의 法相宗은 太宗에 의해 융성하게 되었다고 한다. 그리고 則天武后는 唐에 대하여 武周革命의 의의를 주장하기 위해, 武周朝의 보호하에 있는 강력한 종교사상이 필요하였으며, 이러한 시대적 요구로 종교사상으로 형성된 것이 바로 法藏의 華嚴이었다고 주장하고 있다.

측면에서 말해도 三性은 차이가 없다. 그러나 또 앞의 세 가지 의미와 뒤의 세 가지 의미는 차이가 있기 때문에, 이 점에서 말하면, 두 가지 측면에서 三性은 동일하지 않다. 이러한 이유로 진실은 미혹한 마음의 끝까지도 포함해야 하고, 미혹한 마음은 진실 그 자체인 근원에 철저하여, 본질과 현상은 융합하여 조금도 방해하지 않는다.[418]

三性同異義說은 智儼과는 다른 法藏의 화엄교학의 사상사적인 위치를 명확하게 해주는 것으로,[419] 法藏은 三性同異義를 세워 唯識 三性說의 계승이 아니라, 空有 관계를 지양하기 위한 독자적 三性說을 형성시켜 事理無礙法界를 전개하였다. 즉, 相宗은 三性各別이지만 性宗에서는 三性同一際임을 내세우고, 그것이 가능하도록 如來藏緣起說을 수용하였다. 그리하여 三性에 二義를 두고, 不變 쪽을 本으로 隨緣 쪽을 末로 하여 그 융통을 인정함으로써, 眞妄交徹이고 本末無礙이며 性相融通이라고 결론지었다.

이와 같이 『探玄記』 「十地品」에는 五教十宗判 · 法界緣起 · 三性同異義 외에도 六相說이 나타나 있다. 六相說은 「十地品」의 初地에서 第四願에 나오는, 總別同異成壞의 六相[420]에 근원한 것이다. 智儼은 六相을 順理와 順事의 二義에 기준하여 매우 간단하게 논하였지만, 法藏은 智儼의 六相圓融을 체계적으로 조직하게 된다.

「十地品」에서 法藏은 六相을 세운 이유를 다음과 같이 밝히고 있다.

---

418) 『五教章』(『大正藏』45, p.499上).

419) 木村淸孝, 「華嚴宗의 成立」, 中村元 外, 석원욱 譯, 『華嚴思想論』(서울, 운주사, 1990), p.227.

420) 六相은 『華嚴經』에 있는 명칭으로 『60華嚴』(『大正藏』9, p.545中)에서는 "總相別相有相無相有成有壞"로 되어 있고, 『80華嚴』(『大正藏』10, p.181下)에서는 "總相別相同相異相成相壞相"으로 더욱 명확하게 명칭을 표현하고 있지만 다른 구체적인 설명은 없다.

고정되어 집착하는 견해를 깨뜨리고, 이로써 緣起圓融의 法을 나타낸 것이다. 이 이치가 現前하면, 一切의 惑障은 하나가 멸하면 一切가 멸하며, 一切 行位에서 하나를 이루면 一切를 이루는 등이다.[421]

이와 같이 六相은 緣起圓融의 法을 나타내는 것으로서 一卽一切의 이치에 근거하고 있다. 즉, 理는 四句·八不·十不 등의 형식과 마찬가지로, 事[현상]를 모아서 理[근본]에 들어가 寂의 세계에 수순하고, 事는 理에 들어가 事[현상]를 圓融하여 相卽相入에 의해 普賢의 法을 이루는 것으로, 法藏은 六相을 理事의 두 입장에서 설명하고 있다. 그러면서 三性同異義에서 二義를 本末의 구조로 해석한 방법대로, 六相建立의 이론적 근거도 緣起法의 本末관계에서 설명한다.

建立을 밝힌다는 것은 무엇 때문에 오직 여섯이고 많지도 않고 적지도 않은가 하면, 무릇 緣起法을 논하는데 요컨대 三門이 있기 때문이다. 첫째, 末은 本에 의하여 起와 不起가 있고. 둘째, 일어난 末은 이미 本을 포함하고 있으므로 同과 異가 있다. 셋째, 本을 포함하고 있는 末은 이미 本에 거두어지므로, 當體는 存과 壞가 있다. 만일 이 셋을 갖추지 않았으면 緣起를 이룰 수 없다. 이 셋에 각각 둘이 있기 때문에 단지 여섯만을 거론한 것이다.[422]

六相은 三門에 의해서 각각 本末의 二相으로 해석되기 때문에, 오직 여섯을 거론한 것이다. 이렇게 法藏은 一心의 緣起法을 如來藏緣起에 바탕하여 不變·隨緣의 두 방면에서 회통시키고 있다. 그러므로 緣起法은 一卽一切·相卽相入의 圓融으로 귀결된다.

이상으로 살펴본 『探玄記』「十地品」에서, 法藏은 華嚴圓敎一乘을

확립하는 것이 가장 큰 목적이라고 할 수 있다. 「十地品」에 나타난 五敎十宗判·法界緣起·三性同異義·六相說은 모두 三乘과 一乘의 차별, 그리고 三乘과 一乘의 會通 속에 華嚴一乘의 우월성을 천명하고 있다. 法藏은 「十地品」의 곳곳에서 一乘의 현묘한 이치를 설명하고 法界緣起의 無盡性을 밝히고 있다.

이러한 法藏의 의도는 「十地品」을 설한 이유에도 뚜렷이 나타나 있다.

> 이 經의 宗旨는 一乘을 밝힌 것이므로, 一乘의 行은 널리 논하지만 三乘의 位는 생략하였다. 또 해석하기를 一乘의 十地는 아주 깊기 때문에, 三乘 등을 통틀어서 모두 十地가 된다. 이에 六相陀羅尼門으로써 無盡을 융화하여, 普賢十地가 자재한 뜻을 이루었다. 地前[十地地前]은 이와 같지 않고 다만 普賢이 바로 나타내었기 때문에, 地上[十地]과 같지 않다.423)

즉, 『華嚴經』의 宗旨는 一乘을 밝힌 것이기 때문에 一乘의 行은 논하지만 三乘은 생략하였다. 그러나 一乘의 十地 속에는 三乘을 通攝하고 있기 때문에, 「十地品」을 설하여 六相陀羅尼門으로써 無盡의 도리를 밝히는 것이다.

3) 『華嚴經疏』의 十地

澄觀은 교학적으로나 사회적으로 智儼과 法藏과는 다른 출발을 하고 있다. 智儼과 法藏이 『60華嚴』을 기초로 華嚴經觀을 세웠다면, 澄觀은 『80華嚴』에 교학적 기초를 두고 있다. 그리고 사회적으로는 唐初期에 전개한 학문불교가 실천불교로 변모해 가는 唐中期에 澄觀은 활약하였다. 그래서 불교 내적으로는 天台宗이 부흥하고 새롭게 禪宗이 형성되어424) 커다란 불교운동으로 발전하고 있었다.

---

423) 위의 책, p.277中.

이러한 새로운 시대적 변화에서 澄觀은 華嚴과 禪에 대한 입장을 정리해야만 했다. 그리하여 澄觀은 五敎判의 頓敎에 禪宗을 적용시킴으로써425) 法藏과는 다른 새로운 해석을 하였으며, 五敎 순서도 頓敎와 終敎로426) 法藏과는 반대로 하였다. 法藏이 法相宗을 단순히 부정하거나 무시할 수 없는 상황에서, 唯識說을 변용함으로써 華嚴의 학설을 이루었다면, 澄觀은 '心性'의 입장에서 法性宗의 우위를 강조하였다.427)

이와 같은 心性의 입장은 바로 禪의 心法의 작용으로 이어지고, 이것은 다시 하나가 전체를 거두어들일 수 있어서 거리낌이 없는 華嚴觀法에 통한다. 그럼 『華嚴經疏』「十地品」에 보이는 澄觀의 禪宗觀을 살펴보면,

여기 두 가지 뜻이 있다. 첫째는 처음으로 일으켰다는 한 부분을 의지하여 떨어졌다고 말하고, 둘째는 眞에 미혹하고 妄을 따름을 의지하여 이치적으로 떨어진다고 말한 것이지, 시작함이 있다는 뜻은 아니다. 眞은 비록 본래 있었고 미혹도 처음이 없지만, 서로 無性을 의지하였으므로 眞이라 한다. 만약 반드시 眞이 있다면, 眞이 도리어 妄을 이루게 될 것이다. 만약 그렇다면 眞은 妄과 같다. 서로 서로 의지하기 때문에 妄은 반드시 끊을 수 있고, 眞은 반드시 나타낼 수 있다. 그렇다면 不空인 眞은 妄으로 인하지 않기 때문에, 다만 妄執만 비운다면 저절로 眞源이 드러나게 된다.428)

라고 말하고 있다. 澄觀은 마음이 삿된 견해에 떨어지는 이유를 두 가

424) 서정엄, 「징관의 전기 및 화엄학계」『淨土學 硏究』5집(성남, 如來藏, 2002, 12), p.242.
425) 『華嚴經疏』(『大正藏』35, p.512下).
426) 위의 책, p.521下.
427) 鎌田茂雄, 『中國華嚴思想史の硏究』(東京, 東京大學出版會, 1965), p.502.
428) 『華嚴經疏』(『大正藏』35, p.766中).

지로 설명하면서, 마음이 미혹에 떨어진다[心墮]고 하였지만 번뇌는
원래 시작함이 없는 것으로, 만일 처음으로 떨어졌다고 하면 邪見에
떨어진다고 밝히고 있다. 즉, 하나의 몸에 몸과 마음이 맑고 고요한데,
妄念이 별안간 생겨나 미혹에 바로 떨어지게 된다. 진리는 迷惑의 대
상이고 妄念은 迷惑하는 주체이다. 그래서 妄念과 진리는 모두 시작
이 없는 것이다.

그리고 서로 無性을 의지했다는 것은 眞妄을 동시에 보낸 것으로,
진리에 의지하여 妄念을 일으켰으며, 妄念을 인하여 진리를 설한 것을
말한다. 만일 迷惑의 주체가 없다면 迷惑의 대상은 세우지 않았을 것
인데 어찌 진리가 있겠는가? 진리에 의지하여 妄念이 있으므로 妄念은
無性이며, 妄念에 의지하여 진리를 설한 것이므로 진리는 없는 것이
다. 그러므로 곧 주체와 대상이 함께 空한 것이다.

이와 같이 澄觀은 眞妄은 본래 空한 것으로, 둘이 아님을 설하여 禪
宗의 특색을 드러내고 있다. 또한 澄觀은 번뇌를 단절하는 방법에 대
해서, 法相宗[大乘超敎]·法性宗[大乘實敎]·圓敎·頓敎의 각 종
파의 주장을 거론하고는 마지막으로 圓敎의 원융함으로 결론내린다.

> 만일 圓敎에서 단절할 대상인 번뇌에 의지한다면, 하나에 미혹하면 일체에
> 미혹하기 때문에, 하나를 단절하면 일체를 단절하게 된다. 단절할 것도 없고
> 단절하지 못할 것도 없게 된다.[429]

위 인용문은 圓敎의 주장이지만 여기서 단절할 것도 없고 단절하지
못할 것도 없다는 것은 頓敎의 주장을 겸하고 있다. 다시 말해 단절할
것이 없다면 모두가 도리에 계합할 것이고, 단절하지 못할 것도 없다면

---

429) 위의 책, pp.752下~753上.

하나를 단절하면 모두를 단절하게 되므로 곧 圓敎의 주장이다. 만일 오히려 단절할 것이 없는데, 어찌하여 단절하지 못함이 있다고 말하겠는가? 體性은 본래 고요해서 말이 없어지고 생각이 끊어지는 것을, '끊어짐'이라 말한다면 곧 頓敎의 주장이다.

이처럼 澄觀은 圓敎와 頓敎 즉, 華嚴과 禪의 융합적인 입장을 취하고 있다. 이것은 앞에서도 잠시 밝혔듯이 새롭게 禪宗이 형성되어 커다란 불교운동으로 발전하고 있는 시대적인 상황에서, 어떻게든지 華嚴과 禪을 융합시킴으로써[430] 華嚴과 禪의 통로를 만들고자 하는 澄觀의 노력이라고 할 수 있다. 그리고 이것이 바로 澄觀의 華嚴이 法藏의 華嚴과 다른 사상을 형성하였다고 일컬어지는[431] 하나의 원인이기도 하다.

그러나 「十地品」은 어디까지나 華嚴一乘의 圓融사상에 바탕하고 있다. 澄觀은 十地法門을 總相과 別相의 六相圓融에 기반해서 설하면서, 十地法이 많기는 하지만 總相과 別相의 두 가지에서 벗어나지 않음을 밝히고 있다.

> 能證을 설하면 論에서 光明이란 見·智·得·證이라고 하였다. 이것은 後得智로 현상적인 차별을 관찰함을 見이라 하고, 根本智로 이치적인 한결같은 모습[一相]을 관찰함을 智라 한다. 見으로 현상에 통달함을 得이라 하고, 智로 이치에 계합함을 證이라 한다. 智의 體를 곧바로 말하였으므로 見과 智라 하였고, 智로써 경계에 합하므로 得과 證이라 하였다.[432]

여기서 能證은 증득하는 주체의 지혜인 부처님을 뜻하며, 根本智를 말한다. 그리고 見은 後得智로 현상적인 차별을 말하는 것으로 증득할

---

430) 장계환, 『中國華嚴思想史研究』(서울, 불광출판부, 1996), p.369.
431) 鎌田茂雄, 『中國華嚴思想史の研究』(東京, 東京大學出版會, 1965), p.475.
432) 『華嚴經疏』(『大正藏』35, p.739上).

대상인 十地法門을 뜻한다. 이 十地法을 澄觀은 智證 · 見得, 根本
智 · 後得智, 理 · 事로 나누어 설명하고, 다시 總相과 別相의 두 가지
뜻으로 구분하여 말한다.

> 能證[증득하는 주체]과 所證[증득할 대상]이란, 보살로 하여금 증득하는
> 주체의 지혜로써 부처님이 증득하신 法에 들어가게 한다는 뜻으로, 이것이
> 總相의 뜻이다.433)

그리고 別相의 뜻으로 아홉 가지로 해석한 후, 이것을 총합적으로
근본과 지말의 六相圓融으로 회통시킨다. 그러면서 六相圓融의 근본
의미는 六相으로 圓融한 法이 연기함을 밝히기 위한 것으로, 五陰 · 十
八界 · 十二入 등의 현상의 事相에 집착하지 않아야 한다고 설한다. 다
시 말해 總相은 萬法이 비록 다르지만 지혜 하나로 꿰었으므로 總相의
法門이고, 別相은 현상적 모양[事相]의 차이를 따르는 것을 뜻한다.
이와 같이 澄觀은 「十地品」을 總相 · 別相의 六相圓融에서, 十地의
각 地를 圓融門과 行布門으로 포섭한다.

> 十地에서 二地 · 三地 · 四地 · 八地 · 十地는 圓融門과 行布門에 통하고,
> 初地는 어디에도 속하지 않으며, 나머지 六地 · 七地 · 九地는 行布門이다.
> 대개 法에 의탁함을 의지하여 깊고 얕음을 밝히기 때문이다. 만약 圓融門으
> 로 저 行布門을 융섭한다면, 圓融하지 못할 것이 없기 때문에, 別相으로
> 總相을 따르게 하는 것이 모두 十地의 근본이치[宗]이다. 만약 別相 중의
> 別相이라면, 地地마다 근본이치[宗]가 다를 것이다.434)

十地가 각각 宗을 달리하지만 圓融門으로 융섭하였기 때문에, 十地

---

433) 위의 책, p.739上.
434) 위의 책, p.735中.

에 모두 圓融門과 行布門을 구비하게 된다. 그리고 十地 이전에는 圓
融門의 공덕을 밝히고 十地 이상에는 行布門으로 얕고 낮은 공덕을
나타낸 이유에 대해, 澄觀은 一乘法을 밝히기 위해서라고 하면서 三
乘의 지위에서는 十地 이전은 行布門이고 十地 이상은 圓融門이지만,
지금 一乘의 지위에서는 十地 이전과 十地 이상에 行布門과 圓融門
을 모두 갖추었다고 밝히고 있다. 즉, 「十地品」은 一乘法이기 때문에
여러 乘으로 十地의 法을 삼은 것이다. 이렇게 澄觀은 華嚴一乘을 주
장하고 있다.

　『華嚴經疏』「十地品」의 가장 뚜렷한 특징은 澄觀의 실천적 觀法이
라고 할 수 있는데, 杜順의 『法界觀門』을[435] 祖述한 데서 澄觀의 교
학 자체가 특히 실천적 체계임을 알 수 있다.[436] 澄觀의 독자적 觀法
論은 五蘊觀・十二因緣觀・三聖圓融觀에 그 조직이 잘 나타나 있으
며, 특히 『心要法門』에서는 性起觀이 뚜렷이 보이고 있다.

　五蘊觀은 『華嚴經疏』玄談 第三義理分齊에서[437] 『法界觀門』의 三
觀 즉, 眞空觀・理事無礙觀・周遍含容觀과 華嚴十玄門과 四種法界

---

435) 鎌田茂雄, 「華嚴教學の根本的立場」『華嚴思想』(京都, 法藏館, 1982), p.42.
　　에서는 『法界觀門』은 수당시대에 중국불교의 새로운 형성을 나타내 보일뿐
　　만 아니라, 화엄철학을 종교로서 성립시킨 중요한 의의를 갖는다고 밝히고
　　있다.
436) 高峯了州, 장계환 譯, 『華嚴思想史』(서울, 보림사, 1988), p.218.
437) 『華嚴經疏』(『大正藏』35, p.514上・p.515上).에 나타난 澄觀의 法界緣起를
　　圖示하면 다음과 같다.

를 하나로 연계하여 華嚴法界緣起를 완성시키고 있다. 十二因緣觀
은438) 因緣觀·緣起觀·性起觀의 三重 체계로, 根本正覺의 내용인
十二因緣의 觀法을 唯心의 입장에서 조직한 것이다. 十二因緣觀에 대
해서는 「十地品」에 상세히 나타나 있다.

그리고 三聖圓融觀은 李通玄에게서 三聖圓融 사상이 현저히 보이
지만, 이것을 觀門으로 조직한 것은 澄觀이다. 三聖圓融觀은 문수·보
현 두 보살의 因分［부처가 되기 위한 수행］과 如來의 果分［비로자나
불의 경계］이 因·果가 둘이 아니어서, 세 성현이 원만하게 통하는 것
이다. 澄觀은 三聖圓融觀을 相對明表와 相融顯融439)의 두 觀門으로
나누어서 해설한다.

「十地品」에서는 第六現前地에 十二因緣의 十觀法이 180重觀法으
로 펼쳐져, 十二緣起가 마치 인드라망경계문처럼 복잡하게 나타나 있
다. 그럼 먼저 十重觀法을 살펴보기로 하겠다.

> 十重이란 첫째 有支가 相續하는 門이요, 둘째 一心으로 섭수되는 門이요,
> 셋째 자기의 業을 도와 이루는 門이요, 넷째 서로 떨어지지 않는 門이요,
> 다섯째 三道로 끊어지지 않는 門이요, 여섯째 三際로 윤회하는 門이요,

---

438) 진본각, 「淸凉澄觀의 五蘊觀과 十二因緣觀에 대한 고찰」『논문집』10집(김
포, 중앙승가대학교, 2003), pp.101~103.에서『十二因緣觀』의 문헌의 추적
을 통해서 十二因緣觀을 澄觀의 禪師이기도 한 입장에서 서술하고 있다. 十
二因緣觀은 十二因緣이라는 근본교의로부터, 法性無住定으로서의 性起觀
으로 포괄한 특징이 있음을 밝히고 있다. 즉, 여기에서의 無住는 화엄교학의
圓融과 바꿀 수 있으며, 澄觀은 十二因緣이라는 이름을 빌어서 華嚴의 性起
觀으로서의 法性無住를 표명하고 있는 것이다.
439) 相對明表는 두 성현의 法門으로서 주체를 삼고 동시에 세 성현의 대립을 세
워서 설명하는 것이다. 相融顯融은 먼저 두 성현의 法門이 각자 圓融無礙한
것을 설명한 후, 믿음과 지혜와 지혜를 비추는 작용의 세 가지 현상이 서로
통하면서 自立하는 것을 설명하고, 마지막으로 다시 두 보살의 法門이 서로
융통하는 것을 설명한다.

일곱째 三苦가 모여 이루는 門이요, 여덟째 인연으로 生滅하는 門이요,
아홉째 生滅에 얽힌 門이요, 열째 아무 것도 없이 다하는 관찰을 따르는
門이다.440)

이러한 十重觀法은 順觀과 逆觀을 거기에 相諦差別觀 · 大悲隨順
觀 · 一切相智觀의 三觀法을 더하여 60重觀法이 되고, 다시 空觀 · 假
觀 · 中道觀의 三空觀을 더하여 180重觀法으로 벌어지게 된다.

여기서 相諦差別觀은 二諦의 有爲法이 我가 없음을 觀하기 때문에
아래 二乘의 모든 지혜와 같으며, 大悲隨順觀은 大悲가 중생을 따라
늘어나 大悲가 더욱 늘어나는 觀法으로 菩薩道의 相과 智를 드러낸
다. 그리고 一切相智觀은 자세하게 因緣의 性과 相의 여러 門을 궁구
하는 觀法으로 諸佛의 一切種智와 같다.

이 十二因緣觀을 澄觀은 다시 『涅槃經』441)을 인용하여 十二因緣을
낮은 지혜로 관하면 聲聞의 깨달음을 얻고, 중간의 지혜로 관하면 緣
覺의 깨달음을 얻고, 높은 지혜로 관하면 보살의 깨달음을 얻고 가장
높은 지혜로 관하면 佛의 깨달음을 얻게 된다고 말하고 있다. 그리고
처음 聲聞과 緣覺의 두 가지 깨달음은 相諦差別觀의 뜻이고, 나머지
둘은 각기 大悲隨順觀과 一切相智觀442)에 해당한다고 증명하고 있다.

그리고 이 三觀을 융합함에 오직 一心의 한 마음이 있으며, 깊고 깊
은 般若가 여기서 現前함을 밝힌다. 여기서 一心의 한 마음은 空假中
의 三空觀을 가리키는 것으로 한 사람이 頓修하는 것이다. 그래서 乘
즉, 敎法에 의지하여 나눈 것이 아니다. 이러한 十二因緣觀에서 澄觀
의 禪사상을 엿볼 수 있다.

---

440) 『華嚴經疏』(『大正藏』35, p.802中).
441) 『涅槃經』(『大正藏』12, p.768下).
442) 『華嚴經疏』(『大正藏』35, p.802中).

이와 같은 十門觀法을 澄觀은 三觀과의 상호 포섭하는 관계로 복잡하게 설명하고 있는데,[443] 圖示해보면 다음과 같다.

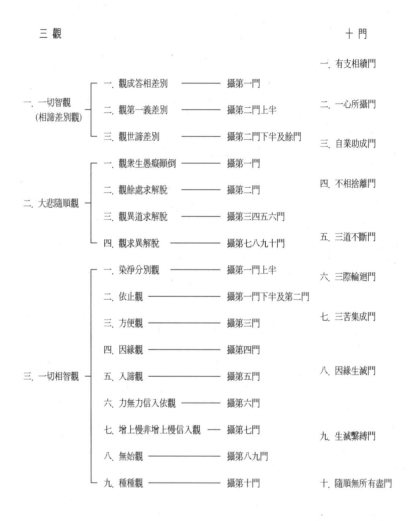

三 觀

一. 一切智觀
(相諦差別觀)
　一. 觀成答相差別 ——— 攝第一門
　二. 觀第一義差別 ——— 攝第二門上半
　三. 觀世諦差別 ——— 攝第二門下半及餘門

二. 大悲隨順觀
　一. 觀衆生愚癡顚倒 ——— 攝第一門
　二. 觀餘處求解脫 ——— 攝第二門
　三. 觀異道求解脫 ——— 攝第三四五六門
　四. 觀求異解脫 ——— 攝第七八九十門

三. 一切相智觀
　一. 染淨分別觀 ——— 攝第一門上半
　二. 依止觀 ——— 攝第一門下半及第二門
　三. 方便觀 ——— 攝第三門
　四. 因緣觀 ——— 攝第四門
　五. 入諦觀 ——— 攝第五門
　六. 力無力信入依觀 ——— 攝第六門
　七. 增上慢非增上慢信入觀 — 攝第七門
　八. 無始觀 ——— 攝第八九門
　九. 種種觀 ——— 攝第十門

十 門

一. 有支相續門
二. 一心所攝門
三. 自業助成門
四. 不相捨離門
五. 三道不斷門
六. 三際輪廻門
七. 三苦集成門
八. 因緣生滅門
九. 生滅繫縛門
十. 隨順無所有盡門

---

443) 위의 책, p.802下.

澄觀은 一切智觀〔相諦差別觀〕에서 十門을 三觀法으로 나누어 포섭하고 있다. 첫째 觀法은 成答相으로 구분하여 十門 중의 第一門을 포섭하고, 둘째 觀法은 十門의 第二門의 반을 포섭하고, 셋째 觀法은 十門의 第二門의 나머지 반과 그 외 八門을 포섭하고 있다. 그리고 大悲隨順觀은 十門을 四觀法으로 나누어 각 十門을 포섭하고, 一切相智觀은 十門을 九觀法으로 나누어 각 十門을 포섭하고 있다.

『華嚴經疏』「十地品」에서는 十二因緣觀을 근본과 지말로 서로 거두어서, 총합적으로 法界를 하나로 보는 法界一大緣起[444]로 파악하고 있다. 緣起觀을 불교의 근본 宗旨에서 각 乘의 지혜의 深淺의 단계를 나타내는 것에 주력하고 있고, 아직 性起觀으로 포괄한 흔적은 보이지 않는다.

지금까지 澄觀의 『華嚴經疏』「十地品」주석을 살펴보면서, 澄觀의 華嚴經觀이 매우 觀法的이고 禪의 경향이 짙음을 알 수 있다. 澄觀이 활동한 시대적 상황과 五敎判의 頓敎에 禪宗을 적용시킨 것에서, 澄觀의 가장 큰 숙제는 華嚴과 禪에 대한 입장을 정리였다고 필자는 생각한다. 그래서 澄觀은 「十地品」곳곳에 圓敎와 頓敎 즉, 華嚴과 禪을 융합시킴으로써 華嚴과 禪의 통로를 만들고자 하는 노력이 보이고 있다.

그러나 澄觀은 「十地品」을 어디까지나 華嚴圓敎一乘의 입장에서 서술했다고 할 수 있다. 이러한 시각은 '但是一心作'의 해석에서도 분명히 드러난다. 澄觀은 十門의 第二門인 一心所攝門을 攝末歸本門〔지말을 거두어 근본으로 돌아가는 문〕과 本末依持門〔근본과 지말이 의지하는 문〕으로 나누고, 攝末歸本門에서 一心이 三界를 짓는 이유를 자세히 十門으로 전개하고는 이 十門을 다시 圓敎로 원융하고 있다.

---

444) 위의 책, p.802中.

위의 十門에서 처음 하나[假說一心門]는 小乘敎요, 다음의 셋[相見俱存門·攝相歸見門·攝數歸王門]은 방편을 수반한 敎法이요, 다음의 셋[以末歸本門·攝相歸性門·性相俱融門]은 實法에 입각한 敎法이요, 뒤의 셋[融事相入門·令事相卽門·帝網無礙門]은 圓敎 중에서 함께하지 않는 부분이다. 만약 아래로 여러 乘[敎法]과 함께 한다면 열 가지 걸림 없음에 통한다. 一部의 大宗이 오직 이 品만이 아니고, 낱낱의 門을 따라 觀을 이룸이 각각 다르다. 헛되이 구함이 될 수도 있다.[445]

여기서 방편을 수반한 교법은 大乘始敎를 가리키고, 實法에 입각한 교법은 大乘終敎로 實敎라고도 한다. 그리고 형상을 거두어 체성으로 돌아가는 攝相歸性門은 또한 頓敎에 통하는 구분이다. 뒤의 세 가지 敎法은 모두 一乘敎에 해당한다. 방편교와 구분하기 위해 頓敎도 實法이라 이름하였다. 마지막 셋은 圓敎를 가리키는 것으로, 함께하지 않는다는 것은 別敎一乘을 말한다. 그리고 이러한 모든 乘과 함께 하여 열 가지 걸림 없는 十無礙로 圓敎가 원융하게 통합하고 있다.

지금까지 『搜玄記』·『探玄記』·『華嚴經疏』의 각 「十地品」에 나타난, 華嚴祖師들의 견해를 살펴보았다. 華嚴祖師들의 「十地品」에 대한 견해는 一心을 해석한 第六現前地에 그 사상이 가장 잘 드러나 있다. 「十地品」에는 六相說·性起說 등 많은 화엄교학이 설해져 있지만, 一心에 바탕해서 설한 十二緣起에 대해서만 간단히 비교·검토해서 각 祖師들의 차이를 정리하고자 한다.

智儼은 十二因緣을 一心에 바탕하여 法界緣起로 체계화시켰지만 여기서의 法界緣起는 아직 화엄종의 독자적인 緣起說에는 미치지 못하고, 十二緣起 전체를 포괄하는 개념의 法界緣起이다. 즉, 일체 染淨

---

445) 위의 책, p.807上.

의 緣起를 총칭한 것으로 事事無礙 등의 法界緣起는 언급되지 않고
있다.

法藏은 智儼이 法界緣起를 染分緣起와 淨分緣起의 二門으로 구분
한 것을, 染法·淨法·染淨合說의 三門으로 새롭게 조직한다. 一心을
해석한 十重唯識에서 法藏은 전자는 阿賴耶識사상의 입장에서, 중간
은 如來藏사상의 입장에서, 그리고 후자는『華嚴經』에서 앞의 二門을
融會한, 第三의 입장에서 설명하고 있다. 이것은 法藏의 독자적인 法
界緣起說로, 阿賴耶識연기와 如來藏연기를 모두 華嚴圓敎一乘의 法
界緣起 속에서 체계화 한 것으로, 이 양자를 종합한 것이라고 할 수
있다.

그리고『華嚴經疏』「十地品」의 가장 뚜렷한 특징은 실천적 觀法이
라고 할 수 있다. 十二因緣의 十重觀法은 順觀과 逆觀을 거기에 相諦
差別觀·大悲隨順觀·一切相智觀의 三觀法을 더하여 60重觀法이 되
고, 다시 空觀·假觀·中道觀의 三空觀을 더하여 180重觀法으로 벌어
지게 된다. 그리하여 十觀法이 180重觀法으로 펼쳐져 十二緣起가 마
치 인드라망경계문처럼 복잡하게 나타나 있다.

이와 같이『搜玄記』·『探玄記』·『華嚴經疏』에서 十地에 대한 견
해의 차이도 있지만, 祖師들의 공통된 주장은 敎判에 입각하여「十地
品」을 華嚴一乘圓敎의 입장에서 三乘으로 구분하여 논한 것이다. 여
기서의 一乘은 華嚴만의 別敎一乘으로 어디까지나,『華嚴經』의 가르
침이 가장 우수하다는 것을 나타낸다고 할 수 있다.

4) 華嚴宗의 修行階位

보살의 修行階位說로는 42位說 혹은 52位說이 일반적이지만,『華嚴
經』자체에서 설해지고 있는 보살의 修行階位는 十住·十行·十廻

向·十地의 40位이다. 十信 등과 等覺·妙覺의 十二位는 후에『仁王般若經』과『菩薩瓔珞本業經』설을 華嚴祖師들이 채용한 것이다.

그러면 본장에서는 어떻게 해서 十信과 等覺·妙覺의 十二位가『華嚴經』에 설해지게 되었고,『華嚴經』에서의 修行階位가 52位로 널리 알려지게 되었는지, 그 과정을 살펴서 華嚴宗의 修行階位를 검토하고자 한다.

인도불교학계에는 41位·51位·52位 등의 修行階位를 논하는 문헌을 볼 수가 없다. 그래서 52位說은 인도에서 비롯된 것이 아니라, 중국에서 성립한 것으로 보아야 한다.[446] 중국에서 52位說이 주장된 것은『仁王般若經』과『梵網經』과『菩薩瓔珞本業經』등이다.

『仁王般若經』[447]에서는 伏忍·信忍·順忍·無生忍·寂滅忍의 五忍을 설하고 있다. 여기서 첫 번째 伏忍의 習種性·性種性·道種性은 地前의 三賢인 十住·十行·十廻向에 해당하고, 信忍에서 寂滅忍까지는 十地에 해당한다. 그리고『仁王般若經』에서는 三賢位의 前段階에 十善을 닦는 十信位가 설해지고 있지만 修行階位에는 포함되지 않는다.

그리고『梵網經』[448]에는 四忍을 설하고 있는데, 四忍에는 각각 十住·十行·十廻向의 三賢을 의미하는 十發趣心·十長養心·十金剛心의 三十心과 聖位인 十地가 나타나 있다.『菩薩瓔珞本業經』[449]에는 六種性이 설해져 있는데 習種性·性種性·道種性은 三賢에 聖種性은 十地에, 그리고 等覺·妙覺에 해당하는 等覺性·妙覺性이 더해

446) 石井敎道,『華嚴敎學成立史』(京都, 平樂寺書店, 1964), pp.171~173.
447)『仁王經』(『大正藏』8, p.825).
448)『梵網經』(『大正藏』24, p.997).
449)『菩薩瓔珞本業經』(『大正藏』24, p.1012中).

져 모두 42位가 나타나 있다. 여기서의 42位는 낮은 곳에서 높은 곳으로의 점진적인 경향이 보이고 있다. 그리고 十信이 설해져 있지만 修行階位에는 포함되지 않고 있다.

十地를 설하는 經論은 많지만 이와 같이 十住·十行·十廻向의 階位를 설하는 經은『華嚴經』과 위의 三經 뿐이다. 十住·十行·十廻向의 계위는『華嚴經』에서 처음으로 성립한 것이기 때문에,『仁王般若經』·『梵網經』·『菩薩瓔珞本業經』이『華嚴經』에서 채용한 것[450]이라는 주장이 있으며, 또한『梵網經』과『菩薩瓔珞本業經』은『華嚴經』을 계승해서 전개한 것이라는 의견[451]도 있다.

그런데 여기서『仁王般若經』·『梵網經』·『菩薩瓔珞本業經』의 三經과『華嚴經』의 차이가 나타나고 있는데,『華嚴經』본래의 입장에서는 十住·十行·十廻向 등은 十地의 下位에 있는 수행단계가 아니다. 그러나 위 三經의 僞經에서는 모두 十地 下位의 凡夫賢位로서의 三十 또는 四十의 단계를 설하고 있다.

즉,『華嚴經』에서의 十住·十行·十廻向·十地는 보살이 낮은 경지에서 높은 경지로 進展하는 과정을 나타낸 것이 아니지만, 중국불교에서는『華嚴經』이 40位·52位는 一連의 階位를 설하는 것으로 해석하였다. 이것은 南北朝末期에서 隋唐시대에 걸쳐서 불교의 모든 敎學과 宗派에서 일치하는 현상으로 보인다.[452]

---

450) 山田龍城,『大乘佛敎成立論序說』(京都, 平樂寺書店, 1977), p.296.

451) 水野弘元,「五十二位等の菩薩階位說」『佛敎學』제18(東京, 山喜房佛書林, 1984), pp.26~27.

452) 위의 책, pp.15~18.에서 水野弘元은『仁王般若經』·『梵網經』·『菩薩瓔珞本業經』의 階位說의 중국불교 受用에는 眞諦의 영향이 크다고 말한다. 왜냐하면 眞諦 譯의『攝大乘論釋』(『大正藏』31, p.229中)에는 須陀洹道 전에 煖·頂·忍·世第一法의 四種方便이 있듯이, 보살의 聖道〔十地〕전에도 十信·十住·十行·十廻向의 四種方便이 있음을 설하고 있으며, 또한 眞諦 譯

그런데『菩薩瓔珞本業經』에는 42位가 설해져 있는데, 52位로 알려
지게 된 것은 智顗453)가 十信을 階位에 포함시켰기 때문이다. 그래서
42位說이 대승보살의 대표적인 修行階位로서 자리 잡게 된 계기는 天
台敎學의 성립과 밀접한 관계가 있으며,454) 이후의 華嚴宗의 祖師들
이 天台敎學의 說을 默認하여 수용하여455) 42位를 설하게 된다.

그럼 華嚴宗에서는 菩薩階位를 어떻게 보고 있는지 살펴보자. 智儼
은『搜玄記』에서,

의『十七地論』에는 十信·十住·十行·十廻向·十地·佛地의 修行階位가
설해져 있었다는 기록도(均正,『大乘四論玄義』,『卍續藏經』1-14-146下) 있
기 때문이라고 밝히고 있다. 그러나『攝大乘論』·『攝大乘論釋』·『十七地論』
의 原本과 다른 어떤 漢譯本에도 十信·十住·十行·十廻向 등의 階位를
설하는 것이 없는 것에서, 眞諦는 原本에는 없었던 階位說을『仁王般若經』·
『梵網經』·『菩薩瓔珞本業經』등의 것을, 眞諦가 번역서에서 채용한 것이라
고 주장한다. 그리고 隋代에는 淨影寺 慧遠이『大乘義章』(『大正藏』44,
pp.812下~813下)에서『菩薩瓔珞本業經』등을 인용해서 42位를 세우고, 智
顗와 吉藏은 十信을 外凡, 十住·十行·十廻向을 內凡, 初地 이상을 聖位로
하는 52位의 일반적인 설을 논한다.(『法華玄論』,『大正藏』34, p.418下·
p.424中;『法華義疏』,『大正藏』34, p.612下) 唐代에는 法相宗의 窺基가『法
華玄贊』(『大正藏』34, p.783上)에서 十信·三賢·十地의 階位를 설한다. 이
와 같이 階位說은 眞諦에 의해 중국불교에 소개되고, 다시 慧遠·智顗·吉藏
에 受用되어 전개되어 나갔다.
453) 『四敎義』(『大正藏』46, p.752中);『法華玄義』(『大正藏』33, p.707中);『法華
文句』(『大正藏』34, p.136上下).
454) 智顗는 52位를 別敎와 圓敎로 구분하여 설명하기도 하였다. 別敎에서는 十
信은 外凡, 十住·十行·十廻向은 內凡, 十地·等覺·妙覺은 聖位로 설명하
였고, 天台 독자의 圓敎에서는 十信을 凡夫位, 十住 이상을 聖位로 설명하였
다. 여기서 外凡·內凡의 구분은 梁代 以來의 일반적인 해석으로, 이 52位는
이후 일반적인 보살階位로 정착한다. 그리고 圓敎에서 원만한 修行에 의해서
一心으로 萬行을 具足하는 것은 이후 華嚴宗에서 설한 圓融相攝의 一乘의
階位說과도 유사하다. 이처럼 智顗의 階位에 대한 해석은 이후 중국불교에서
중요한 기준이 되었다.
455) 神林隆淨,『菩薩思想の研究』(東京, 日本圖書センタ, 1976), p.274.

만약 階位를 나누면 六種性이 있다. 첫째 習種性은 十解[十住]位에 해당
하고, 둘째 性種性은 十行에 해당하고, 셋째 道種性은 十廻向에 해당하고,
넷째 聖種性은 十地에 해당하고, 다섯째 等覺性은 十地終心에 해당하고,
여섯째 妙覺性은 佛地에 해당한다.456)

라고 하여 『菩薩瓔珞本業經』의 六種性說을 그대로 계승하고 있음을
알 수 있다. 그리고 法藏과 澄觀은 行布門과 圓融門의 두 가지에서 階
位를 설명하고 있다. 法藏은 『華嚴五敎章』457)에서는 50位를 설하고 『探
玄記』에서는 51位를 설한다.

여섯째 階位를 나타내는 까닭은, 보살이 成佛하는 因으로서의 하나의 道를
수행하여 果에 이르기까지 5位를 갖추기 때문이다. 여기에 또한 두 가지가
있다. 하나는 次第行布門으로, 十信·十解·十行·十廻向·十地를 원만
하게 한 뒤에 비로소 佛地에 이른다. 은미한 것에서부터 뚜렷이 드러나는
데에 이르기까지 階位가 차례로 이루어져 있다. 두 번째는 圓融相攝門으로,
一位에 곧 一切 前後의 모든 位를 攝受하는 것이다. 그러므로 하나하나의
位가 원만하여 모두 佛地에 이르는 것이다. 이 두 가지는 無礙하여 아래의
모든 會에서 설하는 것과 같다.458)

法藏은 『華嚴五敎章』과 『探玄記』에서 모두 十信을 階位에 포함시
키고 있지만, 『華嚴經』에서는 十信을 계위로 설하고 있지 않기 때문에
41位459)로 파악하고도 있다. 澄觀460)도 行布門과 圓融門의 두 門으로
차별을 두었지만, 이 二門은 서로 無礙하며 行布門을 十住·十行·十
廻向·十地·等覺·妙覺의 42位로 설명하고 있다.

---

456) 『搜玄記』(『大正藏』35, p.34上).
457) 『華嚴五敎章』(『大正藏』45, p.488中이하).
458) 『探玄記』(『大正藏』35, p.108下).
459) 『華嚴五敎章』(『大正藏』45, p.421中);『探玄記』(『大正藏』35, p.451下).
460) 『華嚴經略策』(『大正藏』36, p.705中).

그런데 여기서 필자가 주목하고 싶은 것은 法藏이 階位를 因果의 5位로 설명하면서, 次第行布門과 圓融相攝門을 三乘과 圓敎의 입장에서 설하고 있는 것이다. 즉, 次第行布門에서는 十信·十解·十行·十廻向·十地·佛地로 階位의 순서를 분명히 구분하여 三乘의 차별이 나타나고 있다면, 圓融相攝門에서는 一卽一切·相卽相入의 圓敎의 입장이 뚜렷이 드러나 있다.

다시 말해 華嚴宗에서는 41位·42位·50位·51位 등의 다양한 修行階位461)를 설하여, 보살이 成佛에 이르기까지 三乘에서는 三阿僧祇劫을 닦아야 함을 말하고 있지만, 一乘圓敎의 입장에서 一地에서 一切의 成佛論을 주장하고 있다.

智儼은 『孔目章』에서,

> 一乘에서는 十信終心 乃至 十解·十行·十廻向·十地·佛地에서 一切가
> 모두 成佛한다.462)

라고 하여 十信에서 뿐만 아니라, 각 階位에서도 一切의 成佛이 가능함을 밝히고 있다. 이처럼 智儼은 『菩薩瓔珞本業經』의 六種性說을 계승하여 階位의 순서를 나타내고, 또한 十信을 外凡, 十住·十行·十廻向을 內凡, 十地·佛位를 聖位로 하는 階位說과 함께, 一地에서 一切

---

461) 智儼은 『搜玄記』(『大正藏』35, p.83上).에서 「離世間品」에 설해진 二千項目의 보살행을 十信·十住·十行·十廻向·十地·究竟位에 배대시키고 있으며, 또한 「入法界品」(『大正藏』35, p.90中)의 1~41善知識의 法門을 十信·十住·十行·十廻向·十地의 경지로 설명하고 있다. 그리고 法藏도 「離世間品」(『大正藏』35, p.421中)의 보살행을 十信·十住·十行·十廻向·十地·究竟位의 51位에, 「入法界品」(『大正藏』35, p.450中)의 53선지식의 法門을 十信·十住·十行·十廻向·十地·等覺·妙覺의 52位에 배대시키고 있다.

462) 『孔目章』(『大正藏』45, p.561上).

의 成佛論을 함께 설하고 있다. 즉, 三乘과 一乘의 입장이 혼합되어
있다. 이러한 경향은 法藏에게도 그대로 이어지고 있다.

> 만일 三乘에 의하면 佛果는 오직 第十地에만 있지만, 만일 圓敎에 나아가면
> 佛果는 하나하나의 地마다 통해 있다. 그러므로 한 地에 一切地를 거두는
> 것이다. 만일 그렇다면 一地를 證得했으면 이미 佛果를 얻을 것인데, 무엇
> 때문에 十地를 설하는가? 점차의 근기를 이끌기 때문이다. 그러므로 十地는
> 三乘 차별의 位에 나아가 설하는 것이다.[463]

이러한 華嚴宗의 次第와 圓融・三乘과 一乘의 階位說에서 次第는
점차의 근기를 이끌기 위해서며, 圓融은 一地에 一切地를 관통하고 있
기 때문에 가능하다. 그럼 華嚴宗의 圓融적인 階位說은 어디에 근거
하고 있는가? 그것은 바로 『華嚴經』의 ‘初發心時便成正覺’에서 유래한
다고 볼 수 있다.

> 만약 모든 보살이 능히 이와 같은 觀行으로 相應하여 諸法에서 二解를
> 내지 않으면, 一切 佛法이 바로 나타나 初發心에서 곧 아뇩다라삼먁삼보리
> 를 얻게 되고, 一切法이 바로 마음의 自性임을 알아서 慧身을 성취한다.
> 다른 것으로 말미암아 깨닫지 않는다.[464]

三乘에서는 成佛에 이르기까지 三阿僧祇劫의 시간이 필요하지만,
圓敎의 『華嚴經』에서 初發心의 一念에 바로 成佛할 수 있다. 즉, 처음
이 끝인 『華嚴經』 특유의 세계관에서 發心한 순간에 바로 깨달음을 성
취하는 것이다. 이러한 『華嚴經』의 初發心時便成正覺은 信滿成佛로
까지 이어진다.

---

463) 『探玄記』(『大正藏』35, p.296中).
464) 『80華嚴經』(『大正藏』10, pp.88下~89上).

그래서 法藏은 十信滿心勝進分에서 一切의 位와 佛地를 얻는 것은 一切의 位와 佛地 등이 相卽하기 때문이며, 因果가 둘이 아니고 始終이 막힘이 없기 때문이라고 하면서, 하나하나의 位가 바로 보살이며 바로 佛465)이라고 밝히고 있다. 그리고 初發心의 一念成佛과 信滿成佛 외에 다시 三賢次第를 설한 이유에 대해서 李通玄은,

> 보살이 세운 모든 地의 法門의 增減은, 모든 有情들을 닦아 나아가게 하기 위한 것이다. 만약 일반적으로 모두 평등하다면 나아가려는 마음이 없으므로, 凡夫는 닦아 나아가려는 마음이 없게 된다. 發心해 닦아서 닦을 수 없음에 이르러야, 비로소 萬法에는 닦을 것이 없다는 것을 알게 된다. 그래서 實敎와 보살은 하나를 얻으면 一切를 얻어서, 法體에는 前後가 없다고 말하는 것이다.466)

라고 설명하고 있다. 즉, 진리의 세계 法界의 세계에서는 法體에는 前後가 없고 萬法에는 수행할 것이 없지만, 현상계의 세계 범부의 세계에서는 十住·十行·十廻向·十地의 次第의 法門으로, 有情들을 인도해 갈 수밖에 없다. 다시 말해 一切 有情들은 十地라는 방편을 통해서 成佛을 성취하는 것이다.

이와 같이 華嚴宗에서는 修行階位를 三乘과 一乘의 차별과 圓融의 두 방면에서 설하고 있다. 一乘圓敎의 입장에서 一地를 證得하면 이미 佛果를 證得했지만, 三乘의 차별에서 점차의 근기를 이끌기 위해서 三賢十地의 次第修行을 설하는 것이다.

---

465) 『華嚴五敎章』(『大正藏』45, p.489中下).
466) 『新華嚴經論』(『大正藏』36, p.753上中).

VI

十地說의 變遷

초기대승불교에서 菩薩道는 육바라밀이 기본적인 行으로 되어 있었지만 다른 한 편에서는 초기불교 이래의 戒定慧 三學思想을 계승하면서, 그 내용을 대승적으로 재조직하고 있는 경우도 있다. 또한 보살의 行位로서 十地는 다시 十地 以前의 단계에 대해서도 상세하게 설해지게 되었다. 이리하여 초기대승불교에 있어서의 菩薩道의 실천체계는 거의 대부분 定型化되었다.

그러나 中觀派와 瑜伽行派가 성립하는 중기대승불교에서는 그와 같은 定型化된 보살도의 실천체계의 내용을 정비해서 발전하는 것과 함께, 特定의 行체험이 가해져서 그것이 보살도의 중심을 이루었다. 그것이 空觀 즉, 唯識觀이다.[467] 瑜伽行派의 최초기 문헌인『解深密經』에는 第七「地波羅蜜多品」과 第六「分別瑜伽品」에 十地가 나타나 있다. 第七「地波羅蜜多品」에는 보살의 十地와 육바라밀이 설해져 있고 第六「分別瑜伽品」에는 특히 止觀의 수행을 강조하고 있다. 즉, 종래의 十地說보다 진보하여 瑜伽行으로써 十地의 중심을 이루는 사상을 형성해 가고 있다.

이와 같이 十地說은 대승중기로 흐르면서 많은 변화를 맞이하게 된다. 본 장에서는 華嚴十地 이후의 十地가 어떻게 變遷되어 가는가를 중점적으로 고찰하고자 한다. 그래서 먼저 瑜伽行十地의 최초의 모습을 담고 있는『解深密經』의 十地를 살펴본 후, 이후의 十地의 다양한 변화과정을 검토하고자 한다.

---

467) 勝又俊敎,「菩薩道と唯識觀の實踐」『大乘菩薩道の研究』(京都, 平樂寺書店, 1977), p.401.

1 『解深密經』의 十地

1) 瑜伽唯識學派와 瑜伽行十地

唯識學의 기원에 대해서 조금 살펴보면 인도에서는 彌勒과 無著[4세기 경]에 의하여 唯識學이 성립하게 되고, 이들 학자들의 저서가 유식학의 근간이 되었다. 彌勒의 이름으로 된 저술은 『瑜伽師地論』・『大乘莊嚴經論』・『辨中邊論』・『分別瑜伽論』・『金剛般若波羅蜜經論』 등으로, 이 논서들은 唯識家의 五大部論으로 칭해지고 있다. 그리고 無著의 저술은 『攝大乘論』・『顯揚聖敎論』・『大乘阿毘達磨集論』 등이 있다.

無著의 뒤를 이어 世親이 『唯識三十論』・『大乘百法明門論』・『十地經論』・『攝大乘論釋』을 저술하여, 유식학을 조직화하고 체계화하였다. 그 후 護法을 비롯하여 十大論師가 『唯識三十論』에 대하여 각각 10卷의 주석서를 저술하였다.[468] 이상과 같이 미륵과 무착 등 여러 유식학자들에 의하여 많은 유식학 이론서가 인도에서 저술되었다. 이들 저서들이 시차를 두고 여러 학자들에 의하여 중국서 漢譯되었다. 이 가운데 世親의 『十地經論』은 地論宗, 無著의 『攝大乘論』과 世親의 『攝大乘論釋』은 攝論宗, 그리고 『解深密經』・『瑜伽師地論』・『成唯識論』은 法相宗 성립의 근원이 되었다.

瑜伽唯識學派는 瑜伽行派(Yogācāra)・唯識派(Vijñapti-vādin)・瑜伽行唯識學派로도 불린다. 瑜伽行派의 이름은 『解深密經』과 『瑜伽師地論』에 의하여 정해진 이름으로[469] 『解深密經』「分別瑜伽品」에 의하면,

---

468) 오형근, 『唯識思想硏究』(서울, 佛敎思想社, 1983), pp.15~45.
469) 오형근, 「瑜伽行派의 大乘과 七大性思想」 『唯識思想과 大乘菩薩道』(서울, 瑜伽思想社, 1997), p.165.

보살은 아뇩다라삼먁삼보리의 願을 버리지 않고, 항상 대승에 의지하여 奢摩他[止]와 毘鉢舍那[觀]를 수행하는 것이다.470)

라는 經文이 있다. 이와 같이 瑜伽行派는 보살의 大願을 발휘하고 대승적인 止觀을 수행하며, 대중을 교화하는 학파를 뜻하고 있음을 알 수 있다. 圓測은『解深密經疏』471)에서『解深密經』은 범부와 地前의 보살이 이해하지 못하는 깊고 비밀스러운 부처님 가르침의 뜻과 이치를 꿰뚫고 있고, 중생의 근기와 잘 계합하기 때문에『解深密經』이라고 부른다고 밝히고 있다. 이것은 초기의 대승경전, 특히『般若經』의 空사상이 너무 어려워 중생들이 잘 이해하지 못하자, 부처님께서 大悲로써 중생들이 쉽게 이해할 수 있도록 설명한 것이 이『解深密經』이라는 뜻이다.472)

즉, 초기 대승경전의 기본 사상은『般若經』의 空사상이었다. 그런데 空사상은 諸法의 實存을 부정하는 一切皆空사상만을 극단적으로 주장하는 폐단도 낳게 되어, 불교사상은 學理的으로 문제점을 초래하게 되었다.473) 왜냐하면 어떤 형태로든지 有를 인정하지 않고서는 學的理論을 세울 수가 없을 뿐만 아니라, 실천수행에 있어서도 출발의 근거와 목표가 서지 않기 때문이다.474) 그리하여 瑜伽唯識學派는 一切法의 無自性空을 주장하는『般若經』의 가르침을, 새로운 이론과 실천체계로 해석하여 다음과 같은 瑜伽唯識學派만의 사상적 특질을 이룩하였다.

---

470) 『解深密經』(『大正藏』16, p.697下).
471) 『解深密經疏』(『韓佛全』1, p.134上中下).
472) 이봉순,「解深密經의 보살사상」『불교학연구』15호(광주, 불교학연구회, 2006, 12), p.272.
473) 深浦正文,『唯識學研究』上(京都, 永田文昌堂, 1972), p.65.
474) 김동화,『唯識哲學』(서울, 보련각, 1980), p.13.

(1) 오직〔唯〕識만이 존재한다고 하는 '唯識'說을 강조하는 점.

(2) 근원적 마음을 새로이 내세움으로써, '알라야識'의 존재를 제창한 점.

(3) 般若의 空思想을 설명하기 위하여, '三種自性·三無自性'이라는 새로운 空의 논리를 설파한 점.

(4) 요가(瑜伽)의 실천을 중시하고 奢摩他(止)·毘鉢舍那(觀)에 근거하여, 唯識觀의 수행 방법을 완성시킨 점

이와 같이 瑜伽唯識學派는 '般若의 空'을 사상적 기반으로 삼으면서도 세속적으로는 '오직〔唯〕識만이 존재 한다'는 입장을 유지하면서, 마음에 나타나는 모든 현상〔諸法〕의 분석·해명을 통해서, 또 동시에 '止·觀'이라는 요가(瑜伽)를 실천함으로써 마음을 뜯어고쳐 깨달음에 도달하려는 데 목적이 있다[475]고 할 수 있다.

瑜伽사상은 止觀사상을 말하는 것으로[476] 瑜伽行派라는 이름에서도 알 수 있듯이, 唯識學은 독특하게 止觀에 근거한 唯識觀으로 唯識學의 실천체계를 조직하였다. 止觀은 곧 定과 慧를 뜻한다. 그래서 唯識學의 經論에는 定慧 또는 止觀이라는 표현이 많은데, 특히『解深密經』과『瑜伽師地論』은 瑜伽라는 표현이 더욱 많이 나타나고 있다. 그래서 瑜伽行十地의 특징은 瑜伽에 바탕한 瑜伽師들의 止觀사상이라고도 말할 수 있을 것이다.

本生보살의 實踐道에서 비롯된 菩薩道는 十地說로 되어 大事十地, 般若十地, 本業十地로 이어지면서 발전을 거듭하여, 華嚴十地에 이르

---

475) 平川彰 編著, 양기봉 譯,『佛教研究入門』(서울, 경서원, 1993), pp.134~135.
476) 오형근,「瑜伽論의 止觀思想」『唯識思想과 大乘菩薩道』(서울, 瑜伽思想社, 1997), p.198.

러 보살도 사상의 絶頂을 이루어 菩薩道로서의 완전한 틀을 갖추게 된
다. 그런데 중기 대승불교시대에 들어와 瑜伽唯識學派가 성립 발전하
면서 唯識의 이론과 실천이 널리 유행하게 되자, 菩薩道는 새로운 형
태로 나타나게 되었다.[477] 이것이 곧 唯識觀의 실천을 바탕으로 하면
서 從來의 菩薩道나 聲聞道를 참고로 하여 이루어진 十三住, 十七地
및 五位說 등인데, 이들은 모두 十地說을 根幹으로 하고 있다.

『十地經』에 바탕을 두고 발전한 瑜伽唯識經典인『解深密經』·『瑜
伽師地論』·『成唯識論』에서는 十地에 대하여 더욱 새로운 이론을 첨
가하고 있다.『解深密經』에서는 十地에 佛地를 더하여 各地마다 二愚
가 단절되면서 지위에 상승이 있고,『瑜伽師地論』에서는 十三住를 施
設하여『十地經』에서 불충분한 學說을 보충하는 입장을 취하고 있다.
그리고『成唯識論』에서는 十地의 각지에서 二愚의 번뇌를 끊어서 一
種의 眞如를 획득한다. 그리하여 十地에서는 二十二愚가 단멸됨과 동
시에 十眞如를 증득하여 보리와 열반을 성취하게 된다.

이와 같은 瑜伽行十地의 특징을 고려하면서『解深密經』에 나타난
十地에 대해서 살펴보도록 하겠다.

2) 十地의 체계

瑜伽唯識學派의 근본 경전인『解深密經』에는 十地와 十波羅密사
상이 나타나 있어 瑜伽行의 十地說을 고찰하는데 좋은 자료가 된다.
『解深密經』은 깊고 은밀한 가르침을 해명한 經이라는 經名대로, 十地
에서도 華嚴十地[478]를 바탕으로 하면서도『解深密經』특유의 清淨사

---

477) 권탄준,「華嚴과 解深密經의 十地說 比較」『한국불교학』9집(서울, 한국불교
　　학회, 1984, 12), pp.101~102.
478) 瑜伽行派의 唯識說 성립을 생각할 때 '唯識'이란 사상이 생겨나는 데 가장

상이 가미되어 있으며 十地 이외에 佛地를 추가하여 十一地를 설정하는 등, 새로운 이론이 제시되어 있다. 또한 各地마다 八種의 轉勝淸淨의 수행이 있으며 二種의 無明이 단절되면서 지위의 상승이 있다.

그럼 『解深密經』 第七 「地波羅蜜多品」[479)]에 나타나 있는 十地에 대해서 살펴보기로 하겠다.

第1. 極喜地 : 大義를 성취하여 일찍이 얻지 못했던 出世間心을 얻어 큰 환희를 내는 단계이다. 極喜地에서 보살은 補特伽羅[我]와 法에 집착하는 어리석음과 惡趣에 물드는 어리석음을 다스린다.

第2. 離垢地 : 一切의 미세한 戒도 범하지 않는다. 離垢地에서 보살은 미세한 戒를 잘못 犯하는 어리석음과 갖가지 業에 의한 세계의 어리석음을 다스린다.

第3. 發光地 : 보살이 얻은 三摩地와 聞持陀羅尼는 능히 무량한 智光을 의지하는 단계이다. 發光地에서 보살은 탐욕의 어리석음과 원만히 듣고 지니는 聞持陀羅尼의 어리석음을 다스린다.

第4. 焰慧地 : 보살이 얻은 菩提分法으로 모든 번뇌를 태우는 지혜가 불꽃처럼 타오르는 단계이다. 焰慧地에서 보살은 等至[禪定]에 대한 애착의 어리석음과 法에 대한 애

큰 영향을 준 경전은 『華嚴經』으로, 특히 「十地品」(『大正藏』9, p.558下) "又作是念 三界虛妄 但是心作 十二緣分 是皆依心"의 글귀는 '三界唯心'이란 말로 귀결시킬 수 있다. 그래서 瑜伽行派의 唯識說 성립에 우선적으로 『華嚴經』 唯心說을 이해해야하는 것처럼, 『解深密經』의 十地 또한 華嚴十地와의 비교에서 명칭과 내용이 매우 유사하다.

479) 『解深密經』(『大正藏』16, p.704上中下).

착의 어리석음을 다스린다.

第5. 極難勝地 : 보살이 얻은 菩提分法의 方便修習은 가장 어려운
데 이제 바야흐로 自在하게 되는 단계이다. 極難勝地
에서 보살은 한결같이 作意해서 生死를 버리고 등지
려는 어리석음과 한결같이 作意해서 涅槃을 향해 나
아가려는 어리석음을 다스린다.

第6. 現前地 : 現前하는 모든 行의 流轉을 관찰하고 또 無相을 많이
수행할 생각이 現前하는 단계이다. 現前地에서 보살
은 現前한 諸行의 流轉을 관찰하는 어리석음과 相이
많이 現行하는 어리석음을 다스린다.

第7. 遠行地 : 능히 멀리 모자람이 없고 間斷없는 無相作意에 證入
하여 淸淨地와 서로 隣接하게 되는 단계이다. 遠行
地에서 보살은 미세한 相이 現行하는 어리석음과 한
결같이 無相으로 方便을 作意하는 어리석음을 다스
린다.

第8. 不動地 : 無相에서 無功用을 얻었기 때문에 모든 相에서 現行
하는 번뇌에 동요되지 않는 단계이다. 不動地에서 보
살은 無相에서 功用을 짓는 어리석음과 相에 自在한
어리석음을 다스린다.

第9. 善慧地 : 걸림 없는 廣大한 智慧를 얻어 일체 종류의 說法에
自在한 단계이다. 善慧地에서 보살은 無量한 說法·
無量한 法句文字·뒤로 갈수록 지혜로운 辯才陀羅尼
의 어리석음과 辯才가 自在한 어리석음을 다스린다.

第10. 法雲地 : 거칠고 무거운 몸이 허공과 같이 넓고 法身이 圓滿
함은 大雲이 능히 모든 것을 두루 덮음과 같은 단계

이다. 法雲地에서 보살은 大神通의 어리석음과 미세
한 秘密에 깨달아 들어가는 어리석음을 다스린다.

第11. 佛地 : 가장 지극히 미세한 煩惱障과 所知障을 영원히 끊어
집착이 없고 걸림이 없다. 그리고 일체의 所知境界에
正等覺이 나타나는 단계이다. 如來地에서 보살은 일
체 所知境界에 매우 미세하게 집착하는 어리석음과
매우 미세하게 장애하는 어리석음을 다스린다.

이상으로 『解深密經』에 설해진 十地의 명칭과 내용을 살펴보았다.
내용이 매우 간단하다. 그리고 각 地의 명칭은 華嚴十地와 거의 유사
하다. 그래서 권탄준은480) 『解深密經』의 十地說은 華嚴十地說을 止
觀行을 바탕으로 새롭게 조직한 것이라고 주장하고 있다. 그러나 『解
深密經』의 十地說이 華嚴十地의 사상을 실천적으로 재해석하고 있으
나, 보살행으로써 瑜伽行 혹은 唯識觀은 고려되지 않고 있다. 이것은
초기 대승불교의 전통적인 보살도를 승계하였기 때문이다.481)

華嚴十地는 서원에 따른 보살행을 강조함으로써 지혜의 증장과 佛
世界의 구현을 그리고 있으나, 『解深密經』의 十地는 무명번뇌를 덜어
가는 行에 의해 나타나는 지혜를 그리고 있다. 그렇기 때문에 증득되
는 佛도 화엄의 것은 六度萬行의 결과로서는 報身佛적인 성격을, 大
悲利他行의 과정에는 化身佛적인 성격을 볼 수 있다. 그러나 『解深密
經』의 十地는 번뇌장이 사라지고 一切智를 증득한 청정한 法身佛이

---

480) 권탄준, 「華嚴과 解深密經의 十地說 比較」, 『한국불교학』9집(서울, 한국불교
학회, 1984, 12), p.124.
481) 안명희, 「瑜伽唯識의 修行體系 硏究」(서울, 동국대학교 대학원 박사학위논
문, 2000), p.185.

다. 또 華嚴十地는 보편적인 원리를 추상적으로 설명한 理想의 道라면, 『解深密經』의 十地는 개인이 실제로 수행할 수 있는 구체적인 修行道라고 할 수 있다.[482] 따라서 華嚴十地는 설명이 장광하고 보살수행의 行位를 명시한 것이라기보다는 단지 닦아야 할 敎法을 나열한 것인데 비하여, 『解深密經』의 十地는 간단하지만 斷惑證理의 보살수행과정을 분명하게 밝히고 있다.

이와 같이 華嚴十地에서 大小乘의 모든 敎義를 바탕으로 원대한 誓願과 광대무변한 보살만행을 중심으로 菩薩道를 완성하였다면, 『解深密經』의 十地에서는 어리석음의 對治 즉, 번뇌의 소멸이 가장 큰 사상적 특징이라고 할 수 있다. 그래서 『解深密經』의 十地에서는 기존의 十地說과는 확연한 차이를 보이고 있다. 기존의 十地說은 대승보살행이 중심이었다면, 『解深密經』 十地는 번뇌와 智의 관계에서 어리석음을 끊고 이치를 증득하는 斷惑證理가 중심이다. 그리하여 止觀에 근거한 唯識觀의 수행 방법을 완성시키면서 十地說을 새롭게 조직하게 된다.

그런데 『解深密經』에는 第七「地波羅蜜多品」의 十地 외에도, 第六「分別瑜伽品」에 十地가 다음과 같이 나타나 있다.

> 부처님께서 慈氏보살에게 말씀하셨다. 선남자야 첫 번째인 極喜地로부터 通達이라 이름하고, 第三發光地로부터 得이라고 이름한다.[483]
> 세존이시여 이 奢摩他(止)·毘鉢舍那(觀)는, 보살의 初地로부터 如來地에 이르기까지 능히 어떠한 장애를 다스립니까? 선남자야 奢摩他(止)·毘鉢舍那(觀)는, 初地에서는 惡趣의 煩惱·業·태어남의 雜染의 장애를 다스린다. 第二地에서는 미세하고 그릇되게 犯하는 現行의 장애를 다스린다. 第三地에서는 탐욕의 장애를 다스린다. 第四地에는 定과 法에 대한 애착의

---

482) 권탄준, 「華嚴과 解深密經의 十地說 比較」 『한국불교학』9집(서울, 한국불교학회, 1984, 12), pp.123~124.
483) 『解深密經』(『大正藏』16, p.699中).

장애를 다스린다. 第五地에서는 生死와 열반에 대해 한결같이 등지거나,
나아가는 장애를 다스린다. 第六地에서는 相이 많이 現行하는 장애를 다스
린다. 第七地에서는 미세한 相이 現行하는 장애를 다스린다. 第八地에서는
無相에 대해서 功用을 짓거나, 有相에 대해서 自在를 얻지 못하는 장애를
다스린다. 第九地에서는 모든 종류의 뛰어난 言辭에 自在를 얻지 못하는
장애를 다스린다. 第十地에서는 원만한 法身을 證得하지 못하는 장애를
다스린다. 선남자야 이 奢摩他(止)·毘鉢舍那(觀)는, 如來地에서 지극히
미세하고 최고로 지극히 미세한 煩惱障과 所知障을 다스린다.[484]

앞에서 살펴보았듯이 第七 「地波羅蜜多品」의 十地에는 보살행으로
써 瑜伽行 혹은 唯識觀은 고려되지 않고 있다. 그러나 第六 「分別瑜
伽品」의 十地에는 奢摩他(止)·毘鉢舍那(觀)에 근거한 唯識觀이 중점
적으로 설해져 있다. 즉, 보살도 수행으로 止觀을 강조하여 止觀을 통
해 十地의 各地에서 차례로 煩惱障을 다스리고, 마침내 如來地에서
가장 지극히 미세한 煩惱障과 所知障마저 다스리게 된다. 다시 말해서
「分別瑜伽品」에서는 止觀으로써 보살의 중심 수행을 삼고 있다.

「分別瑜伽品」의 十地 또한 「地波羅蜜多品」의 十地와 마찬가지로
어리석음의 對治 즉, 번뇌의 소멸이 가장 큰 사상적 특징으로 나타나
고 있다. 이것은 중기 대승경전이 철학적이며 이론적인 특색을 지니고
있듯이, 十地說 또한 대승 중기에 이르러 신앙적이고 실천적이기 보다
는 이론적이고 철학적으로 흐르고 있다. 즉, 十地說이 아비달마적이고
法相分別的으로 변천하여 간다. 이것이 바로 『解深密經』의 十地 즉,
瑜伽行十地의 가장 큰 특징이라고 할 수 있다.

그런데 第七 「地波羅蜜多品」 十地와 第六 「分別瑜伽品」 十地는 서
로 어떤 상관관계가 있는지 검토해 보아야 한다. 형식상에서 「地波羅

---

484) 위의 책, pp.701下~702上.

蜜多品」十地는 佛과 觀自在菩薩,「分別瑜伽品」十地는 佛과 彌勒보
살과의 問答으로 이루어져 있다. 그리고「地波羅蜜多品」十地는 各地
의 명칭을 분명히 밝히면서 보살이 各地에서 수행해야 할 내용을 설하
고 있는 반면,「分別瑜伽品」十地는 各地의 명칭은 밝히지 않고 止觀
을 통해 對治하는 번뇌에 대해서만 간략히 설명하는 차이가 있다.

그러나「分別瑜伽品」十地에 설해진 내용은 第七「地波羅蜜多品」
十地의 내용과 거의 유사하다. 그래서 두 品에 설해진 十地가 佛에게
질문하는 보살이 각기 다르다는 이유로 起源을 달리하는 說도 있지
만,[485] 두 品의 各地에서 물리치는 煩惱障이 거의 일치하기 때문에 필
자는 두 品의 十地는 동일한 것으로 생각된다.

3) 唯識觀의 실천과 十波羅蜜

지금까지『解深密經』十地의 전체적인 내용을 통해서 瑜伽行十地
로서의 특색을 짚어보았다. 중기대승경전이 이론적이고 철학적인 것과
마찬가지로,『解深密經』의 十地 또한 기존의 十地說과 달리 어리석음
을 끊고 이치를 증득하는 斷惑證理의 논리가 중심이었다. 그래서『解
深密經』의 구성을 살펴보면,『解深密經』이 경전의 형식을 취하고는
있으나 내용적으로는 論書의 성격이 짙음을 잘 알 수 있다.

『解深密經』은 모두 5卷 8品으로, 第1「序品」・第2「勝義諦相品」・
第3「心意識相品」[이상 第1卷]・第4「一切法相品」・第5「無自性相
品」[이상 第2卷]・第6「分別瑜伽品」[第3卷]・第7「地波羅蜜多品」
[第4卷]・第8「如來所成作事品」[第5卷]으로 구성되어 있다. 여기
서「序品」・「勝義諦相品」・「心意識相品」・「一切法相品」・「無自性相

---

485) 勝又俊敎,「菩薩道と唯識觀の實踐」『大乘菩薩道の研究』(京都, 平樂寺書
店, 1977), p.406.

品」은 理論門〔所觀境〕이고, 「分別瑜伽品」・「地波羅蜜多品」은 修行
門〔能觀行〕이며, 「如來所成作事品」은 證果門〔所得果〕이다. 즉, 『解
深密經』은 理論門・修行門・證果門의 三門의 논리 정연한 論書의 형
식을 취하고 있다.

그래서 『解深密經』 十地의 各地에는 二無明이 제거됨과 동시에 法
界의 진리를 次第로 한 종목씩 증득함에 따라, 수행의 단계적인 향상
을 설하고 있다. 특히 各地에 四淸淨과 八淸淨을 분배하여 『解深密經』
특유의 淸淨思想을 드러내고 있다. 四種淸淨은 모든 地에서 수행하는
덕목으로 經에서는 다음과 같이 설하고 있다.

> 增上意樂淸淨은 初地를 포섭하고, 增上戒淸淨은 第二地를 포섭하고, 增上
> 心淸淨은 第三地를 포섭한다. 마땅히 알라. 增上慧淸淨은 점점 뒤에 있는
> 地에서 더욱 勝妙하기 때문에, 第四地에서 내지 佛地를 능히 포섭한다.[486]

이와 같이 보살은 意樂心으로 戒・定・慧를 실천하여 四種淸淨을
실현한다. 그리고 八種淸淨은 初地에서 第二地에 진입하여 수행하는
덕목이지만 넓게 관찰하면 初地에서 佛地에 이르기까지의 修行이다.
다만 佛地에서는 生淸淨의 수행은 제외된다. 八種淸淨은 다음과 같다.

> 一者增上意樂淸淨 二者心淸淨 三者悲淸淨 四者到彼岸淸淨 五者見佛供
> 養承事淸淨 六者成熟有情淸淨 七者生淸淨 八者威德淸淨이다. 선남자야
> 初地에는 增上意樂淸淨과 내지 威德淸淨이 있고, 뒤로 갈수록 모든 地와
> 佛地에 이르기까지 增上意樂淸淨과 내지 威德淸淨이 있다. 마땅히 알라.
> 그 모는 정정함이 차례로 뛰어나게 되며, 오직 佛地에서는 生淸淨은 제외된
> 다.[487]

---

486) 『解深密經』(『大正藏』16, p.703中).
487) 위의 책, p.704下.

이러한 四種淸淨과 八種淸淨의 淸淨수행 또한 『解深密經』 十地의 가장 큰 사상적 특징인, 瑜伽行의 唯識觀 즉, 止觀을 통한 번뇌의 단멸을 잘 보여주고 있다고 할 수 있다. 그래서 『解深密經』의 十地가 비록 초기 대승불교의 전통적인 보살도를 계승하여 華嚴十地의 사상을 실천적으로 재해석하였지만, 唯識觀에 바탕 한 瑜伽行十地로서의 입장을 분명히 보여주고 있다. 그래서 「分別瑜伽品」[488]에서는 止觀의 수행을 "圓滿最極淸淨妙瑜伽道 瑜伽了義之敎"라고 하였다.

그리고 『解深密經』 十地의 또 다른 중요한 특징은 바로 十波羅蜜이다. 十波羅蜜思想은 『般若經』의 六波羅蜜思想보다 더욱 진보된 사상으로, 대승불교가 이타적이고 적극적인 윤리관으로 중생제도의 慈悲思想을 충분히 발휘할 수 있는 思想을 정립한 것이기도 하다.[489]

十波羅蜜은 華嚴十地에서도 各地에 하나씩 바라밀을 배당하여 十地菩薩이 수행하는 戒目으로 지목되어, 대승보살도를 완성하는데 많은 영향을 끼쳤다. 하지만 華嚴十地에서 십바라밀은 各地에서 치우쳐 많이 닦는 바라밀 정도로 소개되었고, 십바라밀 자체에 대한 구체적인 설명은 없었다. 그러나 唯識論에서는 산만한 실천계목을 총정리하여, 보살이 십바라밀을 수행하지 않으면 안 되며 그 내용을 논리적으로 밝히고 있다.

그리하여 『解深密經』에서는 『般若經』의 六波羅蜜思想을 계승하면서도, 六波羅蜜마다 七淸淨相의 隨順修行이 나타나고 있다. 『解深密經』에는 止觀을 수행하는 「分別瑜伽品」과 十地보살이 十波羅蜜을 수행하는 「地波羅蜜多品」이 있다. 이것에 대해서 圓測은 瑜伽의 止觀이

---

488) 위의 책, p.703上.
489) 오형근, 「唯識學上의 十地菩薩과 十波羅蜜」 『동국대학교 대학원 연구논집』 6집 (서울, 동국대학교출판부, 1976, 12), p.15.

總門이 되고 十地의 십바라밀이 別門490)이 된다고 하였다. 이것은 瑜伽行派는 總體의 瑜伽行을 우선적으로 실천하고 동시에 別體의 십바라밀을 수행함을 뜻하는 것이다.

그럼 『解深密經』에서는 十波羅蜜이 어떻게 설해지고 있는지 살펴보자.

> 관자재보살이 다시 부처님께 여쭈었다. 세존이시여 이 모든 보살은 배워야 할 일이 무릇 몇 가지가 있습니까? 선남자야. 보살이 배워야 할 일은 대략 여섯 가지가 있다. 이른바 布施 · 持戒 · 忍辱 · 精進 · 靜慮 · 慧의 到彼岸이다.491)

이와 같이 經에서는 먼저 육바라밀에 대하여 설한 후, 육바라밀은 다시 戒定慧 三學에 포섭됨을 밝히고 있다.

> 선남자야 마땅히 알라. 처음의 세 가지는 다만 增上戒學에 포섭되고, 靜慮 한 가지는 增上心學에 포섭되고, 慧는 增上慧學에 포섭되고, 精進은 一切에 두루 한다.492)

그리고 계속하여 經에서는 육바라밀이 복덕과 지혜의 資糧에 포섭되는 地를 설하고 있지만 이 문제는 여기서 더 이상 논하지 않겠다. 그런데 『解深密經』에서는 특이하게 십바라밀을 육바라밀과 나머지 사바라밀을 助伴의 관계로 설명하고 있다.

> 세존이시여 무슨 인연으로 나머지 바라밀다를 施設함에 있어서, 오직 네 가지만 있습니까? 선남자야 앞의 여섯 가지 바라밀다의 돕는 짝으로 삼기

---

490) 『解深密經疏』(『韓佛全』1, p.296下).
491) 『解深密經』(『大正藏』16, p.705上).
492) 위의 책, p.705上.

때문이다. ……그러므로 方便善巧바라밀다는 앞의 세 가지〔布施·持戒·
忍辱〕바라밀다의 助伴이 되고, 願바라밀다는 精進바라밀다의 助伴이 되
고, 力바라밀다는 靜慮바라밀의 助伴이 되고, 智바라밀은 능히 出世間의
지혜를 이끌어 냄으로 慧바라밀다의 助伴이 된다.[493]

이처럼 『解深密經』에서는 육바라밀과 사바라밀은 서로 돕는 助
伴[494]의 밀접한 관계를 이루면서 보살도의 극치를 이루고 있다.

이와 같은 점에서 『解深密經』의 십바라밀은 華嚴十地의 십바라밀
과는 다른 구조라고 할 수 있다. 즉, 華嚴十地에서의 십바라밀은 후의
사바라밀이 처음의 육바라밀에서 점차로 이어진 一直線的인 轉勝이
다. 그러나 『解深密經』의 십바라밀은 육바라밀과 사바라밀을 명확히
구분하여, 육바라밀은 主가 되고 사바라밀은 伴이 된다. 그리하여 서
로 돕는 助伴의 관계이므로 십바라밀은 一直線이 아닌 屈折線이
다.[495]

십바라밀을 처음의 六度와 뒤의 四度로 구별하는 것은 어쩌면 中期
대승에서의 十地 고찰의 공적이라고 할 수 있다. 이러한 십바라밀의
六度와 四度의 구분은 唯識學에서 계속 이어져, 無著은 육바라밀과
사바라밀에 대해서 根本無分別智와 無分別後得智의 관계로 설명하고
있다.

十地에서 십바라밀을 수행하는 것은 차례로 이루어진다. 앞의 六地에 육바
라밀이 있는 것은 차례로 說한 것이라면, 나중의 四地에서는 사바라밀이
있다. 첫째 漚和拘舍羅波羅蜜, 육바라밀이 生長하는 善根공덕을 일체 중생

493) 위의 책, p.705中下.
494) 안명희, 「瑜伽唯識의 修行體系 硏究」(서울, 동국대학교 대학원 박사학위논
    문, 2000), p.203.
495) 川田態太郎, 「菩薩十地の二節性について」『印度學佛教學硏究』6-2號(日本
    印度學佛教學會, 1958, 3), p.188.

에게 베풀어서 모두 평등하게 하고, 일체 중생을 위하여 無上菩提에 회향한
다. 둘째 波尼他那波羅蜜, 이 바라밀은 능히 여러 가지 善願을 引攝하고,
未來世에서 六度의 生緣을 느끼기 때문이다. 셋째 婆羅波羅蜜, 思擇과 修
習의 힘으로 모든 바라밀의 對治를 調伏하기 때문에, 능히 육바라밀의 相續
生을 끌어서 間缺함이 없다. 넷째 若那波羅蜜, 이 바라밀은 이것이 능히
앞의 육바라밀의 지혜를 성립시키고, 능히 보살로 하여금 커다란 모임 속에
서 法樂을 받고, 또한 중생을 성숙시킨다. 나중의 사바라밀은 마땅히 알아야
한다. 이것은 無分別後智이다. 모든 바라밀을 섭수하여 모든 地에서 같지
않을 때에 修習한다.496)

　無著은 십바라밀이 유일한 한 줄기의 것이 아니고 앞의 육바라밀과
뒤의 사바라밀의 두 마디〔節〕로 이루어진 한 줄기인 것이며, 그리하여
뒤의 사바라밀은 앞의 육바라밀의 本性으로 보아 당연한 전개라는 것
을 알게 하고 있다.497) 그 까닭은 第六의 반야바라밀은 根本無分別智
이며 뒤의 사바라밀은 無分別後得智의 섭수이기 때문이다. 따라서 십
바라밀은 앞의 육바라밀이 줄기이며 뒤의 사바라밀은 꽃과 열매이다.
　世親도498) 앞의 육바라밀은 根本無分別智이고 반야바라밀에 섭수
되고, 뒤의 사바라밀은 無分別後得智에 섭수된다고 설하고 있다. 이처
럼 唯識論에서는 十地와 십바라밀과의 관계가 보살이 證得하는 智의
작용의 面에서 논해지고 있다.499)
　또한『瑜伽師地論』에서는 육바라밀이 십바라밀의 근간이 됨을 다음
과 같이 밝히고 있다.

---

496)『攝大乘論』(『大正藏』31, p.126中).
497) 川田態太郎,「佛陀華嚴」, 中村元 外, 석원욱 譯,『華嚴思想論』(서울, 운주
　　　사, 1990), pp.45~46.
498)『攝大乘論釋』(『大正藏』31, p.359下).
499) 大南龍昇,「十地經論における行相の構造」『宗教研究』(日本宗教學會, 1982,
　　　9), p.45.

앞의 네 종류의 바라밀다의 資糧과 自性과 眷屬과 守護로 인해서 원만하여, 모든 보살의 增上戒學을 닦음을 마땅히 알아야 한다. 그 靜慮바라밀다로 인해서 원만하여, 모든 보살의 增上心學을 닦음을 마땅히 알아야 한다. 그 般若바라밀다로 인해서 원만하여, 모든 보살의 增上慧學을 닦음을 마땅히 알아야 한다. 이 세 가지를 지나서 그 위에, 다시 보살의 學道를 얻을 것이 없다. 이 때문에 이 세 가지는 두루 모든 菩薩學道를 섭수한다. 이것으로 인하여 바라밀다를 건립하는데, 다만 여섯 가지가 있을 뿐이다. 이것을 제외하거나 지나거나 증가하는 일이 없다.[500]

그리고 육바라밀을 戒定慧 三學으로 포섭하는 것은 『解深密經』과도 비슷하다. 육바라밀을 戒定慧 三學으로 환원하는 것은 唯識學上의 일관된 기조로 보인다. 窺基도 『成唯識論述記』에서 前四바라밀은 戒學이며, 後二바라밀은 定慧의 二學에 비유하고 있다.[501] 三學은 원래 八聖道에서 체계화된 修行道로, 초기불교 이래의 戒定慧 三學思想은 唯識學에서 다시 그 내용을 대승적으로 재조직하고 있음을 분명히 알 수 있다.

그리고 『解深密經』에서는 육바라밀마다 七淸淨相을 설하여, 淸淨사상을 강조하고 있다. 그럼 布施의 淸淨相에 대해서 간단히 살펴보겠다.

첫째, 베푸는 물건이 淸淨하므로 淸淨한 보시를 한다. 둘째, 戒가 청정하므로 청정한 보시를 한다. 셋째, 見이 청정하므로 청정한 보시를 한다. 넷째, 마음이 청정하므로 청정한 보시를 한다. 다섯째, 말이 청정하므로 청정한 보시를 한다. 여섯째, 지혜가 청정하므로 청정한 보시를 한다. 일곱째, 垢가 청정하므로 청정한 보시를 한다.[502]

이와 같이 『解深密經』에서는 보시바라밀 외에도 각 바라밀마다 七

---

500) 『瑜伽師地論』(『大正藏』30, p.566中).
501) 『成唯識論述記』(『大正藏』43, p.580上).
502) 『解深密經』(『大正藏』16, p.706中).

淸淨相을 설하고 있다. 이것은 십바라밀의 수행은 十地菩薩의 斷惑證
理의 方便이 되며,[503] 또한 唯識觀에 바탕한 瑜伽行十地로서의 입장
을 나타내고 있는 것이라고도 할 수 있다.

2 十地의 變遷

　菩薩十地가 華嚴十地에서 확립되기까지는 오랜 변화의 과정을 거
쳤다. 『菩薩瓔珞經』과 『十住斷結經』은 華嚴十地를 확립하게 하는 傍
系的인 요소를 포함하고 있다. 대체로 보살의 修行道는 讚佛系의 구
도자에 의한 깊은 三昧에서부터 생긴 것이지만 결정된 한 모습이 있는
것은 아니다. 석존을 찬탄하고 보살을 恭敬하는 것이, 本生菩薩에 연
결된 대승보살을 어떤 방법으로 찬양하고 멈추지 않았던 것은 보살을
經의 제목으로 하는 經典이 많이 있는 것에서도 알 수 있다. 『菩薩瓔
珞經』도 『十住斷結經』도 함께 넓은 의미의 大乘佛傳이다. 大乘譬喩
문학으로 칭할만한 것에서 이것은 經에 포함된 모든 品에 太子시대부
터 成道에 이르고, 마지막 가까이에 「泥洹品」이 있다. 「供養舍利品」
까지 설해지는 것과 같은 構想으로 나타나고 있고 讚佛乘經典의 특색
이 있는 것이다.

　비록 이 종류의 經典에서 오지는 않았지만 그 안에는 지극히 많은
변화를 가진 菩薩行이 설해지고 있는 것은 당연할 것이다. 다만 그것
들 보살행은 여러 가지 종류에 설해진 경우에 있어서도, 그 樣式은 대

---

503) 오형근, 「唯識學上의 十地菩薩과 十波羅蜜」, 『동국대학교 대학원 연구논집』
　　 6집 (서울, 동국대학교출판부, 1976, 12), p.27.

개 十住·十地의 범위를 벗어나지 않는 것이 보통이다. 보살의 修行道
라고 말하면 十住와 十地에 준해서 설해진 것도 讚佛乘에서의 하나의
특색이다. 그 경향은 모든 다른 경전에 영향을 주고 오랫동안 讚佛乘
에 번창했다. 그러나 그 발달의 과정에서 대체로 두 방향으로 나누어
지고 있다.

첫째는 十地를 중심으로 十地의 準備要件으로서의 行法을 十地의
前단계에 더하여, 보다 높은 佛地의 位를 十地의 後段에 놓아서 중요
하게 하는 방식이다. 華嚴大本에서 十住·十行을 十地의 전단계로 인
식하는 것도 이 경향을 나타내는 형식이다. 둘째는 앞과 같이 十地를
중시하는 점에서 前者와 다르지 않지만 行法을 모아서 이것들을 단순
화하고 새로운 行法으로 하는 경향이다.

그러나 修行道가 형식적으로 발달하는 것과 곧 實踐道로서 적절하
지 않은 것이 되는 것은 아비달마의 聲聞道의 경우와 같다. 또한 단순
화의 道는 아비달마에는 없었던 것으로 곧 經典에서 떠난 論師의 손에
의해서 진행된 것이다.

1) 十地의 다양성과 단순화

쯔佛念에 의해서 번역된 『菩薩瓔珞本業經』은 菩薩道가 重層的으로
되어가는 또 다른 例를 보여주고 있다. 이 經이 華嚴大本의 十住·十
行·十廻向·十地에 따라서, 十信·十行·十廻向·十地로써 40位504)
를 채우고 있는 것과 같이 第41位로 入法界心을 세우고 第42位로 寂滅
心妙覺地505)를 세운다.

---

504) 『菩薩瓔珞本業經』(『大正藏』24, p.1012中).
505) 『菩薩瓔珞本業經』(『大正藏』24, p.1015中下), 마지막 二地는 無垢地·妙覺
地로도 칭해진다(『大正藏』24, p.1017上).

華嚴大本에서는 十信의 十位는 설해지지 않았지만 十信의 이름은
뒤의 論師에게 채용되었다. 예를 들면 世親의 『攝大乘論釋』에 비슷한
조직이 보이고 있다. 즉, 無着이 보살의 行法을 말함에 華嚴의 十地에
따라서 그 行의 圓滿을 설하는 단계 속에 願行地506)를 말하고 있다.
世親은 이것에 주석하여 "願樂行人에는 四種이 있으니, 十信과 十
解·十行·十廻向이다"507)라고 말하는 것이다. 이것에 十地를 더하면
보살의 行位로 50位가 된다.

다음에 같은 眞諦譯으로 전해지는 『大宗地玄文本論』에는 51種이
더해진다. 즉, 十愛樂心·十識知心·十修道心·十不退心·十眞金剛
心이다. 그 5種에 婆伽婆佛陀를 더하여 모두 51位508)가 된다. 그래서
『大宗地玄文本論』 또한 菩薩道의 변천을 보여주는 하나의 표본인 것
은 틀림없다. 그리고 『首楞嚴經』에는 52位가 설해지고 있다. 즉, 信心
住의 十位, 發心住의 十位, 歡喜行의 十位, 廻向의 十位, 歡喜地 등의
十地, 第51位의 等覺, 第52位의 妙覺이다. 그러나 이 經에 있는 52位
前에 第一增進位·第二增進位·第三增進位의 三을 두도록 되었기 때
문에, "成就55位眞菩提路"509)가 필요하다고 말한다.

이와 같이 菩薩道의 다양화는 후대까지 그치지 않았지만 또한 한편
에서는 다른 수행단계를 세우는 형태가 나타나고 있다. 그것은 闍那耶
舍譯의 『大乘同性經』이지만 여기에는 聲聞地의 十位, 辟支佛地의 十
位, 菩薩地의 十位510)와 如來의 十地511)를 말하고 있다. 이것들도 또

506) 『攝大乘論』(『大正藏』31, p.126下).
507) 『攝大乘論釋』(『大正藏』31, p.229中).
508) 『大宗地玄文本論』(『大正藏』32, p.671中下).
509) 『首楞嚴經』(『大正藏』19, p.142下).
510) 『大乘同性經』(『大正藏』16, p.650上);『證契大乘經』(『大正藏』16, p.661中).
511) 『大乘同性經』(『大正藏』16, p.652中).

한 華嚴十地의 中核을 이루는 것은 말할 필요도 없다.

　그러나 『菩薩瓔珞本業經』華嚴大本 등에서 重層的으로 되었던 行法은 단순화의 방향으로 나아가, 『仁王經』에는 모두 五忍512)으로 통합하게 된다.

『仁王經』의 五忍

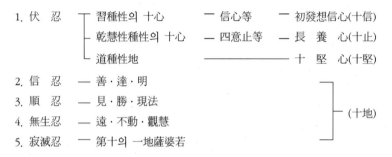

위 표의 第一의 伏忍에는 華嚴大本 등에서 十地로부터, 이전의 30位가 단지 하나의 位가 된다. 이하의 四種의 忍은 華嚴十地를 三位·三位·三位·最後位의 四로 요약한 것이다. 이것을 표시하면 다음과 같다.

---

512) 『仁王經』(『大正藏』8, p.826中以下).

이와 같은 경향은 『梵網經』에도 보이고 있는데 『梵網經』에서는 修行道를 불과 四忍514)의 法門으로 요약하고 있다.

『梵網經』의 四忍

1. 堅信忍	十發趣心	『仁王經』의 初發想住心
2. 堅法忍	十長養心	『仁王經』의 長養心
3. 堅修忍	十金剛心	『仁王經』의 十堅心
4. 堅聖忍	十地向果	『仁王經』의 四忍을 合一

2) 十地의 改造

그러나 『仁王經』과 『梵網經』에서 十地의 단순화가 촉진되어 菩薩道를 정리하는 노력은 있었지만, 그 區分을 바꾸고 분류를 간단하게 한 것은 아니었다. 그런데 曇無讖(414~426譯經)에 의해서 소개된 『菩薩地持經』은 그 명칭이 나타내고 있는 것과 같이 보살의 地를 실현하는 道를 설한다.

『菩薩地持經』은 第一初方便處・第二次法方便處・第三畢竟方便處의 三段으로 나누어져 있다. 第一初方便處에서는 ①「種性品」을 비롯하여 육바라밀을 포함한 일체의 菩提分法을 가진 모든 준비적 行法을 十八品에 의해서 설한다. 第二次法方便處에서는 ②보살의 특질을 哀愍・愛語 등 5種으로 나타내고 ③다음에 出家・在家의 보살을 구분하여 마땅히 해야 할 行을 말한다. ④계속해서 중생에 대해서 이익을 주어야 할 心得을 설한다. ⑤이리하여 보살이 배워야 할 본격적인 十三

---

513) 이 四忍이 十地에 해당하는 것은 唐(765) 譯의 『仁王護國般若波羅蜜多經』에 더욱 확실히 나타나 있다(『大正藏』8, p.836中下).

514) 『梵網經』(『大正藏』24, p.997).

住의 行法을 나타내고 第二段을 마친다. 第三畢竟方便處에서 ⑥보살
행을 모두 완성했던 것은 여러 세계에 태어나 활동하는 의미이지만 먼
저 그 生의 樣相을 나타낸다. ⑦다음에 중생을 濟度하는 방법에 대해
서 6種을 말한다. ⑧그래서 보살에 대해서 七地의 실천단계가 나타나
게 된다. ⑨다시 보살의 行으로서 바라밀과 菩提分이 이어진다. ⑩마
지막에 佛의 모든 德을 완성하는 것이다.515)

『菩薩地持經』의 十三住와 七地

十三住(十一住)516)			(十地)	七地517)
1.	(1)	種性住		一 種性地
2.	(2)	解行住		二 解行地
3.	(3)	歡喜住	初地	三 淨心地
4.	(4)	增上戒住	二地	
5.	(5)	增上意住	三地	
	(6)	增上慧住		
6.		菩提分法相應	四地	四 行迹地
7.		諦相應	五地	
8.		緣起生滅相應	六地	
9.	(7)	有行有開發	七地	
		無相住		
10.	(8)	無行無開發	八地	
				五 決定地
		無相住		
11.	(9)	無礙住	九地	六 決定行地
12.	(10)	最上菩薩住	十地	
				七 畢竟地
13.	(11)	如來住無上住		

---

515) 『菩薩地持經』(『大正藏』30, pp.888~945上).
516) 위의 책, p.939下.
517) 위의 책, p.954上.

이 十類의 構想이 經의 처음에 나온다. 즉, "十類의 法이 있고 菩薩
道를 具足해서 大乘에 끝이 된다고 말하고, 그 十類로서 1持·2相·3
翼·4淨心·5住·6生·7攝·8地·9行·10安立"[518]을 올린 것은 전체
의 조직을 나타낸 의미이다. 여기에 5住는 華嚴經類의 十地를 새로운
行法으로 改造했던 十三住이다. 8地는 새로운 構想의 시초로 새롭게
만든 七地이다. 여기에서 보살의 修行道를 조직하는 것에서, 앞 단계
에 住를 뒤 단계에 地를 의식적으로 구별하고 고안한 점을 주의해보
면, 住를 앞에 地를 뒤로 했던 華嚴大本이 『菩薩地持經』의 模範이 되
었던 것을 쉽게 짐작할 수 있다.

이와 같이 『菩薩地持經』은 밝혀진 대로 華嚴大本을 모은 것이라고
는 하지만, 새롭게 세운 十三住에는 華嚴大本의 十住 요점도 주어진
것이 아니다. 十三住의 行法으로 채용했던 내용은 華嚴大本의 十地에
있었다. 뿐만 아니라 十地를 채용했기 때문에 스스로의 견해에 의해서
華嚴十位 전에 두 단계〔種性住·解行住〕를 더하고, 마지막에 한 단
계〔如來住無上住〕를 첨가하고 十三住를 만들었던 것이다.

다음으로 七地를 설하는 것은 十三住를 표준으로 하고, 이것을 간단
화해서 第四位에서 第九位까지의 六位를 일괄해서 行迹地로, 마지막
二位를 畢竟地로 하는 것에 따라서 전체에서 七地로 정리하였다. 위의
표는 『菩薩地持經』에서 설한 十三住의 명칭과 十地의 경계는 각각의
住에 해당하는 華嚴十地를 표시한 것이다. 그리고 『菩薩地持經』이 華
嚴十地에서 채용한 것은 내용에서 밝혀질 것이다. 즉, 第三住이하 第
十二住까지가 華嚴十地를 본보기로 해서, 『菩薩地持經』이 스스로 고
찰한 방법에 따라서 새로운 해석을 더했던 것이다.

---

518) 위의 책, p.888上.

華嚴十地는 ①佛의 法을 존경하는 歡喜地를 시작으로 ②十善戒를 實行하고 ③無常 등을 觀하고 ④菩提分을 닦고 ⑤四諦를 연구하고 ⑥緣起를 고찰하고 ⑦육바라밀 닦아서 無相을 觀하고 ⑧行을 넘어서 不退에 들어가고 ⑨四無礙를 通해서 ⑩최고의 菩薩住를 얻는 것에 있었다. 이제 이 十三住를 보면 第一住는 種性으로부터 시작된다. 이것은 般若十地에도 있었지만 여기에서는 보살의 修行으로 적합한 것인지, 그 資格에 대해서의 고찰이다. 第二住는 初發心한 것이지만 아직 淨心地를 얻지 못한 단계이다. 第三歡喜住는 보살로서 十六願을 일으켜 세워서 ①華嚴의 歡喜地에 틀림없다. 第四住를 戒라고 말하면 ②十善業道를 설하는 華嚴 第二地이다. 第五增上意住는 ③無常 등을 觀하는 華嚴 第三地에 해당하지만 『菩薩地持經』에서는 내용을 세분해서 설하고 있다. 第六菩提分法相應 이하 第七住諦相應 第八住緣起生滅相應의 三住가 華嚴 ④⑤⑥에 해당하는 것은 명칭에 나타나는 것과 같다. 第九住 이하 第十二住까지가 華嚴 ⑦⑧⑨⑩을 기본으로 하는 점도 자세히 설명할 필요가 없을 것이다.

다음에 七地에 관해서는 처음의 一種性地와 二解行地를 제한 이외의 五地를 『菩薩地持經』에서 三淨心地・四行迹地・五決定地・六決定行地・七畢竟地로 붙였지만, 이것도 華嚴十地의 改造이다. 菩薩道의 再組織이라 하여도 좋을 것이다.

『菩薩地持經』과 같은 종류에 속하는 『菩薩善戒經』에는 三位[519]가 있지만 내용은 거의 대부분 비슷하다. 또한 玄奘譯의 『瑜伽師地論』 本地分 第十五 菩薩地에는 앞의 두 經과 같은 종류의 내용이 있다. 앞 두 經의 三段 외에 第四段을 나머지 論으로 더한 과정이 있다.[520]

---

519) 『菩薩善戒經』의 三位: 一菩薩地, 二如法住, 三畢竟地(『大正藏』30, pp.960 ~1013).

보살의 修行道는『菩薩地持經』과『菩薩善戒經』의 두 經과 같이 단독으로 행해졌지만,『瑜伽師地論』十七地가 조직되어서 나타나고 있었던 것에『菩薩地持經』은『瑜伽師地論』의 十七地 조직 속에 第十五位 조직에 포함된다. 이 十七地도 또한 菩薩修行道의 변천과정에서 나타난 가장 복잡한 형식이었다.『瑜伽師地論』의 編者는 菩薩地를 中核으로서 修行道의 諸本을 集成해서, 이것을 第一本地分으로 하고 다시 第二攝決擇分・第三攝釋分・第四攝異門分・第五攝事分을 더하여, 五大部分門의 대규모인 편찬을 대성한 것으로 이해된다.

3) 十地의 大乘阿毘達磨

『菩薩地持經』・『菩薩善戒經』・『瑜伽師地論』에서, 十三住・十七地의 조직을 보였던 十地說은 瑜伽師에 의해 다시 聲聞道의 大乘阿毘達磨[521]로 변해 간다. 그런 경향은 이미『菩薩地持經』에 나타나고 있다. 그 예는 十三住를 말하는 끝에 十二住의 菩薩位가 聲聞의 賢聖道에서 이끌어 낸 부분이다. 즉, "聲聞住法에도 또한 十二가 있다"[522]에서 아라한으로 끝나는 十二단계를 말하고 있는 것이 그것이다.

---

520)『瑜伽師地論』의 四處 : 一初地瑜伽處, 二持隨法瑜伽處, 三持究竟瑜伽處, 四持次第瑜伽處(『大正藏』30, p.575中).

521)『大乘阿毘達磨集論』(『大正藏』31, p.690上)에서는 보살에 대해서도 보살이 수행하는 상태에 따라 아비달마적으로 세분하여, ①欲色界보살 ②勝解行地보살 ③增上意樂보살 ④有相行보살 ⑤無相行보살 ⑥無功用보살의 여섯 가지로 분류하고 있다. 여기서 欲色界보살은 욕계와 색계의 修行位에 있는 보살이고, 勝解行地보살은 아직 初歡喜地에 들어가지 못한 出世의 眞實을 內證하지 못한 보살이다. 增上意樂보살은 十地에 머무는 보살로 出世內證의 淸淨意樂을 體得한 보살이다. 有相行보살은 極喜・離垢・發光・焰慧・難勝・現前의 六行位의 보살이다. 無相行보살은 第七遠行地보살이고, 無功用보살은 不動・善慧・法雲의 三地에 있는 보살이다.

522)『菩薩地持經』(『大正藏』30, p.945中).

그 부분에서 또한 보살 第三歡喜住에 대해서 聲聞의 第三住를 "越次取證住"523)로 되어 있지만, 이것은 『瑜伽師地論』에서 밝힌 "入正性離生加行住"524)이다. 華嚴十地에서 大乘의 淨心을 일으켜 세웠던 歡喜地는 이곳에서는 阿毘達磨의 正性離生 즉, 見道位로 해석되고 있다.

이리하여 無著의 『大乘阿毘達磨集論』에는 四聖諦에 의해서 論述의 체계를 이루는 등, 阿毘達磨를 채용한 부분은 全篇에 걸쳐서 나타나고 있다. 이 시대의 論師들이 모두 阿毘達磨論을 연구하고 大乘論 제작의 기초로 했던 것은 엄연한 사실이며, 그 修行道를 설함에 있어서도 아비달마의 영향은 크다.

『大乘阿毘達磨集論』은 修行道를 설하는 것을 목적으로 했던 것이 아니고, 新時代의 철학원리인 阿賴耶識·阿陀那識을 시대의 학자에 철저히 집어낸 것을 論의 주요한 임무로 되었기 때문에 이 속에 새로운 修行道는 많이 설해지지 않는다.525)

그러나 道諦에는 資糧道·加行道·見道·修道·究竟道,526) 軟道·中道·上道·加行道·無間道·解脫道·勝進道·究竟道527)를 설하고 있다. 또한 『大乘莊嚴經論』에는 一集大聚位·二通達分位·三見道位·四修道位·五究竟位의 五位528)가 있다.

이와 같이 대승보살의 歡喜地는 점점 형태를 감추고 見道·修道의 명칭이 대부분이다. 마찬가지로 『攝大乘論』도 華嚴十地를 올리고 있지만, 菩薩行을 실천하기 위해서는 信行地人·淨心行·有相行·無相

---

523) 위의 책, p.945中.

524) 『瑜伽師地論』(『大正藏』30, p.562下).

525) 山田龍城, 『大乘佛教成立論序說』(京都, 平樂寺書店, 1959), p.304.

526) 『大乘阿毘達磨集論』(『大正藏』31, p.682中).

527) 위의 책, p.683下.

528) 『大乘莊嚴經論』(『大正藏』31, p.599上).

行·無功用529)의 五類를 설하고 있다. 계속해서 歡喜地는 보살의 見道530)로 칭해지고 있다. 또한『顯揚聖敎論』은 現觀의 次第에 대해서 四種·七種·八種의 구분을 나타내지만, 그 기초가 되고 있는 四種531)의 구분은 다음과 같다.

『顯揚聖敎論』의 四位

1. 發 起	從聞所生智乃至世第一法
2. 證 得	見 道
3. 等 流	修 道
4. 成 滿	究竟道

또한『大乘阿毘達磨雜集論』에는 五種532)의 道를 밝히고 있다.

『大乘阿毘達磨雜集論』의 五位

1. 資糧道	聞思修乃至正知而住
2. 方便道	順決擇分(卽四善根)
3. 見 道	無所得三摩地鉢羅若 無分別奢摩他毘鉢舍那
4. 修 道	方便修習世間道等
5. 究竟道	四靜慮·四無量等

이리하여 玄奘譯의『唯識三十頌』533)과『成唯識論』534)에 이르러서는 資糧位·加行位·通達位·修習位·究竟位가 설해지게 된다.

---

529)『攝大乘論釋論』(『大正藏』31, p.304中).
530) 위의 책, p.297上. "入歡喜地 ……是菩薩得見道"
531)『顯揚聖敎論』(『大正藏』31, p.561中).
532)『大乘阿毘達磨雜集論』(『大正藏』31, p.734中).
533)『唯識三十頌』(『大正藏』31, p.61中).
534)『成唯識論』(『大正藏』31, pp.48中~59中).

VII

結論

불교는 석존의 깨달음과 그 깨달은 진리를 중생들에게 傳法하여 모든 중생들 또한 석존과 같은 成佛로 이끄는 데에 그 목적이 있다고 하겠다. 그래서 깨달음의 내용과 과정에 대한 문제는 佛敎思想史에서 가장 핵심적인 교학으로 중요시되었다.

그런 의미에서 지금까지 대승불교에서 보살이 成佛에 이르기까지의 수행 과정을 10단계로 정리하여 조직한, 菩薩十地에 대해서 살펴보았다. 菩薩十地說은 크게 기원·성립·완성·변천의 4단계로 구분할 수 있다. 다시 한 번 요약·정리해서 十地說의 思想적인 의미와 변화를 매듭지어 결론으로 삼고자 한다.

초기불교의 修行道는 八正道와 三十七助道品에 잘 나타나 있다. 八正道는 전체적으로 十業說을 바탕한 身口意 三業의 청정한 수행을 기반으로 하여, 四聖諦의 올바른 思惟를 통해서 마지막으로 三昧一心의 正定에 머무르는 戒定慧 三學의 구조로 되어 있다. 三十七助道品은 초기불교의 修行道를 종합적이고 전체적으로 조직화하여 定에 의한 漸進적이면서도 독자적인 수행체계를 정립하였다. 그리하여 수행자는 須陀洹果·斯陀含果·阿那含果·阿羅漢果의 점진적인 修行階位를 통해서 離苦得樂의 열반으로 나아가게 된다.

부파불교의 修行道는 크게 賢位와 聖位의 두 가지 階位로 이루어져 있다. 부파불교의 修行道는 오로지 四諦에 대한 즉각적 관찰인 見道와 禪定을 통한 반복적 관찰인 修道라는 방법을 제시하고 있다. 물론 見道·修道의 두 修行道와 그 준비단계인 加行道에 八正道의 내용이 담겨져 있지만, 有部의 毘婆沙師들은 아함의 수행도로부터 독립하여 四諦에 대한 見道·修道의 有學道와 그것의 완전한 성취인, 無學道라는 세 가지의 道를 완성함으로서 그들만의 독자적인 修行道를 구축하게 되었다.

제Ⅲ장에서는 大乘菩薩과 十地의 起源에 대해서 살펴보았다. 대승
보살의 수행에는 불탑예배 · 觀佛三昧 · 수지 · 독송 · 해설 · 書寫 · 공
양 등 다양한 수행법이 있지만, 『般若經』 등에서 설하는 육바라밀이
대표적인 수행이었다. 그리고 보살의 수행에 있어서 깨달음의 단계는
聲聞의 階位가 그대로 사용되어, 『道行般若經』에는 『般若經』의 가르
침을 듣고 預流 · 一來 · 不還 · 阿羅漢 등의 깨달음을 얻었다는 것이
설해져 있다. 그러나 『大品般若經』이나 『十地經』 등에 이르면, 대승
의 독자적인 階位가 설해지게 된다.

十地說 가운데서도 『大事』의 十地는 후세의 十地와 비교하면 내용
적으로 훨씬 소박한 것이다. 그러나 이 十地는 단지 석가보살의 수행
계위로서의 十地가 아니라 이미 일반화된 보살계위로서 설해져 있다.
『大事』의 十地는 전체적으로 本生菩薩인 석존의 전생을 그린 것으로,
前七地는 在家菩薩의 단계이고 後三地인 八地 이상은 진정한 의미의
보살 즉, 出家菩薩의 단계이다. 그리고 第八地인 불퇴전에서부터 나타
난 깊은 종교체험 · 진리의 체득이 일종의 공동체적 진리를 체득한다고
생각할 때, 비로소 여기서 『般若經』 등의 대승경전이 발달하여 '般若
十地' '本業十地' 등이 전개되어 간다는 것도 설명할 수 있을 것이다.
이러한 이유 등으로 『大事』의 十地는 이후의 보살도를 유도하는 전제
가 될 수 있다.

제Ⅳ장에서는 菩薩十地의 成立으로 般若十地와 本業十地에 대해서
고찰하였다. 『般若經』에 나타난 四位說과 十地說의 핵심은 大乘心을
일으킨 大乘菩薩이 般若空觀에 입각한 육바라밀을 수행하여 佛을 이
루는 것이다. 그러나 菩薩四位說은 아함의 沙門四果와 비슷한 구조와
형식을 취하여 새롭게 대승의 보살계위를 세웠지만, 반야바라밀의 성
취 외에는 사상적으로나 신앙적으로 아직 대승의 독자적인 보살행으로

까지는 발전시키지 못하였다. 般若十地 또한 부파의 十地說을 계승하면서 般若 특유의 十地를 설하여 대승보살도를 표방하였지만, 전체적으로는 七地까지의 과정이 모두 부파불교의 교리를 이용하였다. 그래서 순수한 대승보살의 華嚴十地가 성립되자, 般若十地는 보살과 二乘이 함께 수행하는 共地 즉, 小乘과 공통된 十地라는 이유로 華嚴十地보다 격하되기도 하였다.

『菩薩本業經』은 보살의 修行道인 本業의 淨行을 설하는 데에 중점을 두고 있다. 本業十地는 각 단계마다 공통적으로 보살의 수행방법으로 十事와 十學을 설하여 대승보살의 수행단계를 의도하고 있으며, 대승보살 중에서도 특히 十方佛刹의 諸菩薩의 修行道를 설하고 있는 것이 특징이다.

제Ⅴ장에서는 菩薩十地의 完成인 華嚴十地에 대해서 살펴보았다. 석존의 過去因行時 석가보살에서 시작한 보살사상은 『大事』十地, 般若十地, 本業十地를 거치면서 대승보살의 수행도인 十地說을 형성해 간다. 하지만 아직도 순수한 보살만의 十地를 온전히 갖추지 못하다가, 華嚴十地에 이르러서 비로소 그 명칭과 내용이 순수한 대승보살의 修行道에 상응하게 된다. 그러나 華嚴十地에 설해진 敎義에는 大小乘의 모든 敎義가 나타나 있다. 華嚴十地가 비록 순수 보살만의 十地를 표방하고 있지만 각 地에 설해진 大小乘의 모든 敎義에서, 華嚴十地說은 大小乘의 모든 敎義를 大乘정신 아래 綜合統一시켰음을 알 수 있다. 하지만 華嚴十地說이 기존의 十地說과 방향을 달리하는 가장 중요한 점은 보살의 광대무변한 보살행이다. 보살이 成佛을 위해 大小乘의 모든 敎義를 거치고 있지만 중생들을 향한 끝없는 菩薩萬行은 華嚴十地만의 특징이 아닐까 생각된다.

그리고 『搜玄記』·『探玄記』·『華嚴經疏』에서 十地에 대한 견해의

차이도 있지만, 祖師들의 공통된 주장은 教判에 입각하여 「十地品」을 華嚴一乘圓教의 입장에서 三乘으로 구분하여 논한 것이다. 여기서의 一乘은 華嚴만의 別教一乘으로 어디까지나 『華嚴經』의 가르침이 가장 우수하다는 것을 나타낸다고 할 수 있다. 그래서 華嚴宗에서는 修行階位를 三乘과 一乘의 차별과 圓融의 두 방면에서, 一乘圓教의 입장에서 一地를 證得하면 이미 佛果를 證得했지만 三乘의 차별에서 점차의 근기를 이끌기 위해서 三賢十地의 次第修行을 설하는 것이다.

마지막으로 제VI장에서는 十地說의 變遷을 살펴보았다. 중기대승불교시대에 들어와 瑜伽唯識學派가 성립 발전하면서, 唯識의 이론과 실천이 널리 유행하게 되자 菩薩道는 새로운 형태로 나타나게 되었다. 이것이 곧 唯識觀의 실천을 바탕으로 하면서 從來의 菩薩道나 聲聞道를 참고로 하여 이루어진 十三住, 十七地 및 五位說 등인데, 이들은 모두 十地說을 根幹으로 하고 있다. 기존의 十地說은 대승보살행이 중심이었다면, 『解深密經』의 十地는 번뇌와 智의 관계에서 어리석음을 끊고 이치를 증득하는 斷惑證理가 중심이다. 그리하여 止觀에 근거한 唯識觀의 수행 방법을 완성시키면서 十地說을 새롭게 조직하게 된다.

『解深密經』의 十地를 기점으로 十地說은 다양한 변천 과정을 겪게 된다. 『菩薩瓔珞本業經』에서는 42位를, 『大宗地玄文本論』에서는 51位를, 『首楞嚴經』에서는 52位를 세움으로써, 菩薩道가 重層的으로 되어가는 또 다른 例를 보여준다. 그러나 이러한 重層的 行法은 단순화의 방향으로 나아가, 『仁王經』에서는 五忍으로, 『梵網經』에서는 四忍으로 요약하고 있다. 그러면서 菩薩道는 다시 大乘阿毘達磨로 변하면서 대승보살의 歡喜地는 점점 형태를 감추고 見道·修道의 명칭이 대부분이다.

이상과 같이 초기불교의 修行道는 四聖諦·八正道가 중심이었고 부파는 見道·修道·無學道의 三道가 중심이었다. 그리고 대승에는 다양한 여러 修行法이 있지만 菩薩十地가 가장 보편적인 修行道라고 할 수 있다. 그러나 菩薩十地는 각 十地說마다 十地라는 공통된 단계를 통해서 보살이 成佛을 이루어 가지만, 成佛의 조건이나 수행 등에 있어서 차이가 있었다. 즉, 般若十地는 般若 空의 철저한 體得과 실천에 의해서 또는 반야바라밀의 실천에 의해서 보살은 成佛을 이룬다. 그리고 本業十地는 보살의 근본 行業을 실천함으로써 成佛을 이루고, 華嚴十地는 보살의 수많은 願과 菩薩萬行에 의해서 成佛한다. 『解深密經』十地는 止觀에 의한 唯識觀의 실천에 의해서 번뇌를 제거하고 이치를 증득함으로써 成佛한다.

또한 十地說의 공통된 수행덕목 중 가장 큰 비중을 차지하는 육바라밀과 십바라밀에 대해서도, 각 十地說은 바라보는 관점과 해석을 달리한다. 이러한 차이점을 좀 더 넓혀서 菩薩十地를 분석해 보면, 대승초기와 대승중기의 十地說의 또 다른 형태의 구분점이 되기도 한다. 즉, 대승초기의 十地는 보살행을 중심으로 설해지고 대승중기는 다시 아비달마적이고 法相分別的인 수행이 중심이 된다. 그리고 菩薩十地는 다시 중국불교에 의해 크게 변화된다. 즉, 三乘과 一乘의 철저한 교판의 입장에서 菩薩十地는 매우 중층적인 양상을 보인다.

참고문헌

1. 經典類

『中阿含經』, 『大正藏』 1.

『雜阿含經』, 『大正藏』 2.

『增壹阿含經』, 『大正藏』 2.

『佛本行集經』, 『大正藏』 3.

『修行本起經』, 『大正藏』 3.

『過去現在因果經』, 『大正藏』 3.

『太子瑞應本起經』, 『大正藏』 3.

『普曜經』, 『大正藏』 3.

『方廣大莊嚴經』, 『大正藏』 3.

『中本起經』, 『大正藏』 4.

『部執異論』, 『大正藏』 4.

『大般若經』, 『大正藏』 5 · 7.

『道行般若經』, 『大正藏』 8.

『小品般若經』, 『大正藏』 8.

『光讚經』, 『大正藏』 8.

『放光經』, 『大正藏』 8.

『大品般若經』, 『大正藏』 8.

『仁王經』, 『大正藏』 8.

『大薩遮尼乾子所說經』, 『大正藏』 9.

『60華嚴經』, 『大正藏』 9.

『菩薩本業經』, 『大正藏』 10.

『兜沙經』, 『大正藏』 10.

『漸備經』, 『大正藏』 10.

『十地經』, 『大正藏』 10.

『80華嚴經』, 『大正藏』 10.

『十住經』, 『大正藏』 10.

『十住斷結經』, 『大正藏』 10.

『大寶積經』, 『大正藏』 11.

『大般涅槃經』, 『大正藏』 12.

『大集經』, 『大正藏』 13.

『伅眞陀羅所問經』, 『大正藏』 15.

『解深密經』, 『大正藏』 16.

『大乘同性經』, 『大正藏』 16.

『證契大乘經』, 『大正藏』 16.

『自愛經』, 『大正藏』 17.

『首楞嚴經』, 『大正藏』 19.

『毘尼母經』, 『大正藏』 24.

『菩薩瓔珞本業經』, 『大正藏』 24.

『梵網經』, 『大正藏』 24.

『大智度論』, 『大正藏』 25.

『十地經論』, 『大正藏』 26.

『阿毘達磨大毘婆沙論』, 『大正藏』 27.

『入阿毘達磨論』, 『大正藏』 28.

『俱舍論』, 『大正藏』 29.

『瑜伽師地論』, 『大正藏』 30.

『菩薩地持經』, 『大正藏』 30.

『菩薩善戒經』, 『大正藏』 30.

『成唯識論』, 『大正藏』 31.

『唯識三十頌』, 『大正藏』 31.

『顯揚聖敎論』, 『大正藏』 31.

『大乘莊嚴經論』, 『大正藏』 31.

眞諦 譯, 『攝大乘論』, 『大正藏』 31.

_____, 『攝大乘論釋』, 『大正藏』 31.

隋 譯, 『攝大乘論釋論』, 『大正藏』 31.

玄奘 譯, 『攝大乘論釋』, 『大正藏』 31.

『大乘阿毘達磨集論』, 『大正藏』 31.

『大乘起信論』, 『大正藏』 32.

『大宗地玄文本論』, 『大正藏』 32.

智顗, 『法華玄義』, 『大正藏』 33.

____, 『法華文句』, 『大正藏』 34.

澄觀, 『華嚴經疏』, 『大正藏』 35.

智儼, 『搜玄記』, 『大正藏』 35.

法藏, 『探玄記』, 『大正藏』 35.

澄觀, 『演義鈔』, 『大正藏』 36.

____, 『華嚴經略策』, 『大正藏』 36.

李通玄, 『新華嚴經論』, 『大正藏』 36.

『成唯識論述記』, 『大正藏』 43.

智儼, 『孔目章』, 『大正藏』 45.

法藏, 『五敎章』, 『大正藏』 45.

智顗, 『四敎義』, 『大正藏』 46.

諦觀, 『天台四敎儀』, 『大正藏』 46.

法藏, 『華嚴經傳記』, 『大正藏』 51.

圓測, 『解深密經疏』, 『韓佛全』 1.

『小部經』, 『南傳大藏經』 41.

2. 單行本

고익진, 『아함법상의 체계성 연구』, 서울, 동국대학교 출판부, 1990.

____, 『불교의 체계적 이해』, 서울, 새터, 1994.

권오민, 『아비달마불교』, 서울, 민족사, 2003.

김동화, 『俱舍學』, 서울, 文潮社, 1971.

____, 『唯識哲學』, 서울, 보련각, 1980.

____, 『원시불교사상』, 서울, 뇌허불교학술원, 2001.

____, 『대승불교사상』, 서울, 뇌허불교학술원, 2001.

오형근, 『唯識思想硏究』, 서울, 佛敎思想社, 1983.

_____, 『唯識思想과 大乘菩薩道』, 서울, 瑜伽思想社, 1997.

이중표, 『아함의 중도체계』, 서울, 불광출판부, 1992.

장계환, 『中國華嚴思想史硏究』, 서울, 불광출판부, 1996.

전해주, 『義湘華嚴思想史硏究』, 서울, 민족사, 1994.

_____, 『화엄의 세계』, 서울, 민족사, 1998.

정병삼, 『義湘 華嚴思想 硏究』, 서울, 서울대학교출판부, 1998.

정승석 編, 『佛典解說事典』, 서울, 민족사, 1991.

황성기, 『불교학개론』, 서울, 아름다운세상, 1999.

高峯了州, 장계환 譯, 『華嚴思想史』, 서울, 보림사, 1988.

藤田宏達 외, 권오민 譯, 『초기 · 부파불교의 역사』, 서울, 민족사, 1992.

上山春平 · 櫻部建, 정호영 譯, 『아비달마의 철학』, 서울, 민족사, 1990.

中村元 外, 석원욱 譯, 『華嚴思想論』, 서울, 운주사, 1990.

佐佐木敎悟 外, 권오민 譯, 『印度佛敎史』, 서울, 경서원, 1989.

平川彰 編著, 양기봉 譯, 『佛敎硏究入門』, 서울, 경서원, 1993.

平川彰 著, 이호근 譯, 『印度佛敎의 歷史』, 서울, 민족사, 1991.

平川彰 編著, 정승석 譯, 『大乘佛敎槪說』, 서울, 김영사, 1997.

干潟龍祥, 『本生經類の思想史的硏究』, 東京, 山喜房佛書林, 1978.

鎌田茂雄, 『中國華嚴思想史の硏究』, 東京, 東京大學出版會, 1965.

木村淸孝, 『中國華嚴思想史』, 京都, 平樂寺書店, 1992.

木村泰賢, 『大乘佛敎思想論』, 台北, 天華出版, 1988.

山邊習學, 『華嚴經の世界』, 東京, 世界聖典刊行協會, 1975, 4.

山田龍城, 『大乘佛敎成立論序說』, 京都, 平樂寺書店, 1959.

西義雄, 『菩薩思想』, 東京, 大東出版社, 1981.

西義雄 編, 『大乘菩薩道の硏究』, 京都, 平樂寺書店, 1977.

石井敎道, 『華嚴敎學成立史』, 京都, 平樂寺書店, 1964.

神林隆淨, 『菩薩思想の硏究』, 東京, 日本圖書センター, 1976.

深浦正文, 『唯識學硏究』上, 京都, 永田文昌當, 1972.

伊藤瑞叡, 『華嚴菩薩道の基礎的硏究』, 京都, 平樂寺書店, 1988.

宇井伯壽, 『印度哲學史』, 東京, 日本評論社, 1936.

龍山章眞, 『梵文和譯十地經』, 東京, 國書刊行會, 1982.

赤沼智善, 『原始佛敎之硏究』, 東京, 破塵閣書房, 1939.

田中敎照, 『初期佛敎の修行道論』, 東京, 山喜房佛書林, 1993.

中村元, 『原始佛敎の思想』上, 東京, 春秋社, 1970.

_____, 『原始佛敎の生活倫理』, 東京, 春秋社, 1972.

板本幸男, 『華嚴敎學の硏究』, 京都, 平樂寺書店, 1956.

平川彰, 『大乘佛敎の敎理と敎團』, 東京, 春秋社, 1989.

_____, 『初期大乘と法華思想』, 東京, 春秋社, 1991.

_____, 『初期大乘佛敎の硏究』 I, 東京, 春秋社, 1992.

B.T. Rahula, *A Critical Study of the Mahāvastu*, Motilal Banarsidass, 1978.

E. Senart, *Le Mahāvastu,* vol I , Paris, 1977.

E.J. Tomas, *The History of Buddhist Thought*, London, 1959.

Har Dayal, *The Bodhisattva Doctrine in Buddhist Sanskrit Literature*, London, 1932.

J. Rahder, *Daśabhūmika sūtra*, Paris, 1926.

J. J. Jones, *The Mahāvastu*, vol I , The Pali Text Society, London, 1973.

Nalinaksha Dutt, *Buddhist Sects in India*, Motilal Banarsidass, 1978.

3. 論文

권기종, 「大般若經에 나타난 菩薩의 意味」 『菩薩思想』, 서울, 太空宋月珠華甲紀念論叢, 1996.

_____, 「初期大乘佛敎의 反部派的 態度와 對應」 『佛敎學報』34집, 서울, 불교문화연구원, 1997, 12.

권오민, 「아비달마 불교의 수행론」 『靑祜佛敎論集』창간호, 서울, 청호 불교문화원, 1996.

권탄준, 「華嚴과 解深密經의 十地說 比較」 『한국불교학』9집, 서울, 한국불교학회, 1984, 12.

_____, 「華嚴經의 誓願思想小考」 『한국불교학』11집, 서울, 한국불교학회, 1986, 12.

김인덕, 「初期大乘佛敎의 菩薩修行階位」 『東國思想』14집, 서울, 동국대학교

불교대학, 1981.

박상수, 「般若經의 十地 菩薩道」『한국불교학』20집, 서울, 한국불교학회, 1995, 10.

서정엄, 「징관의 전기 및 화엄학계」『淨土學 硏究』5집, 성남, 如來藏, 2002, 12.

신성현, 「Mahāvastu의 十地思想 硏究」, 서울, 동국대학교 대학원, 석사학위논문, 1987, 12.

안명희, 「瑜伽唯識의 修行體系 硏究」, 서울, 동국대학교 대학원, 박사학위논문, 2000.

오형근, 「唯識學上의 十地菩薩과 十波羅蜜」『동국대학교 대학원 연구논집』6집, 서울, 동국대학교출판부, 1976, 12.

_____, 「瑜伽行派의 大乘과 七大性思想」『唯識思想과 大乘菩薩道』, 서울, 瑜伽思想社, 1997.

_____, 「瑜伽論의 止觀思想」『唯識思想과 大乘菩薩道』, 서울, 瑜伽思想社, 1997.

이봉순, 「菩薩思想 成立史의 硏究」, 서울, 동국대학교 대학원, 박사학위논문, 1997.

이봉순, 「解深密經의 보살사상」『불교학연구』15호, 광주, 불교학연구회, 2006, 12.

이도업, 「華嚴經에 나타난 菩薩思想」(Ⅰ)『불교학보』31집, 서울, 동국대학교출판부, 1994, 12.

장계환, 「菩薩十地說의 전개」『한국불교학』15집, 서울, 한국불교학회, 1990, 12.

_____, 「大乘佛敎의 菩薩思想」『大乘佛敎와 戒律』, 서울, 도서출판(사법), 1994.

_____, 「中國 華嚴敎學의 普賢行願思想」『불교학보』32집, 서울, 동국대학교출판부, 1995, 12.

장원규, 「菩薩十地說의 展開에 對한 考察」『불교학보』2집, 서울, 동국대학교불교문화연구원, 1964, 12.

전해주, 「화엄경의 구조에 대한 고찰」『한국불교학』34집, 서울, 한국불교학회, 2003, 6.

_____, 「華嚴經의 菩薩道에 대한 考察」 『太空宋月珠華甲紀念論叢』, 서울, 조
       계종출판사, 1997.

_____, 「大乘佛敎의 自力修行과 他力信仰에 관한 硏究」 『彌天睦楨培博士華
       甲記念論叢;未來佛敎의 向方』, 서울, 도서출판 장경각, 1997.

조용길, 「原始根本佛敎의 本質的 問題에 關한 考察」 『佛敎大學院論叢』2집,
       서울, 동국대학교 불교대학원, 1995.

진본각, 「淸凉澄觀의 五蘊觀과 十二因緣觀에 대한 고찰」 『논문집』10집, 김포,
       중앙승가대학교, 2003.

최봉수, 「原始佛敎에서의 悟의 구조」 『普照思想』4집, 서울, 보조사상연구원,
       1990, 10.

최봉수, 「般若部 경전의 菩薩四位에 대한 일고찰」 『佛敎學報』34집, 서울, 동국
       대학교출판부, 1997, 12.

高原信一, 「マハ―ヴスツ 『大事』に於ける十地の構成の一考察」 『印度學 佛
       敎學硏究』, 日本印度學佛敎學會, 1955, 3.

丘山新, 「十地經の思想的硏究」 I 『印度學佛敎學硏究』25-1號, 日本印度學佛
       敎學會, 1976, 12.

大南龍昇, 「十地經の基層」 『宗敎硏究』, 日本宗敎學會, 1981, 2.

_____, 「十地經論における行相の構造」 『宗敎硏究』, 日本宗敎學會, 1982,
       9.

荒牧典俊, 「十地思想의 成立과 展開」, 平川彰 編著, 정순일 譯, 『華嚴思想』,
       서울, 경서원, 1996.

木村淸孝, 「華嚴宗의 成立」, 中村元 外, 석원욱 譯, 『華嚴思想論』, 서울, 운주
       사, 1990.

梶芳光運, 「十地思想の發達について」 『支那佛敎史學』, 東京, 支那佛敎史學
       會, 1941, 1.

三枝充悳, 「보살과 바라밀」, 平川彰 編著, 정승석 譯, 『대승불교개설』, 서울, 김
       영사, 1997.

伊藤瑞叡, 「華嚴經의 成立」, 平川彰 編著, 정순일 譯, 『華嚴思想』, 서울, 경서
       원, 1996.

長谷岡一也, 「善哉童子의 遍歷・入法界品의 思想」, 平川彰 編著, 정순일 譯,

『華嚴思想』, 서울, 경서원, 1996.

田上太秀,「十地思想における初發心の問題」『宗教學論集』7집, 東京, 駒澤
　　　大學 宗教學硏究會, 1974.

中村元, 양기봉 譯,「華嚴經의 思想史的 意義」『亞細亞佛敎에 있어서 華嚴의
　　　位相』, 서울, 도서출판 東邦苑, 1991.

川田熊太郎,「佛陀華嚴」, 中村元 外, 석원욱 譯,『華嚴思想論』, 서울, 운주사,
　　　1990.

干潟龍祥,「菩薩の總願について」『印度哲學と佛敎の諸問題』, 東京, 岩波書
　　　店, 1951, 12.

＿＿＿＿,「菩薩思想の起源と展開」, 宮本正尊編,『佛敎の根本眞理』, 東京,
　　　三省堂, 1956.

久野芳隆,「菩薩十地思想の起源・展開及び內容」『大正學報』6・7合倂號, 東
　　　京, 大正大學出版部, 1930.

＿＿＿＿,「華嚴經の成立問題・特に入法界品に就て」『宗教研究』新7-2, 宗
　　　敎研究發行所, 1931, 5.

鎌田茂雄,「華嚴敎學の根本的立場」『華嚴思想』, 京都, 法藏館, 1982.

大谷光眞,「法藏のビルシヤナ佛觀」『佛の研究』, 東京, 玉城康四郎博士還曆
　　　記念集, 1977.

藤村隆淳,「マハ─ヴァスツの十地」『印度學佛敎學研究』, 日本印度學佛敎
　　　學會, 1971, 3.

柏木弘雄,「中國・日本における大乘起信論硏究史」『如來藏と大乘起信論』,
　　　東京, 春秋社, 1990.

石井公成,「智儼の性起說」『フィロソフィア』67호, 東京, 早稻田大學 哲學
　　　會, 1979.

石川海淨,「菩薩思想の原流に就いて」『印度學佛敎學研究』1-1號, 日本印度
　　　學佛敎學會, 1952, 7.

水野弘元,「梵文大事について」『干潟龍祥博士古稀記念論文集』, 東京, 九州
　　　大學印度哲學研究會, 1953, 2.

＿＿＿＿,「菩薩十地說の發展について」『印度學佛敎學研究』1-2號, 日本印
　　　度學佛敎學會, 1953, 3.

_____, 「五十二位等の菩薩階位說」 『佛敎學』제18, 東京, 山喜房佛書林, 1984.

小林實玄, 「菩薩本業經の意圖」 『印度學佛敎學硏究』7-1號, 日本印度學佛敎學會, 1958, 12.

小澤憲珠, 「般若經における菩薩地と菩薩位」 『印度學佛敎學硏究』34-1號, 日本印度學佛敎學會, 1985, 12.

勝又俊敎, 「菩薩道と唯識觀の實踐」 『大乘菩薩道の硏究』, 京都, 平樂寺書店, 1977.

宇井伯壽, 「八正道の原意及び其變遷」 『印度哲學硏究』3, 東京, 甲子社書房, 1926.

鈴木宗忠, 「般若の修行觀と華嚴の修行觀」 『日本佛敎學協會年報』7年, 日本佛敎學協會, 1935, 2.

增永靈鳳, 「原始佛敎に於けろ禪定の硏究」 『日本佛敎學協會年報』7年, 日本佛敎學協會, 1935, 2.

平川彰, 「地の思想の發達と三乘共通の十地」 『印度學佛敎學硏究』13-2號, 日本印度學佛敎學會, 1965, 3.

_____, 「般若經と六波羅蜜經」 『印度學佛敎學硏究』, 日本印度學佛敎學會, 1971, 3.

_____, 「六波羅蜜の全開」 『印度學佛敎學硏究』21-2號, 日本印度學佛敎學會, 1973, 3.

川田態太郎, 「菩薩十地の二節性に就いて」 『印度學佛敎學硏究』6-2號, 日本印度學佛敎學會, 1958, 3.

찾아보기

사

한국비구니승가연구소 학술총서 ①

菩薩十地思想研究

초판 인쇄 2015년 8월 20일
초판 발행 2015년 8월 30일

저   자 | 性 機(金相建)
펴 낸 이 | 하 운 근
펴 낸 곳 | 學古房

주   소 | 경기도 고양시 덕양구 통일로 140 삼송테크노밸리 A동 B224
전   화 | (02)353-9908   편집부(02)356-9903
팩   스 | (02)6959-8234
홈페이지 | http://hakgobang.co.kr/
전자우편 | hakgobang@naver.com, hakgobang@chol.com
등록번호 | 제311-1994-000001호

ISBN   978-89-6071-542-4   94220
            978-89-6071-541-7   (세트)

값 : 25,000원

이 도서의 국립중앙도서관 출판시도서목록(CIP)은 서지정보유통지원시스템 홈페이지(http://seoji.
nl.go.kr)와 국가자료공동목록시스템(http://www.nl.go.kr/kolisnet)에서 이용하실 수 있습니다.
(CIP제어번호: CIP2015022286)